黑龙江省哲学社会科学研究规划项目（20GJB109）

俄罗斯远东投资环境及对俄投资研究

邹秀婷 著

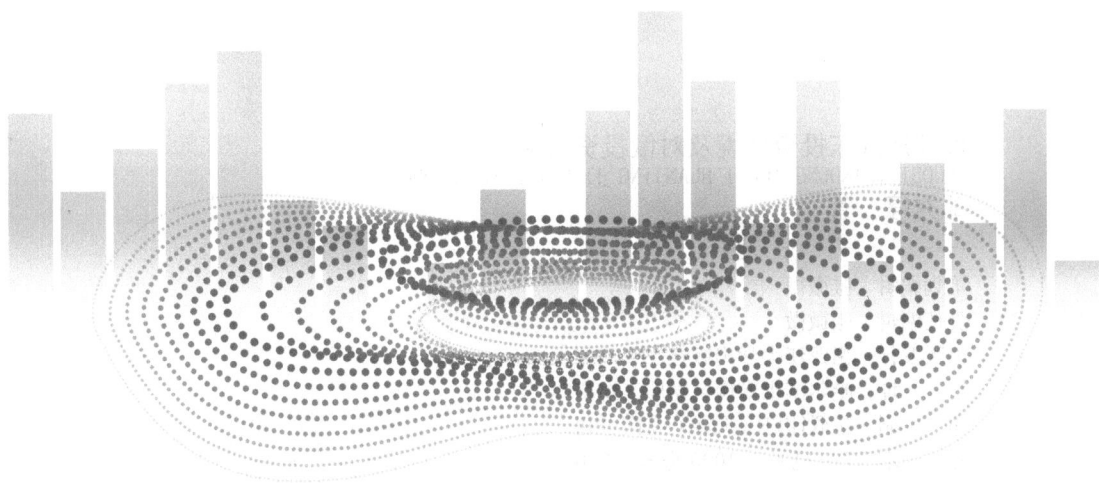

黑龙江大学出版社
HEILONGJIANG UNIVERSITY PRESS
哈尔滨

图书在版编目（CIP）数据

俄罗斯远东投资环境及对俄投资研究 / 邹秀婷著.
哈尔滨 ： 黑龙江大学出版社，2025. 6. -- ISBN 978-7
-5686-1217-3

Ⅰ. D996

中国国家版本馆 CIP 数据核字第 2024Z30Q77 号

俄罗斯远东投资环境及对俄投资研究
ELUOSI YUANDONG TOUZI HUANJING JI DUI E TOUZI YANJIU
邹秀婷　著

策划编辑　张微微
责任编辑　张微微
出版发行　黑龙江大学出版社
地　　址　哈尔滨市南岗区学府三道街 36 号
印　　刷　亿联印刷（天津）有限公司
开　　本　720 毫米 ×1000 毫米　1/16
印　　张　14.75
字　　数　227 千
版　　次　2025 年 6 月第 1 版
印　　次　2025 年 6 月第 1 次印刷
书　　号　ISBN 978-7-5686-1217-3
定　　价　69.80 元

本书如有印装错误请与本社联系更换，联系电话：0451-86608666。

目　　录

绪　　论

利用外资是促进国家经济社会发展、增加就业、推动国内生产总值增长、扩大对外开放,以及融入世界经济的一个重要方式。各国企业为了更加有效地利用全球资源,寻求最合理的资源配置,正以更大的规模和速度推动资本等要素在世界范围内流动。① 只要一国市场和产业相对开放,投资环境与营商环境良好,他国企业和投资就会被吸引来。

外国直接投资对国家宏观经济的稳定发展具有积极作用。俄罗斯也正在积极吸引外国直接投资进入本国,旨在解决国内资金不足、生产技术陈旧和经营管理落后等问题,从而加快企业的现代化进程,提高组织管理水平,并且促进资源的合理配置和产业结构升级,推动市场化改革、制度与技术的创新。俄罗斯远东地区面积广阔,资源丰富,但气候寒冷,人口稀少,距离俄罗斯欧洲部分的经济中心遥远,区域开发成本极高。然而,由于国际地缘政治竞争加剧,2014 年以来,俄罗斯一直受到欧美国家的制裁,为了摆脱困境,俄罗斯加速实施"向东转"战略,正在加大力度开发远东。俄罗斯明确地认识到仅仅依靠自己的力量开发远东的速度太慢,因此积极寻求大量外国资本进入远东,而要实现此目标,为外国企业提供良好的投资环境和营商环境就是必选之路。

对于外资来说,首要要考虑的是东道国的投资环境,包括国内环境、区域环境、软环境和硬环境等。具体来说,国内环境是指东道国国内的政治经济情况和社会文化环境。区域环境是指地区的自然资源禀赋、对

---

① 《新时代我国利用外资的新理论》,http://www.mofcom.gov.cn/article/zt_qgswgzhh2017/zjjd/201712/20171202690925.shtml.

外开放程度、地理距离等方面。软环境一般包括东道国法律体系的构成、健全性、稳定性,是否和国际惯例相通,以及在吸引国外投资方面是否有各种法规等。硬环境指物质基础环境,如交通运输条件、邮电通信设施、能源供应、市政工程建设、公用设施单位建设等。投资环境的优劣影响东道国吸引外资的能力。良好的投资环境应是政府稳定,对外资企业不施加不适当的干预;经济发展稳定,国内市场容量较大;基础设施完善,配套服务良好;法律法规健全,歧视性条文少;自然资源较丰富,气候适合生产需要等。俄罗斯远东在这些条件中最具优势的是自然资源禀赋,并且正在构建良好的法律体系,劣势是经济欠发达,基础设施较薄弱。

一、影响外国直接投资的因素

(一)自然因素

自然环境一般是指非人为因素所形成的环境条件,主要包括自然资源、地理位置、地形、气候等因素。各国的自然地理环境,以及对自然地理环境的利用程度和利用效益有很大的差异,其对企业跨国经营活动会产生不同的影响。如蕴藏的自然资源的种类、数量、开采的难易程度和开采成本,投资所在地与未来市场的距离,交通运输条件以及气候对投资项目的影响等。企业对外直接投资的一个重要方面就是要在全球范围内达到资源利用与生产配置的最优化,寻求最大的竞争优势,因此自然环境对投资方向有着重要的影响。

本书研究了俄罗斯远东的自然资源状况,比如远东的矿藏、土地资源、森林资源等的分布、蕴藏量、质量以及可使用性。对资源丰富的远东而言,外资可以利用其资源,在当地投资建厂,进行生产。

(二)经济因素

外国投资者进行投资的动机虽然有很大的差异,但都是以追求经济利益为基本前提的。因此,经济因素是影响投资的直接因素。

第一，外国投资者会考虑东道国的经济政策。世界各国的宏观和微观经济政策，如财政政策、信贷政策、税收政策、产业政策、资源开发利用政策、外汇管理政策等各不相同，从而对外资进入什么行业、投向什么地方、投资规模等有着不同的影响。一般来说，发达和成熟的市场经济以及相对自由的经济政策，对投资者有较强的吸引力。

第二，外国投资者会考虑东道国的经济发展水平和发展前景，如国内生产总值增速、固定资产投资趋势、工业生产水平、国民收入、对外贸易等。当今，世界各国的经济发展水平存在较大差异，而各国经济发展水平和经济发展前景决定着其在吸引外资需求方面的差异。经济发展水平高且前景好，意味着有更多的投资机会。因此，这是企业衡量对外投资的重要指标。

第三，外国投资者会考虑东道国的市场规模及其准入程度。一个国家的市场大小，有无市场潜力，市场对外来产品的准入程度，都直接关系着投资机会的大小，关系着投资后的经营前景。衡量市场规模的指标主要有人口数量及其增减趋势、人口分布状况、人均收入水平、市场消费水平和消费结构，以及市场的竞争态势、物价水平等。衡量市场的准入程度则要看投资所在国的贸易和关税政策、对外资企业产品内销的政策等。

第四，外国投资者会考虑东道国的生产要素市场的完善程度。投资者在一个国家或地区从事各项投资活动，不可能在封闭的状态下进行，而资本的正常运行需要有健全的市场体系，一般需要有健全的商品市场、资本市场、劳务市场、技术市场以及金融市场等。如企业生产的产品能否有容纳吸收的消费市场，东道国是否能够为企业提供有效的资金融通渠道，东道国是否能够提供足够符合要求的劳动力等。这些都是外资企业能否从事正常生产经营活动，获得经营资源和经营利益的基本条件。

第五，外国投资者会考虑东道国的科技发展水平。科技发展水平通常反映在科技发展现状、科技发展结构、科技人员的素质和数量、科学技术的普及程度、现有工业技术基础的水平、产业结构的现代化水平以及与企业经营相关的原材料、制造工艺、能源、技术装备等科学技术发展动向等多个方面。一个国家的科技发展水平如何,在一定程度上影响着对直接投资的吸收和容纳程度,影响投资者对投资取向的选择。如果一国的科技发展水平高,则有利于企业生产水平的提高,有利于企业采用现代化的组织运行方式和管理方式,因而对外资的吸引力大,外资也易于向资本密集型或知识密集型产业发展,相反,则对外资的吸引力小,外资易于向劳动密集型产业发展。

教育水平和人口素质与吸引外国直接投资也有密切的关系。一国教育水平的高低体现在劳动力的学习能力和文化素养方面,影响着投资者在投资水平、投资结构及投资项目上的选择。教育水平高的国家和地区,人口素质相应也高,有利于吸收高水平的投资活动。教育水平和人员素质低,会导致生产和技术的落后,缺乏合格人才,劳动效率低,影响投资的效益并影响东道国的消费结构、购买行为,从而影响企业的经营活动。

基于以上这些因素对外国投资者向俄远东投资的重要意义,本书对俄远东近年来的经济发展水平和增长趋势,包括地区生产总值、固定资产投资、采掘业、加工业、农业、林业、对外贸易、人口增减速度、就业水平、居民受教育程度、科技水平等进行了详细分析。

(三) 法律因素

法律环境是指本国和东道国颁布的各种法律法规,以及各国、各地区之间缔结的贸易条约、协定和法规等。一国的法律体系,特别是涉外法律是外国投资者关注的焦点。这是因为投资所在地的法律和法规对投资者的投资活动起着制约的作用,同时也是保障投资者投资权益的基础。健全的法律体制应体现为法律体系的完备性、各项法规的稳定性以及法律实施的严肃性。

企业在对外投资时必须熟悉、遵守东道国的各项法律和法规。各国法律和法规可以对产品、定价、分销、促销等市场营销活动进行调节,这些法律和法规在不同国家有很大的差异。企业要进行国际直接投资活动,必须要了解各国法律法规及相互差异,然后才能正确遵守东道国的法律规范。

首先,需要了解针对外资进入的法律与法规。东道国出于发展本国经济的需要,在维护国家主权和本国经济利益的前提下,对外资的进入通常会制定相应的法规与政策,如外国投资法、外资企业法、合营企业法、涉外税法等。相关的法律和法规通常涉及对外资的定义,对外资的审批程序,对外资投向产业的鼓励、限制或禁止的指导政策,对外资股权比例或股权转让的相关规定,对外资的税收及税收优惠措施等。这些法律和法规对外国企业能否顺利进入东道国有直接的影响。

其次,需要了解针对外资企业经营活动的法规与政策。东道国颁布的各种法规,如公司法、证券交易法、商标法、广告法、专利法、竞争法、反倾销法、商品检验法、劳工法、环境保护法、消费者利益保护条例、外汇与外贸管理法、出口国的出口管制政策等,将直接影响企业在跨国经营过程中投资形式的选择、劳动力雇佣政策、经营战略与策略的制定、企业税负等问题。

俄罗斯涉及外资的法律比较健全,有《俄罗斯联邦外国投资法》《俄罗斯联邦产品分成协议法》《俄罗斯联邦经济特区法》《俄罗斯联邦工业政策法》《俄罗斯联邦保护和鼓励投资法》《俄罗斯联邦对保护国防和国家安全具有战略意义的经济主体进行外国投资的程序法》《俄罗斯联邦反垄断法》《俄罗斯联邦投资基金法》《俄罗斯联邦保护证券市场投资者权益法》《俄罗斯联邦海关法典》《俄罗斯联邦税法典》《俄罗斯联邦矿产资源法》《俄罗斯联邦劳动法》《俄罗斯联邦建筑法》《俄罗斯联邦证券市场法》《俄罗斯联邦环境保护法》《俄罗斯联邦租赁法》《俄罗斯联邦土地法》等。本书主要介绍了《俄罗斯联邦外国投资法》《俄罗斯联邦产品分成协议法》《俄罗斯联邦经济特区法》《俄罗斯联邦工业政策法》《俄罗斯联邦保护和鼓励投资法》等。远东地区独有的相关投资法,介绍了《俄罗斯联邦社会经济超前发展区联邦法》和《符拉迪沃斯托克自由港法》。

（四）社会基础设施因素

社会基础设施主要是指一个国家的交通运输条件、能源供应、通信设施和商业基础设施等。交通运输条件是指各种运输方式(包括公路、铁路、航空和水运)的可获性及其效率。能源供应是指各种能源的可获性及其成本。通信设施是指各种信息传递媒介的发达程度及其传递信息的质量。商业基础设施是指各种金融机构、广告代理、商业网点、营销调研组织的可获性及其效率。

社会基础设施的水平是投资者关注的重要外部物质条件,直接关系到企业经营活动能否顺利进行。一般来说,一国的社会基础设施越完善,企业经营活动的效率就越高。良好的社会基础设施对外国企业有很大的吸引力,如:一个国家的交通运输条件会影响企业在该国的厂址选择和营销策略;一个国家通信设施的现代化程度直接影响企业的信息传递;商业基础设施越好,越可以在融资、保险、销售渠道、广告、大众传媒等方面为企业开展经营活动提供便利条件。

本书主要分析了远东的交通基础设施,包括铁路、公路、港口、航空港的现状以及未来建设的方向和速度。

二、国际投资的相关理论

20 世纪 60 年代,随着国际投资的增加,学者们开始研究对外直接投资理论。目前,国际上关于对外投资的理论很多,比较流行的有垄断优势理论、产品生命周期理论、国际生产折衷理论、国际直接投资发展阶段理论、国家竞争优势理论、边际产业转移理论、投资诱发要素组合理论等。

（一）垄断优势理论

垄断优势理论由美国经济学家海默(S. Hymer)首先提出。1960年,他在自己的博士论文《国内公司的国际经营:对外直接投资研究》中提出"垄断优势",以垄断优势来解释国际直接投资行为,后经其导师金德尔伯格(C. Kindleberger)及凯夫斯(R. Caves)等学者补充和发展,成为研究国际直接投资最早、最有影响的理论。垄断优势理论开创了以国际直接投资为对象的新研究领域,使国际直接投资的理论研究开始成为独立学科。

垄断优势理论认为,市场的不完全性是企业进行对外直接投资的根本原因。市场的不完全性表现在四个方面:1. 商品市场的不完全竞争,即商品的特异化、商标、特殊的市场技能以及价格联盟等;2. 要素市场的不完全竞争,即获得资本的不同难易程度以及技术水平差异等;3. 规模经济所造成的不完全竞争,即企业由于大幅度增加产量而获得规模收益递增;4. 经济制度与经济政策所造成的不完全竞争,如关税、税收、利率与汇率等政策。而垄断优势是对外直接投资的决定因素。垄断优势主要包括:1. 市场垄断优势,如产品差异优势、控制市场价格的能力等;2. 生产垄断优势,如组织管理优势、资金优势、专利和技术优势等;3. 规模经济优势,即在供、产、销各环节的衔接上提高效率。

垄断优势理论突破了国际资本流动中完全竞争的假定。海默认为,市场竞争是不完全竞争,而传统的解释国际资本流动的理论是要素禀赋理论,该理论认为各国的产品和生产要素市场是完全竞争的:资本从"资本过剩"的国家流向"资本稀缺"的国家,国际资本流动的根本原因在于各国间利率的差异,对外投资的主要动机是追求较高的利率。海默等认为,这种理论已不能科学地揭示二战后迅速发展的国际直接投资的现实。①

(二)产品生命周期理论

1966 年,美国哈佛大学教授弗农(R. Vernon)在《产品周期中的国际投资与国际贸易》一文中提出,用产品生命周期的概念分析国际贸易和国际投资。他认为产品生命周期有四个阶段,即创新期、成长期、成熟期和衰退期,产品生命周期的变化是企业对外直接投资的动因。

第一阶段,创新国首先在国内进行产品开发和生产,因为此时新产

---

① 刘红杰.《国际投资学教程》. 上海:立信会计出版社,2002.

品的价格需求弹性低,能获得垄断优势;

第二和第三阶段,技术虽未达到标准化,但已成熟,企业更关心的是生产成本,特别是竞争对手出现后。选择出口或对外投资,取决于出口商品的边际生产成本加运输成本与进口市场的预期生产成本的比较。如果前者低于后者,创新国选择出口,否则选择对外直接投资;

第四阶段,技术已标准化,企业之间的竞争表现为价格的竞争,企业选择到劳动力成本较低的发展中国家进行直接投资,生产该产品。

在贸易方面,随着产品从"创新"到"标准化",创新国会由出口国变为进口国,劳动力成本较低的国家则由进口国变为出口国。而且新产品的周期演进逐步转移到发展中国家。

在投资方面,投资国具有生产、技术等优势,而东道国拥有资源和廉价劳动力等区位优势,如果把二者结合起来,投资者就可以克服到国外生产所引起的附加成本和风险。[1]

(三)国际生产折衷理论

国际生产折衷理论是由英国经济学家约翰·邓宁(John Dunning)教授于 1977 年提出的。他认为,一国的商品贸易、资源转让、国际直接投资的总和构成其国际经济活动。然而,20 世纪 50 年代以来的各种国际直接投资理论都只是孤立地对国际直接投资做出部分的解释,没有形成一整套将国际贸易、资源转让和国际直接投资等对外经济关系有机结合在一起的理论。

邓宁认为,所有权优势和内部化优势只是企业对外直接投资的必要条件,而区位优势是对外直接投资的充分条件。内部化的目的是保持和扩大垄断优势,区位因素制约着跨国公司对外直接投资的选址及其国际生产布局,只有同时具有三种优势,国际直接投资才会成功。如果只有所有权优势和内部化优势,则选择出口贸易方式;如果只有所有权优势,则选择技术转移方式。

---

① 孙定东,杨逢珉,张永安.《国际经济学》(第 2 版). 上海:上海人民出版社,2012.

所有权优势——指一国企业拥有的或能够得到国外企业没有或无法获得的资产及其所有权。包括：自然资源、资金、技术优势，企业规模优势，组织管理优势。跨国企业所拥有的所有权优势大小直接决定其对外直接投资的能力。

内部化优势——指企业为避免不完全市场带来的影响而把企业的优势保持在企业内部。企业通过形成自己的内部交易体系，把公开市场交易转变为内部交易，从而克服公开市场不完全竞争的消极影响。

区位优势——指跨国企业在投资区位上所具有的选择优势。区位优势包括直接区位优势和间接区位优势。直接区位优势，是指东道国的某些有利因素所形成的区位优势，包括：低廉的劳动力成本、巨大的市场需求、关税与非关税壁垒、政府的各种优惠投资政策等。间接区位优势，是指由于投资国和东道国某些不利因素所形成的区位优势，如商品出口运输费用过高等。区位优势的大小决定着跨国企业是否进行对外直接投资和对投资地区的选择。①

（四）国际直接投资发展阶段理论

20 世纪 80 年代初，邓宁研究了以人均 GNP（国民生产总值）为标志的经济发展阶段与一个国家的外国直接投资（外资流入）以及一个国家对外直接投资（资本流出）与一国净的对外直接投资之间的关系。同时也对对外直接投资阶段的划分，以及各阶段国际直接投资的特征和国际直接投资发展阶段顺序推移的内在机制进行了较为全面的解释。

第一阶段：人均 GNP 低于 400 美元或等于 400 美元。不会产生直接投资净流出的现象，这是由于一个国家的企业还没有产生所有权优势。同时在这一阶段外资总的流入量不大，也是由于东道国各种条件的制约。

第二阶段：人均 GNP 在 400—1500 美元之间。在这一时期内，外资流入量增加，但主要是利用东道国原材料及劳动力成本低廉的优势，进行一些技术水平较低的生产性投资。在对外投资方面，东道国的投资流

---

① 孙定东,杨逢珉,张永安.《国际经济学》(第 2 版).上海:上海人民出版社,2012.

出仍停留在很低的水平上,只是在邻近国家进行了一些直接投资活动,并通过引进技术及进入国际市场等形式,来实现进口替代投资的经济发展战略。

第三阶段:人均 GNP 在 2000—4750 美元之间。由于东道国企业所有权优势和内部化优势大大增强,人均净投资流入开始下降,对外直接投资流出增加。标志着一个国家的国际直接投资已经发生了质的变化,即专业化国际直接投资过程的开始。

第四阶段:人均 GNP 在 2600—5600 美元之间。这一时期是国际直接投资净流出的时期。随着该国经济发展水平的提高,这些国家的企业开始具有较强的所有权优势和内部化优势,并具备发现和利用外国区位优势的能力。

总体上看,一个国家的国际直接投资状况和该国人均 GNP 之间的关联性,是该国企业相对于其他国家企业的三类优势变化而言的。①

(五) 国家竞争优势理论

国家竞争优势理论,又称"国家竞争优势钻石理论",1990 年由哈佛大学教授迈克尔·波特(Michael E. Porter)在其代表作《国家竞争优势》中提出。国家竞争优势理论试图解释如何才能造就并保持可持续的相对优势。

比较优势是竞争优势的基础,一国在生产要素方面的比较优势有利于它去建立国际竞争优势,而一国建立国际竞争优势才能获得持久的比较利益。比较优势并不必然等同于竞争优势,但比较优势可随着生产要素的动态变化转化为竞争优势。

波特认为,一国的国内经济环境对企业开发其自身的竞争能力有很大影响,其中影响最直接的是以下四项因素:生产要素、需求要素、产业要素以及企业竞争。在一国的许多行业中,最有可能在国际竞争中取胜的是国内"四因素"环境对其特别有利的那些行业。因此,"四因素"环

---

① 刘红杰.《国际投资学教程》. 上海:立信会计出版社,2002.

境是产业国际竞争力的最重要来源。

生产要素,包括人力资源、自然资源、知识资源、资本资源、基础设施。生产要素又分为初级要素和高级要素两类。初级要素是指一个国家先天拥有的自然资源和地理位置等;高级要素则是指社会和个人通过投资和发展而创造的因素。一个国家若要取得竞争优势,高级要素远比初级要素重要。

需求要素,主要是指国内市场对产品或服务的需求情况,是特定产业是否具有国际竞争力的另一个重要影响因素。波特认为,国内需求对竞争优势的影响主要是通过三个方面进行的:一是本国市场上有关产业的产品需求若大于海外市场,则拥有规模经济,有利于该国建立该产业的国际竞争优势;二是若本国市场消费者需求层次高,则对相关产业取得国际竞争优势有利,因为经验丰富、要求严格的消费者会给本国公司带来改进产品质量、性能和服务等方面的压力;三是如果本国需求具有超前性,那么为它服务的本国厂商也就相应地走在了世界其他厂商的前面。

产业要素,即与企业有关联的产业和供应商的竞争力。一个企业的经营要与众多的相关企业和行业保持联系,强大的相关企业和行业网络可以提高整个产业链的效率和竞争力。一个国家要想获得持久的竞争优势,就必须在国内获得在国际上有竞争力的供应商和相关产业的支持。

企业竞争,是指一个国家内部市场的竞争态势,会对企业的国际竞争力产生重大影响。国内竞争会迫使企业不断更新产品,提高生产效率,以取得持久、独特的优势地位。各类企业作为国民经济的细胞,有其不同的规模、组织形式、产权结构、竞争目标、管理模式等特征,这些特征的形成和企业国际竞争力的提高在很大程度上取决于企业所面临的各种外部环境。此外,国内市场的竞争程度,对该国产业取得国际竞争优势有重大影响。国内市场的高度竞争会迫使企业改进技术和进行创新,从而有利于该国国际竞争优势地位的确立。

波特认为,国家经济发展可分为四个阶段,即生产要素导向阶段、投资导向阶段、创新导向阶段和富裕导向阶段。其中,前三个阶段是国家竞争优势发展的主要力量,通常会带来经济上的繁荣,第四个阶段则是经济上的转折点,有可能因此而走下坡。[1]

(六)边际产业转移理论

1978年,日本经济学家小岛清提出边际产业转移理论:对外直接投资应该从本国(投资国)已经处于或即将处于比较劣势的产业部门,即边际产业部门依次进行,而这些产业又是东道国具有明显或潜在比较优势的部门,但如果没有外来的资金、技术和管理经验,东道国这些优势又不能被利用,所以该理论又被称为"边际产业扩张理论"。小岛清的理论进步在于,他第一次提出了产业概念,相对于以企业为研究对象的垄断优势理论而言前进了一步。

小岛清认为对外直接投资与国际贸易是互补关系,而不是替代关系。要使对外直接投资促进对外贸易的发展,对外直接投资就应该从本国已经处于或即将处于比较劣势的产业依次进行。"边际产业"具有双重含义,对于投资国来说,它位于投资国比较优势顺序的底部,而对于东道国来说,则位于比较优势顺序的顶端。

边际产业转移理论的推论之一是可以将国际贸易和对外直接投资的综合理论建立在"比较优势(成本)原理"的基础上。国际贸易是按既定的比较成本进行的(扩大比较优势),而国际直接投资则可以创造新的比较成本(扩大比较成本)。

根据边际产业转移理论,对外直接投资应能同时促进投资国和东道国的经济发展。因此,小岛清从宏观经济角度来考虑,把对外直接投资划分为以下几种类型:自然资源导向型,即为了利用东道国的自然资源进行的投资;生产要素导向型,即为了追求成本优势,利用东道国廉价的劳动力等进行的投资;市场导向型,即为了规避贸易壁垒,维护和扩大出口规模进行的投资;生产与销售国际化导向型,即为了实现生产链的垂直或水平整合,跨国公司通过直接投资实现全球化布局。[2]

---

[1] 苏巧勤,胡云清.《国际贸易》.北京:北京理工大学出版社,2016.
[2] 杨培雷.《国际经济学》(第4版).上海:上海财经大学出版社,2021.

　　小岛清的比较优势获取思想表明,应该动态地、多样化地考察与研究本土非均衡成长的企业类型并据此做出相应的政策选择。对于那些国内发展已处于成熟阶段、比较劣势开始显现的企业,如果在相对更低阶段的发展中国家或发达国家某一细分市场可以获取更大比较优势,就应积极鼓励该类企业到上述国家去投资。

(七) 投资诱发要素组合理论

　　投资诱发要素组合理论是 20 世纪 80 年代由一些经济学者提出的。该理论认为直接诱发要素是对外直接投资产生的主要要素,主要指各类生产要素,包括劳动力、资本、技术、管理及信息等。间接诱发要素在当代对外直接投资中起着重要作用,指除直接诱发要素之外的其他非要素因素。间接诱发要素包括:

　　1. 投资国政府诱发和影响对外直接投资的因素:鼓励性投资政策和法规;政治稳定性及投资国政府与东道国的协议和合作关系。

　　2. 东道国诱发和影响对外直接投资的因素:投资硬环境状况(交通设施,通信条件,水、电、原料供应,市场规模及前景,劳动力成本等);投资软环境状况(政治气候、贸易障碍、吸引外资政策、融资条件及外汇管制、法律和教育状况等);东道国政府与投资国的协议和关系。

　　3. 世界性诱发和影响对外直接投资的因素:经济生活国际化以及经济一体化、区域化、集团化的发展;科技革命的发展及影响;国际金融市场利率及汇率波动;战争、灾害及不可抗力的危害;国际协议及法规。

　　间接诱发要素主要在发展中国家的对外直接投资上起作用,而且这种作用在目前的对外直接投资中越来越重要。[1]

　　投资诱发要素组合理论从投资国与东道国的双方需求、综合双方所具备的条件这一新的角度阐述对外直接投资的决定因素,同时着重强调间接诱发要素在目前对外直接投资中所起的重要作用。

---

①　阳林,李青,赖磊.《国际市场营销》.北京:中国轻工业出版社,2018.

第一章　俄罗斯远东地区投资环境分析

俄罗斯远东地区由 11 个联邦主体组成,其中包括阿穆尔州、滨海边疆区、哈巴罗夫斯克边疆区、萨哈(雅库特)共和国、堪察加边疆区、马加丹州、萨哈林州、犹太自治州、楚科奇自治区、布里亚特共和国、外贝加尔边疆区。2022 年,该区总面积达 695.26 万平方公里,占俄罗斯总面积的 40.6%,是俄罗斯面积最大的联邦区;总人口 790.39 万人,占俄罗斯总人口的 5.4%,是俄罗斯人口最少的联邦区(见表 1-1)。

表 1-1　2022 年远东联邦区各联邦主体面积和人口

地区	面积/ 万平方公里	人口/万	人口密度/ 人每平方公里
远东联邦区	695.26	790.39	1.1
布里亚特共和国	35.13	97.46	2.8
萨哈(雅库特)共和国	308.35	99.76	0.3
外贝加尔边疆区	43.19	99.24	2.3
堪察加边疆区	46.43	28.87	0.6
滨海边疆区	16.47	182.01	11.1
哈巴罗夫斯克边疆区	78.76	128.41	1.6
阿穆尔州	36.19	75.62	2.1
马加丹州	46.25	13.43	0.3
萨哈林州	8.71	46.06	5.3

续表

地区	面积/ 万平方公里	人口/万	人口密度/ 人每平方公里
犹太自治州	3.63	14.75	4.1
楚科奇自治区	72.15	4.78	0.1

资料来源: 俄联邦统计局, «Регионы России. Основные характеристики субъектов Российской Федерации. 2023», С. 734 - 829, https://rosstat.gov.ru/ storage/mediabank/Region_Sub_2023.pdf。

2022 年,远东联邦区所有组织的营业额总收入为 12.5 万亿卢布,比上年同比增长 12.9%,工业生产指数同比下滑 4.8%,农业生产指数同比增长 11.3%,固定资产投资增长 10.8%,建筑业增长 7.9%,零售贸易额下滑 1.9%。远东在俄所有联邦区中矿产开采业位居第四,在全俄占比 12.5%;制造业不发达,位居第七,占比 2.2%;固定资产投资在全俄占比 9.0%,位居第六,自有资金投资占 41.3%,吸引资金占 58.7% (其中联邦预算资金占 8.4%);建筑业在全俄占比 8.2%;农业生产薄弱,位居第八,占比 3.6%;零售贸易额在全俄占比 5.7%,位居第七,人均零售贸易额和人均月货币收入在各联邦区中位居第三。[①]

2023 年,远东联邦区所有组织的营业额总收入为 14.7 万亿卢布,比上年同比增长 17.6%;工业生产指数同比增长 3.0%;工业品生产价格指数为 118.0%;农业生产指数为 93.9%,农产品价格指数为 108.1%;固定资产投资增长 20.4%;建筑业同比增长 19.3%;零售贸易额同比增长 4.0%。其中矿产开采业在全俄占比同比提高,为 13.3%,依然在 8 个联邦区中位居第四;制造业占比变化不大,为 2.5%,在 8 个联邦区中位居第七;农业生产占比 3.3%,在 8 个联邦区中仍然位居最末

① 俄联邦统计局, «Социально-экономическое положение Дальневосточного федерального округа в 2022 году», С. 5 - 8, https://rosstat.gov.ru/folder/11109/document/ 13260.

位;固定资产投资占比 10%,在 8 个联邦区中位居第四,自有资金投资占 37.7%,比上年下降 3.6 个百分点,吸引资金占 62.3%,比上年提高(其中联邦预算资金占 4.7%,同比下降 3.7 个百分点);零售贸易额占比 5.6%,在 8 个联邦区中位居第七。[①]

第一节 自然资源环境

俄罗斯远东地区资源极为丰富,森林资源、煤炭储量、水力资源等均占俄罗斯资源总量的 30% 以上,还拥有储量极为丰富的油气资源。金、银、金刚石、铀、锡、钨、汞、锑、锗、萤石和氦矿的储量均居俄罗斯第一位,这些矿产中大部分的储量超过了俄罗斯总储量的一半。同时,远东地区还是俄罗斯矿产资源开发利用程度最低、潜力最大的地区。

一、能源矿产资源

(一)石油天然气资源

俄罗斯远东地区能源资源丰富,区内大部分面积都蕴藏着石油天然气资源,含碳氢化合物的面积大约占该区总面积的四分之一。包括鄂霍次克海大陆架在内的远东地区发现了多个油田,有 10 亿多吨可采石油储量。大部分陆上石油储量(6.732 亿吨)集中在萨哈(雅库特)共和国,4.256 亿吨位于萨哈林州(主要在大陆架上),其余则位于楚科奇自治区;天然气储量占俄罗斯天然气储量的 6.8%,分布在 108 个气田。天然气已探明储量 5 万亿立方米,超过 98% 的天然气储量集中在萨哈(雅库特)共和国和萨哈林州,其余则在楚科奇自治区、堪察加边疆区和哈巴罗夫斯克边疆区[②];天然气凝析油 2.68 亿吨。远东地区主要有三个

---

① 俄联邦统计局,《 Социально-экономическое положение Дальневосточного федерального округа в 2023 году》,С. 5 - 8, https://rosstat. gov. ru/folder/11109/document/ 13260.

② Ю. И. 佩热娃,Е. В. 拉波,Е. А. 瑟尔措娃,А. И. 佩热夫,邹秀婷,译.《俄远东地区发展的可持续性——基于真实储蓄的评估》,载《西伯利亚研究》2021 年第 3 期.

大油气区：

——北极东部临海大陆架油气区（包括拉普捷夫海、东西伯利亚海、楚科奇海）；

——东部临海油气区（包括白令海、鄂霍次克海、萨哈林州东北邻海）；

——萨哈（雅库特）共和国大型油气区。

远东地区的油气开发程度整体上相对较低，各联邦主体石油和天然气的勘探程度不均衡，勘探工作主要集中在萨哈林州和萨哈（雅库特）共和国周边。

萨哈林州石油天然气的探明程度最高。在萨哈林州发现了42个油田，但仅占该地区石油储量的4%。萨哈林地区油田的平均石油储量为110万吨。石油和天然气资源主要位于萨哈林大陆架，共发现112个矿床，其中17个在大陆架上。有20多个有前景的石油和天然气产地，30个产地正在开发中。

萨哈林州是远东地区重要的石油产地，已探明石油天然气储量的80%分布在该州东北海洋大陆架。萨哈林州周边海域大陆架的海水较浅，水深在200米以内的大陆架面积大约有12万平方公里。石油天然气资源的41%蕴藏在水深100—200米内的大陆架上；59%蕴藏在100米以内，其中，26%在0—50米内，33%在50—100米内。萨哈林油气田的地质特点是油气层多，构造比较复杂。萨哈林气区的天然气质量在全俄最好，氩和氦的含量较多，普遍不含硫化氢，含氮量也少。

萨哈林大陆架油气资源的开发对远东地区石油天然气综合体发展和优化远东能源供应结构，以及远东整体经济社会发展都会产生决定性影响，俄罗斯对此极为重视。目前，俄罗斯正在大力开发萨哈林大陆架的油气项目。

萨哈（雅库特）共和国石油天然气的探明程度较萨哈林州低。萨哈（雅库特）共和国已探明石油天然气储量集中在西南部和中部地区，以及鄂霍次克海大陆架。萨哈（雅库特）共和国境内规模最大的油田有中博图奥宾斯基油田,储量达 2 亿多吨;塔拉干油田,储量为 1.1 亿多吨;北塔拉干油田,储量约 8000 万吨。在鄂霍次克海大陆架上发现了 11 个油田,占该地区石油储量的 39.1%。最大的油田是阿尔库通-达根,储量超过 1.2 亿吨;皮季通-阿斯托赫,储量超过 8000 万吨;奥多普图海,储量超过 5000 万吨。

萨哈(雅库特)共和国天然气储量丰富,质量也非常好,不含有害杂质,有乙烷、丙烷和丁烷馏分,有利于发展天然气加工业。远东约 62% 的天然气储备在萨哈(雅库特)共和国,分布在 37 个气区。最大的天然气田有恰扬金斯基,储量超过 1.4 万亿立方米;中博图奥宾斯基,储量超过 2400 亿立方米;上维柳柴斯基,储量超过 2000 亿立方米。在鄂霍次克海大陆架上发现了 15 个气田,占远东地区天然气储量的 36.7%。[①]

尽管远东地区石油天然气的开采量在全俄所占比例很小(例如,2020 年仅为 3.6%),但对于远东地区的经济十分重要。目前,远东地区仅在萨哈林州和萨哈(雅库特)共和国内进行石油和天然气开采。从 21 世纪初到 2018 年,萨哈(雅库特)共和国的石油开采量增长了 30 多倍;萨哈林州的石油开采量增长了约 4 倍,天然气开采量增长了约 15 倍(见表 1-2)。在全区境内(包括鄂霍次克海和日本海的大陆架)共有 116 个碳氢化合物产地,其中包括 11 个石油产地,37 个天然气产地,36 个石油和天然气凝析油产地,23 个天然气石油产地。[②] 2020 年,远东开采天然气 300 亿立方米。萨哈(雅库特)共和国的石油和天然气产量继续保持较高增幅,同比增长 11.3%;萨哈林州的油气产量下跌 4.1%。2021 年,萨哈(雅库特)共和国原油和天然气开采量保持增长。2022 年,由于埃克森美孚公司退出"萨哈林 1 号"油气项目,萨哈林州石油开采业遇到

---

① Ю. К. Шафраник, П. В. Суранов. «ОБЗОР НЕФТЕГАЗОВОЙ ОТРАСЛИ ДАЛЬНЕВОСТОЧНОГО ФЕДЕРАЛЬНОГО ОКРУГА: СОСТОЯНИЕ И ПЕРСПЕКТИВЫ РАЗВИТИЯ ». https://gorprom.org/wp-content/uploads/2022/09/01 _ Обзор-нефетегазовой-отрасли. -Шафраник-Ю. К. -Суранов-П. В. . pdf.

② Ю. И. Пежева, Е. В. Лазия, Е. А. Эсэрмасэва, А. И. Пежев, 邹秀婷, 译.《俄远东地区发展的可持续性——基于真实储蓄的评估》,载《西伯利亚研究》2021 年第 3 期.

一系列问题,产量下滑。2023 年,远东地区天然气开采量为 579 亿立方米,较 2022 年增长 15%;而液化天然气产量减少 9%,为 1040 万吨。①

表1-2　远东地区石油天然气开采主要指标

	2004 年	2007 年	2010 年	2014 年	2018 年
石油开采量/万吨					
萨哈(雅库特)共和国	35.9	37.8	323	669	1220
萨哈林州	354.6	1484.8	1476.5	1454.7	1660
天然气开采量/亿立方米					
萨哈(雅库特)共和国	17	16	19	20	20
萨哈林州	19	68	242	282	293

资料来源:Ю.И.佩热娃,Е.В.拉波,Е.А.瑟尔措娃,А.И.佩热夫,邹秀婷,译.《俄远东地区发展的可持续性——基于真实储蓄的评估》,载《西伯利亚研究》2021 年第 3 期。

(二) 煤炭资源

远东地区拥有丰富的煤炭资源,占全俄煤炭储量的 40%。所有联邦主体都有煤炭资源,能提供各种类型煤炭。远东地区有众多的褐煤和石煤煤矿,同时有少量的炼焦煤和无烟煤。各种类型的煤都能用作能源原料,南雅库特和济良斯克的炼焦煤用于生产冶金业焦炭;富含沥青的煤则可用于化工工业;低灰分的褐煤可以用于取得液体燃料和腐殖酸,位于滨海边疆区的褐煤煤矿中富含稀散元素(如锗等)。

在远东联邦区有 3 家最大的煤矿开采公司:雅库特煤炭化学股份公司[萨哈(雅库特)共和国],滨海煤炭股份公司(滨海边疆区),东方金属

---

① 《Добыча газа выросла на Дальнем Востоке》,https://www.eastrussia.ru/news/dobycha-gaza-vyrosla-na-dalnem-vostoke/.

矿有限责任公司(萨哈林州)。

远东煤炭资源已探明的储量中约50%可进行露天开采。2017年有45个矿区采煤,但由于大部分煤田位于自然条件比较恶劣的北部地区,因而没能很好地开发利用。远东地区主要产煤区是萨哈(雅库特)共和国、萨哈林州、滨海边疆区、哈巴罗夫斯克边疆区和阿穆尔州。

萨哈(雅库特)共和国是俄罗斯三大煤炭主产区之一,历年来煤炭开采量几乎最多(见表1-3)。2018年,萨哈(雅库特)共和国约有900个煤矿和含煤层,共和国的资产负债表上煤炭储量超过140亿吨,煤炭的质量较高。[1] 2020年,萨哈(雅库特)共和国的煤炭产量下降8%,但比2010年翻了一倍,达到2000万吨[2];哈巴罗夫斯克边疆区和萨哈林州的煤炭开采量实现增长,分别增长20.6%和5.8%;外贝加尔边疆区和滨海边疆区分别下降9.3%和7.4%。[3] 2021年,萨哈(雅库特)共和国煤炭开采量大幅增加,增幅达28%;哈巴罗夫斯克边疆区和楚科奇自治区的煤炭开采也增速较高,分别为37.8%和25.6%。[4] 2022年,萨哈(雅库特)共和国和萨哈林州煤炭开采量继续保持高速增长,同比增长分别达17.7%和32.9%,但哈巴罗夫斯克边疆区和阿穆尔州的煤炭开采量都出现下降,分别下滑18.2%和12.3%。[5] 2024年1—7月,萨哈(雅库特)共和国煤炭产量激增至2680万吨,同比增加630万吨,增长30.7%。[6]

---

① Макс Молотов.《Угольная мозаика Дальнего Востока》//《Наш регион — Дальний Восток》, 2018, 12(142).

②《雅库特的煤炭产量将增长至近4000万吨》, http://m. mofcom. gov. cn/article/i/jyjl/e/202103/20210303045812. shtml.

③ О. М. 普罗卡帕洛, А. Б. 巴尔达利, А. Г. 伊萨耶夫, М. Г. 马济托娃, Д. В. 苏斯洛夫, 钟建平, 译.《2020年俄远东联邦区经济形势分析》, 载《西伯利亚研究》2021年第6期.

④ О. М. 普罗卡帕洛, А. Б. 巴尔达利, М. Г. 马济托娃, Д. В. 苏斯洛夫, 钟建平, 译.《2021年俄远东联邦区经济形势》, 载《西伯利亚研究》2022年第6期.

⑤ О. М. 普罗卡帕洛, А. Б. 巴尔达利, А. Г. 伊萨耶夫, М. Г. 马济托娃, 钟建平, 译.《2022年俄远东联邦区经济形势》, 载《西伯利亚研究》2023年第6期.

⑥《前7个月俄罗斯煤炭产量和出口全都下降》, https://www.ccera. com. cn/web/72/202408/24045. html.

表 1-3 远东地区煤炭开采主要指标

单位:万吨

地区	2007 年	2010 年	2014 年	2018 年
萨哈(雅库特)共和国	1220	1110	1200	1610
滨海边疆区	980	1010	700	760
哈巴罗夫斯克边疆区	200	250	400	500
阿穆尔州	330	300	320	360
马加丹州	40	40	40	40
萨哈林州	340	370	450	1030
楚科奇自治区	50	40	40	70

资料来源:Ю.И. 佩热娃,Е.В. 拉波,Е.А. 瑟尔措娃,А.И. 佩热夫,邹秀婷,译.《俄远东地区发展的可持续性——基于真实储蓄的评估》,载《西伯利亚研究》2021 年第 3 期。

萨哈(雅库特)共和国的煤炭开采主要位于南雅库特-涅留恩格里地区,大型煤田主要有勒拿煤田、南雅库特煤田和丘利马坎煤田等。勒拿煤田位于共和国的西北部,1930 年起进行局部地区开采,总面积约 60 万平方公里,有褐煤和烟煤两种,以露天开采为主。然而,由于该煤田所处的地理位置气候寒冷和交通不便利,尚不能全面开采。南雅库特煤田蕴藏优质炼焦煤,预测储量 350 亿吨,探明储量为 51.9 亿吨,于 1966 年开始开发,现已发展成为全俄闻名的大煤田之一,它的优势是煤层厚(10—60 米)。此处目前已发现 15 个优质煤田,主要有涅柳恩格里煤田、穆阿斯塔赫煤田、丘利曼煤田、亚科基特煤田、杰尼索夫斯基煤田等。涅柳恩格里煤田 1978 年开始开采,最有前景的煤矿是拥有优质炼焦煤的埃利金斯基煤矿。近几年煤炭产量的增长得益于对"杰尼索夫斯基"和"伊纳格林斯基"这两个采矿选矿联合企业进行投资,有了新产能,以及埃利金斯基煤炭综合体的开发。该地区煤炭开采业的领军企业有科尔玛尔(Колмар)和梅切尔(Мечел)的子公司埃利加煤炭(Эльгауголь),以及 Yakutugol 公司。

布里亚特共和国的石煤开采由"图格努伊斯基"露天煤矿（Разрез Тугнуйский）有限公司进行。褐煤由东西伯利亚矿业公司（Восточно-Сибирская горная компания）、乌戈利内煤炭公司（Угольный разрез）、布里亚特矿业公司（Бурятская горнорудная компания）等企业开采。

外贝加尔边疆区有 4.43 万平方公里的面积含有工业煤层，占该地区面积的 10%。这里发现了 46 个煤矿和 57 处煤层。褐煤占已探明储量的 63.4%。外贝加尔煤田位于布里亚特共和国和外贝加尔边疆区境内。该煤田分为布里亚特和赤塔两大矿区，布里亚特矿区探明储量为 27 亿吨，赤塔矿区探明储量为 35.5 亿吨。

滨海边疆区含有煤层的面积占该地区总面积的十分之一，这里大约有 100 个煤矿产地，预测煤炭资源为 59 亿吨，探明煤炭储量约为 29 亿吨，已探明的煤矿有 50 多处，大部分露天开采，已开采的煤矿产地有巴甫洛夫斯科耶矿、比金矿、利波维茨科耶矿和列特季霍夫斯科耶矿，最大的煤矿为卢切戈尔露天矿。

哈巴罗夫斯克边疆区焦煤的预测储量为 40 亿吨，褐煤储量为 32.2 万吨，分布在阿穆尔河流域中部。有开采价值的煤田主要有乌尔加尔煤田、上布列亚煤田和利安斯基煤田等。

阿穆尔州的煤炭资源丰富，预测煤炭资源为 630 亿吨，但由于复杂的地质条件，只有 140 亿吨被认为适合开采，可露天开采的煤炭储量为 30 亿吨。有 90 个石煤和褐煤矿床，后者占主导地位，褐煤占煤炭总储量的 99%，褐煤储量在远东联邦区居首位。州内较大的煤田有斯沃博德内煤田、奥特日斯克煤田、谢尔盖耶夫卡褐煤田、叶列科韦次克煤田。有 6 个褐煤产地和一个烟煤产地。该州有一家大型采矿企业——阿穆尔煤炭（Амурский уголь）。

萨哈林州煤炭资源丰富，约 8% 的面积蕴藏煤炭资源，有 60 多个煤矿和有前景的含煤地区，预测储量 112.83 亿吨，探明储量为 24.5 亿吨，其中褐煤略占主导地位，占 52.7%。这里的煤质量好，含硫少，热值高，可供炼焦。不过大多数矿床的地质条件都很复杂，降低了开采的经济效益。

犹太自治州有煤炭资源,但储量很少。比尔斯克煤田储量有限。该地区没有煤炭开采业。

马加丹州煤炭储量约为 20 亿吨,煤炭生产企业有科雷马煤炭公司(Колымская угольная компания)和东北煤炭公司(Северо-Восточная угольная компания)。

21 世纪初之前,堪察加边疆区一直没有煤炭开采业,2007 年科里亚克自治区并入堪察加边疆区后才有煤炭开采业。目前只有一个煤田——帕拉纳煤田正在开发中,储量 186.44 万吨。截至 2018 年 1 月 1 日,堪察加边疆区共有 7 个煤矿,其中 4 个是石煤矿床,3 个是褐煤矿床。帕拉纳煤炭(Палана-Уголь)有限公司开发褐煤,此外还有克鲁托戈罗夫斯基煤田,储量 2.586 亿吨。

楚科奇自治区的煤炭储量很少,为 6.914 亿吨,其中 65% 是石煤。在很长一段时间里,只有一家煤矿企业。①

二、金属和非金属矿产资源

远东地区是俄罗斯矿产开发程度利用最低、资源潜力最大的地区,有丰富的有色金属、贵金属和黑色金属矿藏,富有钻石、金、银、铂金、铅、锌、锡、铀、钨、硼、萤石和锑等。远东境内有 827 个矿床运营,开采 25 种矿物。②

(一)金属矿产

远东地区锡储量丰富,有俄罗斯最大的锡矿,锡产量占全俄总量的约 75%。锡矿主要位于滨海边疆区、萨哈(雅库特)共和国和哈巴罗夫斯克边疆区。

远东地区是俄罗斯最大的铀矿开采地之一,铀矿储量的约 90% 位于

---

① 《Угольные месторождения Дальнего Востока》, https://lektsii.org/10-77022.htm.
② Ю. И. 佩热娃,Е. В. 拉波,Е. А. 瑟尔措娃,А. И. 佩热夫,邹秀婷,译.《俄远东地区发展的可持续性——基于真实储蓄的评估》,载《西伯利亚研究》2021 年第 3 期.

外贝加尔边疆区和萨哈(雅库特)共和国南部地区。远东的大型铀矿床基本未开采,正处于勘探或准备开采阶段。

远东是俄铅锌、锑和钨的重要产区,位于滨海边疆区的尼古拉耶夫斯克多金属矿藏中,铅的储量居全俄第四位,开采量居第二位。锑矿主要在萨哈(雅库特)共和国,钨矿在萨哈(雅库特)共和国、阿穆尔州和马加丹州境内。

2024年上半年,马加丹州的铅、锌、铜产量下降,与上年同比,铅产量下降了25%,为3142吨;锌产量下降17%,为3443.2吨;铜产量为257.7吨,比去年同比下降37%。①

远东地区已建立了铁矿石基地,铁矿主要分布在萨哈(雅库特)共和国、阿穆尔州、哈巴罗夫斯克边疆区等。

俄罗斯的银矿开采几乎完全集中在远东地区(占全俄的95%,其中马加丹州占56%)。② 远东地区的黄金储量总计达5792吨,其中马加丹州大约占40%、萨哈(雅库特)共和国占32.5%、楚科奇自治区占13.7%,远东的金储量主要集中在这三个地区。③

在远东地区整个黄金开采史里,已开采了超过8500吨黄金。金矿开采主要集中在马加丹州(见表1-4)和萨哈(雅库特)共和国。马加丹州是世界上最大的黄金产地之一,2024年1—7月,马加丹州开采了21吨黄金,比2023年同期增长了13%,该地区调整后的全年黄金生产计划为53.6吨,比2023年同期增长12%。2024年上半年,阿穆尔州开采了7.73吨黄金,略低于2023年同期0.38%;堪察加边疆区开采了4.7吨黄金,比2023年同期增长19.6%;萨哈(雅库特)共和国2024年计划生

---

① «Бюллетень EastRussia: обзор горнодобычи ДФО — лето 2024», https://www.eastrussia.ru/material/byulleten-eastrussia-obzor-gornodobychi-dfo-leto-2024/? ysclid = m0b7z35az45782697.

② Ю. И. 佩热娃,Е. В. 拉波,Е. А. 瑟尔措娃,А. И. 佩热夫,邹秀婷,译.《俄远东地区发展的可持续性——基于真实储蓄的评估》,载《西伯利亚研究》2021年第3期.

③ 周永恒,刘金龙,柴璐,吴大天,吴涛涛.《俄罗斯远东地区矿产资源开发现状与潜力》,载《中国矿业》2017年第11期.

产 7.8 吨黄金。① 马加丹州的金矿主要分布在科雷马河中上游地区,主要金矿有什科利诺耶、斯涅日诺耶、库巴卡、杜卡特、韦特林斯科耶、德茹利耶塔和伦诺耶。在楚科奇自治区、阿穆尔州和哈巴罗夫斯克边疆区也进行黄金开采,楚科奇自治区的主要产地有库博尔和德沃伊内;阿穆尔州的产地有皮奥涅尔和别列济托文;哈巴罗夫斯克边疆区有阿尔巴济诺和姆诺戈韦尔申内;萨哈(雅库特)共和国有库拉汉斯基格鲁帕、维尔赫尼和纳杰日达。

此外,远东地区还开采少量的锌、铜、镍、钴、镉、铟、水镁石、冶金白云石和水泥原料,但是由于交通和自然地理等原因,远东许多矿床仍处于未开发或未有效开发状态。②

表 1-4 远东地区黄金开采主要指标

单位:吨

地区	2004 年	2007 年	2010 年	2014 年	2018 年
萨哈(雅库特)共和国	21.3	23.1	26.7	27.3	33.7
堪察加边疆区	0.3	2.5	2.5	4.4	5.6
滨海边疆区	0.4	0.4	0.4	0.4	0.3
哈巴罗夫斯克边疆区	22.6	17.7	16.5	23.2	29.8
阿穆尔州	14.2	16.4	24.3	31.8	23.8
马加丹州	23.2	17.2	17.2	34.9	46.5
萨哈林州	0.2	0.2	0.1	0.1	1.8
犹太自治州	0.1	0.1	0.02	0.01	0.1

---

① «Бюллетень EastRussia: обзор горнодобычи ДФО — лето 2024», https://www.eastrussia.ru/material/byulleten-eastrussia-obzor-gornodobychi-dfo-leto-2024/? ysclid = m0b7z 35az457826979.

② Ю. И. 佩热娃,Е. В. 拉波,Е. А. 瑟尔措娃,А. И. 佩热夫,邹秀婷,译.《俄远东地区发展的可持续性——基于真实储蓄的评估》,载《西伯利亚研究》2021 年第 3 期.

续表

地区	2004 年	2007 年	2010 年	2014 年	2018 年
楚科奇自治区	4.3	4.6	27.5	35.4	28.9

资料来源：Ю. И. 佩热娃，E. B. 拉波，E. A. 瑟尔措娃，A. И. 佩热夫，邹秀婷，译.《俄远东地区发展的可持续性——基于真实储蓄的评估》，载《西伯利亚研究》2021 年第 3 期。

（二）非金属矿产

远东地区有世界最大的金刚石矿，矿床品位一般较高，金刚石质量较好。钻石开采在全俄处于领先地位，仅在萨哈（雅库特）共和国的西部地区进行开采（见表 1-5），该地区的钻石储量几乎占全俄罗斯的 76.5%。[①] 规模最大的金刚石矿床是"乌达切"（Удачная）和"和平"（Мир）。远东地区的钻石开采几乎全部由俄罗斯规模最大的钻石开采加工企业——阿尔罗萨（АЛРОСА）公司完成。2020 年，阿尔罗萨公司钻石产量比上年减少了 22%，生产了 3000 万克拉。[②] 2022 年的钻石产量为 3560 万克拉，2023 年产量下降了 3%，生产了 3460 万克拉钻石，占全球市场的份额为 30%。[③]

表 1-5　萨哈（雅库特）共和国钻石开采主要指标

年份	2004 年	2007 年	2010 年	2014 年	2018 年
开采量/ 万克拉	3980	3720	4236	3175	3320

---

① Ю. И. 佩热娃，E. B. 拉波，E. A. 瑟尔措娃，A. И. 佩热夫，邹秀婷，译.《俄远东地区发展的可持续性——基于真实储蓄的评估》，载《西伯利亚研究》2021 年第 3 期.

② 《Алмазодобывающая отрасль Дальнего Востока — итоги 2020》，https://prom-siberi-a. ru/industry/mining-industry/almazodobyvayushhaya-otrasl-dalnego-vostoka-itogi-2020/? ysclid = m0c05yextq80160998.

③ 《Алроса сократила добычу алмазов в 23г на 2,8% до 34,6 млн карат》，https://www. moscowtimes. io/2023/12/22/update-1-alrosa-sokratila-dobychu-almazov-v-23g-na-28-do-346-mln-karat-a1169913.

续表

年份	2004 年	2007 年	2010 年	2014 年	2018 年
开采成本/美元每克拉	20.7	32.4	44.5	63.8	59.24

资料来源：Ю. И. 佩热娃，E. B. 拉波，E. A. 瑟尔措娃，A. И. 佩热夫，邹秀婷，译.《俄远东地区发展的可持续性——基于真实储蓄的评估》，载《西伯利亚研究》2021 年第 3 期。

（三）各联邦主体矿藏分布

布里亚特共和国有丰富的稀有金属、有色金属。地下矿产资源有钨、钼、金、石煤、铁矿石、霞石正长岩、石墨、石棉、石灰岩等。当地已探明的各类矿区有 700 余处，其中，已探明金矿 320 处。[1]

萨哈（雅库特）共和国境内已经发现 1500 多种矿藏，包括金伯利岩管 1000 多个（其中 150 个为含钻石矿床）、金矿 78 个、砂金矿 723 个、锡矿 50 个、钨矿 22 个、铁矿 7 个、铅锌矿 5 个，还有一系列锑、沸石、磷灰石等矿藏。它为俄罗斯提供 100% 的锑、39.5% 的锡。许多已探明但目前尚未开发的矿藏都属于综合性的、罕见的大型矿藏。[2]

外贝加尔边疆区蕴藏矿物资源 500 多种，有黑色金属、有色金属、稀有金属、贵金属及多种建筑装修用材料。已探明的矿产资源主要有锡、铅、金、铜、钼、钨、萤石、铁矿石、煤等。其中萤石的储量占全俄罗斯的 40.73%、锑占 38.2%、铀占 29.06%、钼占 27.9%、铜占 25.6%、钛占 21.23%、银占 16.86%。[3] 此外，外贝加尔边疆区已探明的矿产资源有些

---

① «Справка о состоянии и перспективах использования минерально-сырьевой базы Республики Бурятия на 15. 03. 2021 г. », https://rosnedra. gov. ru/data/Fast/Files/202104/a68f437248904625cccb2a2748550f37. pdf.

② «Справка о состоянии и перспективах использования минерально-сырьевой базы Республики Саха（Якутия）на 15. 03. 2021 г. », https://rosnedra. gov. ru/data/Fast/Files/202104/feb154b18af6584ca00ae9931b9a34d1. pdf.

③ «Справка о состоянии и перспективах использования минерально-сырьевой базы Забайкальского края на 15. 03. 2021 г. », https://rosnedra. gov. ru/data/Fast/Files/202104/a1fe101c2b86b515977f10aa9c3f192b. pdf.

还是大型矿、稀有矿。

滨海边疆区矿藏有锡、钨、萤石和多金属矿石。境内已探明的锡矿有 46 处,含铅和锌的多金属矿石产地 21 处,钨矿储量也很大,有 6 处钨矿,金矿有 80 多处,铜矿 8 处,硼矿已全面开采,已开发的萤石矿除萤石外,还富含铍、锂、铌和钽等。[①]

哈巴罗夫斯克边疆区的主要矿产有金、锡、汞、铁矿石、石墨、水镁石、锰、长石、磷矿石、明矾石等。已经开采的有金矿、锡矿和铁矿。

阿穆尔州有 60 多种矿产资源,包括金、铁、钛、铜、高岭土、磷灰石、沸石、石棉、耐火黏土等。州境内黄金储量在俄罗斯位居第三,主要金矿有波克罗夫斯科耶、马拉梅尔斯科耶、巴姆斯科耶和别列济托沃耶。钛矿主要有库拉纳赫斯科耶和大塞伊姆。铁矿主要有戈林斯克,储量达 3.89 亿吨,以及什马诺夫斯克和谢列日斯夫铁矿等,预测铁矿总储量有 38 亿吨。[②] 阿穆尔州有 123 个各种非金属矿原料和建筑材料产地。此外,还探明了工业用镍矿点,已查明超过 400 个铅矿点和 100 个锌矿点。[③]

萨哈林州有黑色金属、有色金属、稀有贵金属、水泥工业原料和其他矿物。千岛群岛有含稀有金属混合物的多金属矿石。在施密特半岛已经确定了有含磷酸盐岩石。

犹太自治州矿产资源种类多样。境内已探明的储备量大的有铁矿、锰矿、锡矿、金矿、石墨矿、滑石矿、水镁石矿等 20 多种。锰矿已探明比詹和南兴安岭两大产地,探明的总储量有 900 万吨。铁矿储备量在很大程度上超过锰矿储备量,迄今已探明铁矿 4 个,总储量 7 亿多吨。这些产地的矿石可用于冶金工业。锡矿主要产地是小兴安岭和奥布卢奇耶

① 《Справка о состоянии и перспективах использования минерально-сырьевой базы Приморского края на 15. 03. 2021 г.》, https://rosnedra.gov.ru/data/Fast/Files/202104/cceda8c2feaa28e1507247bb689ed442.pdf.

② 《岳西宽、王宝林:对接"一带一路",俄罗斯开发远东的投资环境分析以阿穆尔州为例》, https://www.sohu.com/a/243123982_162522.

③ 《俄远东及阿州矿产资源能源情况》, http://www.heihe.gov.cn/hhs/c102651/202402/c11_279507.shtml.

市以北的卡拉堵布斯科耶产地。除锡外,矿石中还含有铜、铅、锌、砷、铋、锑、银、钼、金等金属。自治州境内有两处稀有金属产地:普列阿布拉阵斯科耶产地和迪土尔斯科耶产地。除作为矿物主要成分的伟晶岩外,还富有锂、铌、钇、铯、锶等稀有金属。州内已探明菱镁矿储量1002.8万吨。矿石成分是菱镁矿、白云石、蛋白石、玉髓等。已探明水镁石(氧化镁的原料)储量528.6万吨,其中库里都尔斯科耶产地、中心产地、萨夫垦斯科耶产地、塔拉盖斯科耶产地储量极大,在全世界居第二位。已探明石墨储量1亿多吨。自治州境内还有玄武岩、沸石、磷酸盐物以及其他非金属矿物。[①]

三、农用地资源

远东地区土地资源6.95亿公顷。尽管适用于农业的用地只有1880.76万公顷,占总土地资源的2.7%(见表1-6),但是这些农业用地面积已经足够满足当地居民的食物需求。

表1-6 2022年远东联邦区各联邦主体农业用地面积

地区	农用地面积/万公顷	占土地资源比例/%
俄联邦	22200	13
远东联邦区	1880.76	2.7
布里亚特共和国	314.51	9.0
萨哈(雅库特)共和国	164.02	0.5
外贝加尔边疆区	764.51	17.7
堪察加边疆区	47.56	1.0
滨海边疆区	164.89	10.0
哈巴罗夫斯克边疆区	66.56	0.8

① «Справка о состоянии и перспективах использования минерально-сырьевой базы Еврейской автономной области на 15. 03. 2021 г. », https://rosnedra. gov. ru/data/Fast/Files/202104/5460fac063a0a2a0c1297467cf458855. pdf.

续表

地区	农用地面积/万公顷	占土地资源比例/%
阿穆尔州	273.35	7.6
马加丹州	12.14	0.3
萨哈林州	18.63	2.1
犹太自治州	53.73	14.8
楚科奇自治区	0.86	0.0

资料来源：俄联邦统计局，«Регионы России. Социально-экономические показатели. 2023», С. 437 – 438, https://rosstat.gov.ru/storage/mediabank/Region_Pokaz_2023.pdf。

外贝加尔边疆区农业用地面积最多，占远东联邦区的近41%，农业以种植业和畜牧业为主，主要种植小麦、大麦、荞麦、燕麦等。畜牧业以养羊为主，部分地区从事养鹿和皮毛业。

布里亚特共和国农业用地面积在远东联邦区位于第二，占17%。农业有乳肉畜牧业、渔业和毛皮狩猎业。

阿穆尔州土地资源丰富，农业用地面积为273万公顷，在远东联邦区的比重约15%，耕地超过53%。该州南部的黑土地土质肥沃，适合农业种植，作物高产。气候条件适合栽培大豆、玉米、马铃薯和蔬菜等。

滨海边疆区也是远东地区重要的农业基地，农业用地面积为165万公顷，主要种植小麦、水稻、大麦、燕麦、大豆等。

哈巴罗夫斯克边疆区农业用地有67万公顷。种植区主要在南部，种植大麦、小麦、燕麦、马铃薯、大豆等，另外有畜牧业和养鹿业。

犹太自治州农业用地54万公顷，拥有大面积的耕地、草场和牧场，主要农作物有小麦、黑麦、燕麦和大豆。

萨哈（雅库特）共和国境内有四个地质带：原始森林带（几乎80%的区域都处在此地质带）、永久冻土带、森林冻土带和北极荒原带。萨哈（雅库特）共和国的陆地几乎全是永久冻土带，只有西南部才逐渐转为不连贯的冻土。冻土的平均厚度为300—400米，维柳伊河河床的冻土厚度达 1500 米,是地球上冻土层最厚的地方。在东雅库特山区有 485 座冰山,总面积达 413 平方公里。[①] 共和国不适合农业生产,主要以畜牧业、肉奶制造业、养兽业、狩猎业和渔业为主。种植业集中在共和国西南部地区,主要出产小麦、燕麦、大麦、马铃薯和蔬菜等。

萨哈林州由于缺少可开垦土地,且气候条件不适宜农业生产,农业只是区域性的,但岛上的农业生产完全可以满足居民对食品的基本需求。萨哈林州南部地区有种植业,主要农作物有马铃薯、谷物和甜菜等,北部地区有畜牧业。

四、森林资源

远东地区是俄罗斯森林资源最丰富的地区。2022 年,林地面积 3.9 亿公顷,占全俄的 45%;森林覆盖率为 49.6%,森林覆盖面积 3.45 亿公顷,占全俄的 43%,居全俄第一位;木材蓄积量为 255.91 亿立方米,占全俄 31%(见表 1-7),仅次于西伯利亚联邦区,位居第二。然而,远东森林资源实际使用率并不高,联邦区的木材采伐量仅占全俄的 10%左右。截至 2019 年末,远东联邦区幼龄林面积为 6263.16 万公顷、中龄林面积为 1.057 亿公顷、近熟林面积为 3134.66 万公顷、成熟林与过熟林面积为 1.345 亿公顷。[②]

表 1-7　2022 年远东联邦区各联邦主体森林资源指标

地区	森林覆盖面积/万公顷	森林覆盖率/%	木材蓄积量/亿立方米
俄联邦	79504.9	46.4	825.36
远东联邦区	34467.8	49.6	255.91
布里亚特共和国	2241.5	63.8	22.38

① 《Республика Саха(Якутия)》, https://ria.ru/20190207/1550551393.html.

② 曲万涛、李淑华:《俄罗斯森林资源状况与森林经营评价》,载《西伯利亚研究》2021 年第 2 期.

续表

地区	森林覆盖面积/ 万公顷	森林覆盖率/%	木材蓄积量/ 亿立方米
萨哈(雅库特) 共和国	15421.5	50.0	88.75
外贝加尔边疆区	2957.7	68.5	26.74
堪察加边疆区	1983.3	42.7	12.14
滨海边疆区	1280.9	77.8	19.85
哈巴罗夫斯克边疆区	5255.9	66.7	51.38
阿穆尔州	2358.5	65.2	20.45
马加丹州	1723.0	37.3	4.78
萨哈林州	592.6	68.0	6.63
犹太自治州	162.4	44.7	1.98
楚科奇自治区	490.1	6.8	0.84

资料来源：俄联邦统计局，«Регионы России. Социально-экономические показатели. 2023»，C. 728 – 729，https：//rosstat.gov.ru/storage/mediabank/Region_Pokaz_2023.pdf。

　　远东的森林资源在全俄具有重要意义，不仅是因为数量大，还因为这里生长着各种贵重树种。远东地区的贵重木材和种类在全俄占第一位，这里生长着一种极为珍贵的雪松，还有大量云杉和冷杉，它们是生产纸浆和纸张的最好材料。

　　远东地区森林面积居首位的是萨哈(雅库特)共和国，森林覆盖面积为1.54亿公顷，森林覆盖率达50%，是俄森林资源最丰富的联邦主体之一，木材蓄积量居远东之首，为88.75亿立方米。萨哈(雅库特)共和国的森林资源主要分布在西南部，针叶林占全部森林的92.1%。这里的许多木材由于制造业薄弱而不能得到合理使用，造成很多经济损失。

　　森林面积排名第二位的是哈巴罗夫斯克边疆区。哈巴罗夫斯克边疆区森林覆盖率为66.7%，森林覆盖面积为5255.9万公顷，木材蓄积量

51亿立方米,其中大部分是成熟林和过熟林,有31亿立方米(含针叶林28亿立方米)。该边疆区大部分为针叶林所覆盖,从最北部到南部的山坡地都长满了针叶林。阿穆尔河(黑龙江)至日本海入海口地段分布着杉树林、针叶阔叶混交林和白桦林。冷杉林主要分布在南部阿穆尔河支流两岸。

外贝加尔边疆区森林资源十分丰富。森林覆盖率为68.5%,森林覆盖面积达2957.7万公顷,其中针叶林1939.9万公顷,木材蓄积量达27亿立方米。

布里亚特共和国有丰富的森林资源,森林覆盖面积2241.5万公顷,森林覆盖率64%,树木种类主要是红松和冷杉,木材蓄积量达22亿立方米。

阿穆尔州森林资源比较丰富,森林覆盖率为65%,森林覆盖面积为2358.5万公顷,木材蓄积量20亿立方米,其中针叶林9亿立方米。由于阿穆尔州的许多森林处于永久冻土带,因此树木种类单一,主要树种有落叶松、冷杉、云杉、樟子松、柞树、白桦等。阿穆尔州森林结构特点是成熟林和过熟林占有较大比重,为50%。针叶林占成材林总储量的76%。

滨海边疆区的自然条件适于植物生长,森林资源丰富,森林覆盖率为77.8%,森林覆盖面积为1280.9万公顷,木材蓄积量近20亿立方米。该边疆区针叶林和阔叶林混杂生长,优质树种很多。主要树种有雪松、云杉、冷杉、落叶松、白桦、椴树、山杨、橡树、水曲柳、榆树和黄桦,其中云杉占24.4%、雪松占22.6%。

堪察加边疆区森林覆盖面积为1983.3万公顷,森林覆盖率低于全俄平均水平,木材蓄积量在全联邦区来看不多,仅12亿立方米。堪察加边疆区的树木由于早霜、低温和强风,大多长得矮小而弯曲,经济效益很差。

萨哈林州的森林覆盖率为68%,森林覆盖面积为592.6万公顷,木材总蓄积量仅有6.6亿立方米。主要树种有鱼鳞松、岳桦、冷杉、阔叶林等。兴安落叶松主要生长在该州北部,西南部的树种较多,有针叶林、紫杉、黄檗和刺楸等。该州的木材制造业比较发达,因此林业、木材加工和纸浆业是该州的第二大产业。木材采伐中心是蒂米河和波罗奈河的上游地区。

犹太自治州森林覆盖率不高,为45%,低于全俄平均水平,森林覆盖面积162.4万公顷,木材蓄积量仅1.98亿立方米。树种主要有松木、云杉、冷杉和落叶松。其中云杉有22.3万公顷,红松有17万公顷,落叶松有14.5万公顷。

马加丹州森林覆盖面积为1723万公顷,森林覆盖率低,木材蓄积量仅4.78亿立方米。该州木材不能自给自足,一部分木材需从外地输入。

楚科奇自治区从生态角度上可以划分为三个不同的区域:北方的北极荒漠地区、中央的冻土地域和南方的针叶林地区,有一半以上的区域都在北极圈范围之内。该自治区的森林覆盖面积为490.1万公顷,木材蓄积量非常少,不足1亿立方米。

第二节　交通基础设施环境

远东地区发展的重要战略目标之一就是要消除交通基础设施对经济发展的限制,提高运输能力,使其更便捷高效。俄联邦政府计划到2025年,将在远东南部经济发达地区建成公路、铁路、航空交通网,并逐渐缩小远东交通运输网络与全国的差距。运用现代运输技术和物流体系还可以有效降低运输成本,进一步提高远东地区产品的竞争力。

一、铁路

(一)远东地区铁路网运输状况

远东地区主要有两条铁路,西伯利亚大铁路和贝阿铁路。西伯利亚大铁路在远东发挥着重要作用,它不仅从远东和贝加尔地区向俄罗斯西部输送产品,还承担与亚太地区国家进行贸易的进出口货物运输和国际货物过境转运的任务。

远东联邦区的铁路交通基础设施与俄罗斯其他联邦区相比较落后。远东是俄联邦面积最大的联邦区,铁路运营里程全长 12558 公里,在所有联邦区中排名第 4(见图 1-1),铁路运营长度(见表 1-8)仅为全俄铁路运营总长度的 14%左右;铁路密度仅相当于俄罗斯平均水平的 35%,在各联邦区中居于末位(见表 1-9),部分铁路路段需要进行大规模电气化改造。

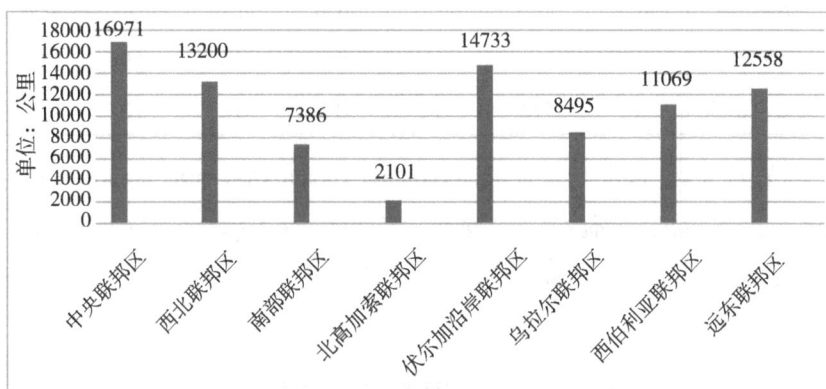

图 1-1 2022 年俄罗斯各联邦区铁路运营里程

资料来源:俄联邦统计局,《Регионы России. Основные характеристики субъектов Российской Федерации. 2023》,С. 18、186、296、374、442、574、640、736,https://rosstat.gov.ru/storage/mediabank/Region_Sub_2023.pdf。

表 1-8 远东联邦区各联邦主体铁路运营里程

单位:公里

地区	2005 年	2010 年	2015 年	2019 年	2020 年	2021 年	2022 年
远东联邦区	**11695**	**12058**	**12099**	**12558**	**12558**	**12558**	**12558**
布里亚特共和国	1227	1227	1227	1227	1227	1227	1227

续表

地区	2005 年	2010 年	2015 年	2019 年	2020 年	2021 年	2022 年
萨哈(雅库特)共和国	165	525	525	964	964	964	964
外贝加尔边疆区	2399	2399	2398	2398	2398	2398	2398
滨海边疆区	1553	1557	1557	1559	1559	1559	1559
哈巴罗夫斯克边疆区	2099	2099	2126	2144	2144	2144	2144
阿穆尔州	2934	2934	2920	2920	2920	2920	2920
萨哈林州	805	805	835	835	835	835	835
犹太自治州	513	512	512	512	512	512	512

资料来源：俄联邦统计局，《Регионы России. Основные характеристики субъектов Российской Федерации. 2023》，C. 745-826，https://rosstat.gov.ru/storage/mediabank/Region_Sub_2023.pdf。

表 1-9　远东联邦区各联邦主体铁路密度

单位:公里/10000 平方公里

地区	2005 年	2010 年	2015 年	2019 年	2020 年	2021 年	2022 年
俄联邦	**50**	**50**	**50**	**51**	**51**	**51**	**51**
远东联邦区	**17**	**17**	**17**	**18**	**18**	**18**	**18**
布里亚特共和国	35	35	35	35	35	35	35
萨哈(雅库特)共和国	0.5	2	2	3	3	3	3
外贝加尔边疆区	56	56	56	56	56	56	56
滨海边疆区	94	95	95	95	95	95	95
哈巴罗夫斯克边疆区	27	27	27	27	27	27	27
阿穆尔州	81	81	81	81	81	81	81

续表

地区	2005 年	2010 年	2015 年	2019 年	2020 年	2021 年	2022 年
萨哈林州	92	92	96	96	96	96	96
犹太自治州	141	141	141	141	141	141	114

资料来源：俄联邦统计局，«Регионы России. Социально-экономические показатели. 2023», C. 866 – 867, https：//rosstat. gov. ru/storage/mediabank/Region _ Pokaz_2023. pdf。

远东地区铁路网分布不均，主要集中在南部地区，南部拥有远东 90%以上的铁路线，而北部的楚科奇自治区、马加丹州、堪察加边疆区等地甚至不通铁路。

远东铁路的货运量和客运量在全俄都处于落后地位，在所有联邦区中均排名第七（见图 1-2、图 1-3）。尽管远东地区整体铁路运输系统不发达，但南部铁路网在旅客和货物运输中一直发挥着主要作用，与俄罗斯国内其他地区进行贸易的货物主要由铁路运输。铁路运输占萨哈林州所有货运量的 30%，在滨海边疆区和阿穆尔州占 40%—50%，在哈巴罗夫斯克边疆区占 70%以上。主要运输燃料（煤炭、石油）、黑色冶金制品及林产品等货物。

2020 年，由于新冠疫情影响远东铁路客运量下降 34.5%，降幅低于全俄水平；铁路货运量增长 2.3%，同期全俄铁路货运量下降 2.7%；铁路货运周转量增长 3.2%，同期全俄下降 2.2%。2020 年远东货运量的增长很大程度上是由于煤炭运输增加，煤炭运量同比上年增长 11.6%，煤炭在远东铁路总货运量中占比 40%。[①]

[①] О. М. 普罗卡帕洛，А. Б. 巴尔达利，А. Г. 伊萨耶夫，М. Г. 马济托娃，Д. В. 苏斯洛夫，钟建平，译.《2020 年俄远东联邦区经济形势分析》，载《西伯利亚研究》2021 年第 6 期.

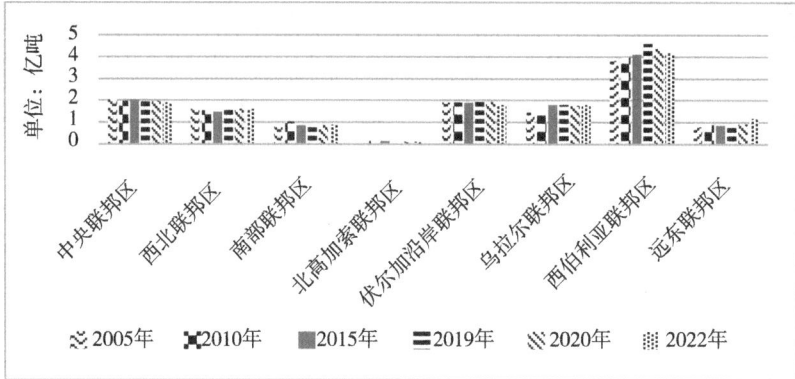

图 1-2　俄罗斯各联邦区铁路货运量

注:2018 年前远东联邦区铁路货运量统计包括外贝加尔边疆区与布里亚特共和国。

资料来源：俄联邦统计局，«Регионы России. Социально-экономические показатели. 2023», С. 862－863, https://rosstat. gov. ru/storage/mediabank/Region_Pokaz_2023. pdf。

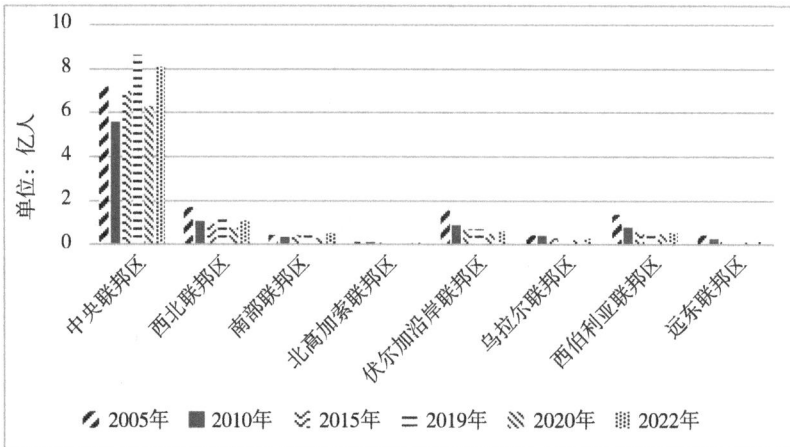

图 1-3　俄罗斯各联邦区铁路客运量

注:2018 年前远东联邦区铁路客运量统计包括外贝加尔边疆区与布里亚特共和国。

资料来源：俄联邦统计局，«Регионы России. Социально-экономические показатели. 2023», С. 864－865, https://rosstat. gov. ru/storage/mediabank/Region_Pokaz_2023. pdf。

2021 年,远东运输业虽然继续受到疫情的影响,但客运和货运量仍然实现增长。铁路客运量比上年增长 9.7%;铁路货运量增长 20.7%,铁路货运周转量增长 10.3%,分别比全俄平均水平高 3.2% 和 3.7%。[①]

2022 年,远东铁路客运量增长 7.7%,铁路货运量增长 9.9%,达 1.115 亿吨,铁路货运周转量增长 4.7%。铁路货物运输中煤炭所占比重更高了,占 52.2%(2021 年占 43.6%),石油及其制品占 9.6%(2021 年占 11.8%),铁矿石和锰矿石占 4.8%(2021 年占 5.4%),木材占 3.5%(2021 年占 3.9%),建筑材料占 3.3%(2021 年占 3.5%)。[②]

2023 年,远东铁路货运量为 1.17 亿吨,同比增长 4.8%;铁路货物周转量增长 30%。[③] 远东铁路在俄罗斯铁路网的装载量方面排名第二。

(二)远东地区铁路网改造

西伯利亚大铁路和贝阿铁路需要提高运力,因为这两条铁路的运载量已饱和,特别是连接港口、大型工业区和新开发矿产地的路段。2013 年 7 月,俄罗斯政府制定了西伯利亚大铁路现代化改造方案的时间表。同年 8 月,总统普京批准投资 170 亿美元,计划在 2018 年前将西伯利亚大铁路扩建至 9300 公里,年运货量增加 5500 万吨,相当于提高 46% 的运能。[④] 西伯利亚大铁路的升级改造能促进俄罗斯东部地区的经济发展和矿产资源开发,巩固俄罗斯跨欧亚大陆运输走廊的重要地位。

2014 年,俄罗斯启动贝阿铁路现代化改建工程,改建工程将使贝阿铁路的运输量增加。2019 年俄计划投入 14.92 亿卢布,对贝阿铁路的

---

① O. M. 普罗卡帕洛,A. Б. 巴尔达利,M. Г. 马济托娃,Д. В. 苏斯洛夫,钟建平,译.《2021 年俄远东联邦区经济形势》,载《西伯利亚研究》2022 年第 6 期.

② O. M. 普罗卡帕洛,A. Б. 巴尔达利,A. Г. 伊萨耶夫,M. Г. 马济托娃,钟建平,译.《2022 年俄远东联邦区经济形势》,载《西伯利亚研究》2023 年第 6 期.

③ 俄联邦统计局,《 Социально-экономическое положение Дальневосточного федерального округа в 2023 году 》, C. 23, https://rosstat.gov.ru/folder/11109/document/13260.

④《俄将大举扩建西伯利亚铁路》,http://ru.people.com.cn/n/2013/0808/c360529-22486754.html.

滕达—阿穆尔河共青城—瓦尼诺—沃洛恰耶夫卡路段进行改造。①

俄罗斯铁路公司非常重视远东联邦区铁路的基础设施建设。2020年,俄铁路公司为远东铁路基础设施建设投入资金超过1110亿卢布,同比增长逾80%。2019年投入资金为600亿卢布。资金用于沃洛恰耶夫卡二号站和斯莫利亚尼诺沃站现代化改造,开展贝阿铁路相关基础设施工程建设,以及对铁路车辆进行大量更新换代。②

2020年,在"贝阿铁路干线和西伯利亚铁路干线铁路基础设施现代化"项目框架下,贝阿铁路和西伯利亚大铁路的库里扬—滕达、奥廖克马—1945千米会让站、尤克塔利—塔卢马、库特坎—库维克塔、尤克塔利—塔斯尤里亚赫区间路段,以及滕达、卡雷姆斯卡亚、赤塔–1、赤塔–2、叶卡捷琳诺斯拉夫卡、外贝加尔斯克、希洛克、别洛戈尔斯克–2等车站升级改造。铺设了100多公里新铁路和复式道岔,现有铁路延长,建成若干桥梁和基础设施工程,第二条贝加尔铁路隧道通车。此外,外贝加尔斯克火车站干线和调车作业内燃机车技术服务站投入使用。但是,"贝阿铁路干线和西伯利亚铁路干线铁路基础设施现代化"项目第一和第二阶段的大部分工作没有按期完成。③

2021年,俄东部铁路继续落实"贝阿铁路干线和西伯利亚铁路干线铁路基础设施现代化"投资项目,以进一步扩大铁路吞吐能力和运输能力。卡雷姆斯卡亚—外贝加尔斯克路段和外贝加尔斯克车站改造工程继续进行,博尔贾—外贝加尔斯克路段(120千米)完成电气化改造,库特坎—库维克塔区间第二条铁路开通,西伯利亚大铁路新的克拉克隧道

① 《2019年俄拟投资268亿卢布建设东部铁路网,改造包括中俄边境马哈林诺–卡梅绍瓦亚在内的39处设施》,http://khabarovsk.mofcom.gov.cn/jmxw/art/2019/art_0a1df42823c64233a860543453ea3e99.html.

② 《俄铁路公司对远东铁路基础设施建设投入同比增长80%》,http://m.mofcom.gov.cn/article/i/jyjl/e/202102/20210203036602.shtmll.

③ О. М. 普罗卡帕洛,А. Б. 巴尔达利,А. Г. 伊萨耶夫,М. Г. 马济托娃,钟建平,译.《2020年俄远东联邦区经济形势分析》,载《西伯利亚研究》2021年第6期.

(位于阿穆尔州境内)动工。① 2022 年,在"贝阿铁路干线和西伯利亚铁路干线铁路基础设施现代化"项目第二阶段方案框架内继续完善铁路基础设施。为提升铁路通过能力和输送能力,以及发展货运列车超轴牵引,俄罗斯东部铁路网启动一系列车站改造工程和辅助通道铁路建设工程。此外,2022 年,埃利加-西伯利亚无烟煤集团开始在萨哈(雅库特)共和国和哈巴罗夫斯克边疆区铺设埃利加—丘米坎铁路专线。这条铁路全长 531 千米,直接通往鄂霍次克海沿岸。②

2023 年,为发展东部交通走廊,俄铁对西伯利亚大铁路 10 个车站进行现代化改造,主要位于外贝加尔边疆区和阿穆尔州,分别为别洛戈尔斯克站、叶罗菲巴甫洛维奇站、斯科沃罗季诺站、马格达加奇站、希马诺夫站、扎维塔亚站、卡雷姆站、车尔尼雪夫斯克-外贝加尔站、克谢尼耶夫站、外贝加尔斯克站。③

俄西伯利亚大铁路和贝阿铁路现代化改造建设资金从 2019 年的400 亿卢布增加至 2024 年的 4000 亿卢布,增加了 9 倍。改造工作正按照货物周转量目标稳步执行,预计 2027 年达到 1.97 亿吨/年,2030 年达2.1 亿吨/年,2032 年达 2.55 亿吨/年。俄东部铁路网现代化改造二期预计于 2025 年完工。④

二、公路

(一)远东地区公路状况

远东地区联邦级公路主要有:"勒拿"、"科雷马"、"阿穆尔"和"乌

① О. М. 普罗卡帕洛,А. Б. 巴尔达利,М. Г. 马济托娃,Д. В. 苏斯洛夫,钟建平,译.《2021 年俄远东联邦区经济形势》,载《西伯利亚研究》2022 年第 6 期.
② О. М. 普罗卡帕洛,А. Б. 巴尔达利,А. Г. 伊萨耶夫,М. Г. 马济托娃,钟建平,译.《2022 年俄远东联邦区经济形势》,载《西伯利亚研究》2023 年第 6 期.
③ 《西伯利亚大铁路 10 个火车站进行现代化改造》,http://khabarovsk. mofcom. gov. cn/jmxw/art/2023/art_6f4db120d70048bfad4359086979271c. html.
④ 《五年内俄东部铁路网现代化改造建设资金增加 9 倍》,http://khabarovsk. mofcom. gov. cn/jmxw/art/2023/art_57ccafa838ee461287e4e4bb5bb81a1e. html.

苏里"。"勒拿"(涅韦尔—雅库茨克)和"科雷马"(雅库茨克—马加丹)公路长度分别为 1160 公里和 1878 公里。"勒拿"公路通过阿穆尔州和萨哈(雅库特)共和国境内,是保障远东北部地区与俄罗斯公路网之间运输的唯一公路干线。"勒拿"和"科雷马"主要承担为萨哈(雅库特)共和国中部、东部和扎列奇内地区运输物资,以及俄联邦向萨哈(雅库特)共和国运送物资的任务。"科雷马"公路通过萨哈(雅库特)共和国和马加丹州境内。"科雷马"公路改造后,马加丹州与萨哈(雅库特)共和国经济联系更紧密并运送更多物资,为萨哈(雅库特)共和国东部地区提供可靠的供给,这将使萨哈(雅库特)共和国与马加丹州在采矿和能源工业领域的关系达到新水平。

"阿穆尔"(赤塔—哈巴罗夫斯克)联邦级公路全长约 2195 公里,是与西伯利亚大铁路国际运输走廊配套的重要一段。这条公路把远东地区与俄罗斯统一运输系统联结为一体,并解决了国家融入全球交通运输系统的问题。该公路把外贝加尔边疆区、阿穆尔州、哈巴罗夫斯克边疆区和犹太自治州连接起来。目前,"阿穆尔"公路改造工程主要是维修修建于 20 世纪 70—80 年代的路段,它们已经不符合现代运输要求。2016 年修建了 57 公里。

"乌苏里"(哈巴罗夫斯克—符拉迪沃斯托克)联邦级公路连接哈巴罗夫斯克边疆区和滨海边疆区。这条公路总长约为 760 公里,其中需要改造的有 453 公里。2011 年起开始改造"乌苏里"公路。政府曾从 2012 年亚太经合组织峰会的筹备资金中拿出了 10% 左右用于建设"乌苏里"公路。对"乌苏里"公路的改造促进了俄罗斯与中国、日本、韩国、朝鲜以及亚太地区其他国家经济贸易的发展。

远东地区的公路建设水平落后于全俄其他地区。远东联邦区是全俄面积最大的联邦区,但公路里程在全俄仅位居第六(见图 1-4 和表 1-10)。远东 1700 个居民点中 1265 个没有可全年通行的道路,不能保证全年与公路网主干线连接。[①] 大约50%的联邦级和地区级公路不能保证正常运输条件,20%的公路路况十分危险,交通事故率高。远东公路网密度显著低于全国,每千平方公里公路密度远远低于俄罗斯平均水平,只有滨海边疆区和外贝加尔边疆区公路密度接近全俄平均水平。

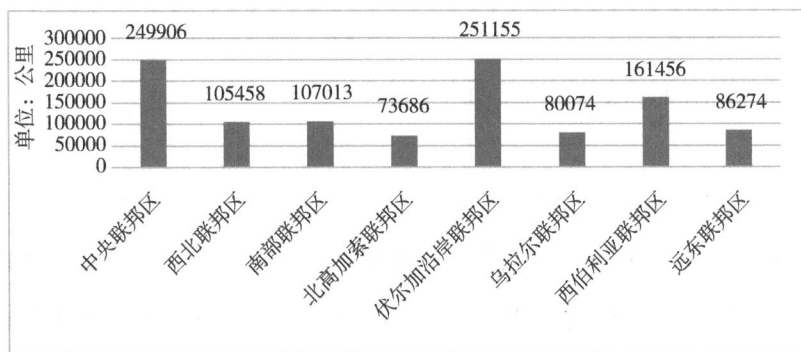

图1-4　2022年俄罗斯各联邦区硬质路面公路长度

资料来源:俄联邦统计局,«Регионы России. Основные характеристики субъектов Российской Федерации. 2023», С. 18、186、296、374、442、574、640、736, https://rosstat. gov. ru/storage/mediabank/Region_Sub_2023. pdf。

表1-10　远东联邦区各联邦主体硬质路面公路长度

单位:公里

地区	2019 年	2020 年	2021 年	2022 年
远东联邦区	**84171**	**85226**	**85873**	**86274**
布里亚特共和国	9405	9368	9401	9515
萨哈(雅库特)共和国	12203	12450	12645	12600
外贝加尔边疆区	14623	14743	14904	14889
堪察加边疆区	2112	2124	2161	2150
滨海边疆区	15150	15334	15349	15395
哈巴罗夫斯克边疆区	9812	10022	9830	9948
阿穆尔州	12506	12545	12646	12807

---

① 《俄远东和北极发展部长谈远东发展情况》,https://ru. mofcom. gov. cn/jmxw/art/2021/art_377017b47132413d9558504b650d0577. html。

续表

地区	2019 年	2020 年	2021 年	2022 年
马加丹州	2618	2608	2609	2584
萨哈林州	2442	2690	2844	2874
犹太自治州	2444	2449	2569	2586
楚科奇自治区	857	894	916	927

资料来源：俄联邦统计局，«Регионы России. Основные характеристики субъектов Российской Федерации. 2023»，С. 745－826，https://rosstat. gov. ru/storage/mediabank/Region_Sub_2023. pdf。

远东的公路网主要分布在南部，硬质路面公路密度为 12 公里/1000 平方公里（见表 1-11），与全俄平均水平差距很大，只有滨海边疆区和犹太自治州超过全俄水平。联邦区公路总长度的 67% 是硬质路面（见表 1-12），这一比例在 8 个联邦区中最低。主要公路铺设沥青混凝土路面，还有 30% 多为石子路，一半以上的桥梁为木质结构。国家联邦预算划拨资金对公路进行维护和建设。

表 1-11　远东联邦区各联邦主体硬质路面公路密度

单位:公里/1000 平方公里

地区	2005 年	2010 年	2015 年	2019 年	2020 年	2021 年	2022 年
俄联邦	31	39	61	64	64	65	65
远东联邦区	6.8	8.7	11.8	12	12	12	12
布里亚特共和国	11	20	26	27	27	27	27
萨哈（雅库特）共和国	2.5	2.7	3.8	4.0	4.0	4.1	4.1
外贝加尔边疆区	24	36	34	34	34	35	34
堪察加边疆区	3.1	3.6	4.2	4.5	4.6	4.7	4.6
滨海边疆区	43	52	93	92	93	93	93
哈巴罗夫斯克边疆区	6.2	7.4	12	12	13	12	13

续表

地区	2005 年	2010 年	2015 年	2019 年	2020 年	2021 年	2022 年
阿穆尔州	20	22	34	35	35	35	35
马加丹州	4.8	4.7	5.3	5.7	5.6	5.6	5.6
萨哈林州	8.7	14	23	28	31	33	33
犹太自治州	42	46	68	67	67	71	71
楚科奇自治区	0.8	0.8	0.9	1.2	1.2	1.3	1.3

注:2018 年前远东联邦区硬质路面公路密度统计包括外贝加尔边疆区与布里亚特共和国。

资料来源:俄联邦统计局,《Регионы России. Социально-экономические показатели. 2023》,С. 874 - 875, https://rosstat.gov.ru/storage/mediabank/Region_Pokaz_2023.pdf。

表 1-12　远东联邦区各联邦主体硬质路面公路占公路总长度的比重

单位:%

地区	2005 年	2010 年	2015 年	2019 年	2020 年	2021 年	2022 年
俄联邦	**91.3**	**80.6**	**70.6**	**70.6**	**70.6**	**70.7**	**70.8**
远东联邦区	**82.6**	**71.4**	**66.9**	**66.6**	**67.0**	**67.0**	**67.0**
布里亚特共和国	98.7	87.4	63.6	63.7	63.0	63.2	63.6
萨哈(雅库特)共和国	52.0	41.5	40.6	40.2	40.3	40.6	40.6
外贝加尔边疆区	98.1	70.1	67.0	65.5	65.7	65.7	65.0
堪察加边疆区	93.4	93.7	92.0	94.7	94.0	94.8	92.4
滨海边疆区	98.4	97.0	90.7	89.0	89.7	89.8	89.8
哈巴罗夫斯克边疆区	96.3	96.9	90.5	90.5	92.1	89.8	89.8
阿穆尔州	98.1	92.1	75.6	76.7	77.2	76.9	77.5
马加丹州	100	94.7	91.5	95.6	96.1	96.2	95.8
萨哈林州	47.3	37.5	44.6	49.3	56.0	58.6	58.6
犹太自治州	96.6	94.6	86.7	87.9	86.0	90.0	90.0

续表

地区	2005 年	2010 年	2015 年	2019 年	2020 年	2021 年	2022 年
楚科奇自治区	31.4	29.6	31.4	39.7	40.6	40.8	41.2

注:2018 年前远东联邦区硬质路面公路占公路总长度的比重统计包括外贝加尔边疆区与布里亚特共和国。

资料来源:俄联邦统计局, «Регионы России. Социально-экономические показатели. 2023», С. 872 – 873, https://rosstat.gov.ru/storage/mediabank/Region_Pokaz_2023.pdf。

远东地区公路的货运量和客运量在全俄均处于第七位(见图 1-5、图 1-6 和表 1-13),虽然公路运输不发达,但公路网能够将远东重要的经济社会中心连接起来,保证了各联邦主体与港口及毗邻国家的运输联系。各联邦主体地方公路的建设有利于整个远东地区骨干公路网的形成,从而保障农村居民点及小城市运输的通畅和居民生活质量的提高。

2020 年,疫情对远东公路客运造成重创,但对公路货物运输没有造成负面影响,公路货运量完成 1.28 亿吨,同比增长 15%,外贝加尔边疆区和萨哈林州公路货运量都增长一倍多;而公路运送旅客完成 3.7 亿人,同比下降 26.6%。

2021 年,远东地区的公路货运量为 1.26 亿吨,同比下降 1.6%;公路客运量为 3.84 亿人,增长 3.8%,还没有恢复到疫情前水平。

2022 年,远东公路货运量同比增长 5.6%,达 1.33 亿吨,公路货运周转量增长 10.2%,达 83.67 亿吨公里;公路客运量为 3.96 亿人。

2023 年,远东公路货运量同比下降 1.3%,为 9820 万吨,公路的货运周转量达 33.395 亿吨公里,同比下降 2.8%。[①]

---

① 俄联邦统计局, «Социально-экономическое положение Дальневосточного федерального округа в 2023 году», С. 24 – 25, https://rosstat.gov.ru/folder/11109/document/13260.

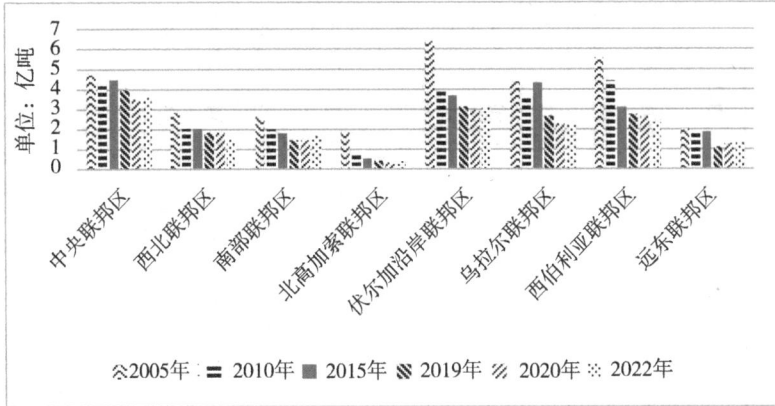

图 1-5　俄罗斯各联邦区公路货运量

资料来源：俄联邦统计局，«Регионы России. Социально-экономические показатели. 2023», C. 868 – 869, https：//rosstat. gov. ru/storage/mediabank/Region _ Pokaz_2023. pdf。

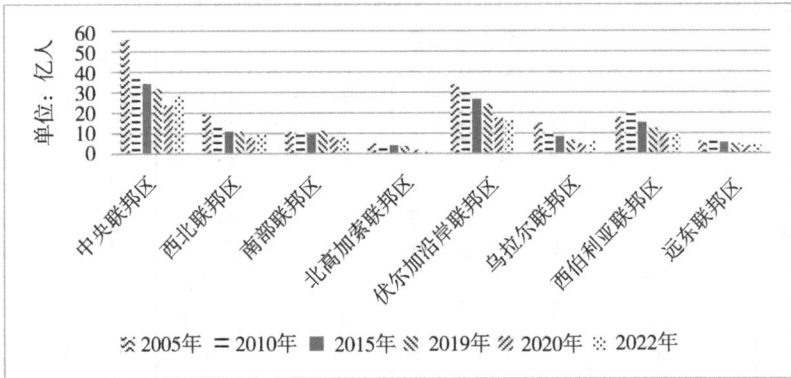

图 1-6　俄罗斯各联邦区公路客运量

资料来源：俄联邦统计局，«Регионы России. Социально-экономические показатели. 2023», C. 870 – 871, https：//rosstat. gov. ru/storage/mediabank/Region _ Pokaz_2023. pdf。

表 1-13　俄罗斯各联邦区公路货运量和客运量

地区	2005 年		2010 年		2015 年		2019 年		2020 年		2021 年		2022 年	
	货运量/亿吨	客运量/亿人	货运量/亿吨	客运量/亿人	货运量/亿吨	客运量/亿人	货运量/亿吨	客运量/亿人	货运量/亿吨	客运量/亿人	货运量/亿吨	客运量/亿人	货运量/亿吨	客运量/亿人
中央联邦区	4.72	55.97	4.19	38.60	4.46	34.52	3.97	31.95	3.52	23.73	3.66	27.07	3.64	29.10
西北联邦区	2.82	19.22	2.03	12.56	2.05	11.09	1.83	11.09	1.83	7.76	1.79	9.01	1.50	9.91
南部联邦区	2.63	10.65	2.00	10.73	1.81	9.65	1.47	11.18	1.46	7.95	1.53	7.79	1.71	8.13
北高加索联邦区	1.87	4.99	0.75	4.30	0.54	4.04	0.42	3.43	0.34	1.74	0.34	1.44	0.39	1.56
伏尔加沿岸联邦区	6.38	34.01	3.93	31.15	3.67	26.81	3.13	24.56	2.95	17.58	2.92	16.35	3.11	16.15
乌拉尔联邦区	4.37	15.00	3.62	10.27	4.34	8.47	2.65	6.73	2.27	4.81	2.16	5.27	2.20	6.09
西伯利亚联邦区	5.56	17.84	4.41	20.29	3.10	15.25	2.75	12.39	2.62	9.68	2.27	9.56	2.34	9.69
远东联邦区	2.00	6.06	1.74	6.45	1.87	5.42	1.11	5.04	1.28	3.70	1.26	3.84	1.33	3.96

注：2018 年前远东联邦区公路货运量和客运量统计包括外贝加尔边疆区与布里亚特共和国。

资料来源：俄联邦统计局,《Регионы России. Социально-экономические показатели. 2023》, C. 868 - 871, https://rosstat.gov.ru/storage/mediabank/Region_Pokaz_2023.pdf。

（二）远东公路网建设

公路不发达已经成为远东地区经济社会发展的主要制约因素之一，因此，应该以更快的步伐完善远东公路交通基础设施。远东修建公路的计划，必须依靠政府的支持。根据《俄交通体系发展联邦专项规划》远东部分，2020 年前，俄远东地区将修建和改造公路 800 多公里，其中，联邦级公路约 420 公里，州级及地方级公路约 390 公里。根据规划，2017—2019 年远东联邦区落实相关措施的总融资额 5422 亿卢布，其中俄联邦财政将投资 2156 亿卢布。①

《俄运输系统现代化联邦专项纲要》的"公路"子纲要提出改造"乌苏里"联邦公路哈巴罗夫斯克—符拉迪沃斯托克段，哈巴罗夫斯克—利多加—瓦尼诺的公路将投入运营。修建通往阿穆尔共青城的利多加—瓦尼诺公路可以增加与瓦尼诺—苏维埃港工业和交通枢纽的联系。另外，还规划修建全长为 824 公里的"东方"公路（哈巴罗夫斯克—纳霍德卡），该公路连通哈巴罗夫斯克边疆区和滨海边疆区，可以解决滨海边疆区纳霍德卡港和东方港连接欧亚大陆桥的问题。

2016 年 8 月，符拉迪沃斯托克—纳霍德卡—东方港公路已开通，它是"滨海 1 号"国际运输走廊的一部分，滨海边疆区南部重要的交通干线，它把符拉迪沃斯托克港、纳霍德卡港、东方港与滨海边疆区南部地区联系在一起，并与"乌苏里"公路相连接。② "滨海 1 号"走廊需要的投资额约为 1140 亿卢布（约合 18.19 亿美元）。中国积极参与"滨海 1 号"项目，俄方在"滨海 1 号"项目中持股 55%，中方持股 45%。③

2017 年 10 月份，哈巴罗夫斯克绕城高速公路第 13 至 42 公里路段启动建设，绕城高速公路全长 27 公里。该条公路沿途共有 5 座立交桥、

① 《2020 年前俄远东地区将新建和改造公路 800 多公里》，http://finance.sina.com.cn/roll/2017-04-14/doc-ifyeifqx5780205.shtml.

② 《国际交通走廊新路段在滨海边疆区开通》，http://sputniknews.cn/russia/201608231020569577/.

③ 《俄远东"滨海-2"交通走廊从中国入俄货物年吞吐量或为 8500 万吨》，https://sputniknews.cn/20151027/1016782749.html.

24座桥梁和高架桥,配套的交通基础设施总长度52.8公里。这是远东第一条时速高达120公里/小时的公路,也是远东地区第一条公私合营的付费高速公路。2022年7月哈巴罗夫斯克绕城高速公路正式开通,这使得哈巴罗夫斯克道路网的车辆通行能力每小时增加2000辆。该项目总成本为370亿卢布,其中联邦预算投资188亿卢布,占50%,其余的29%来自地方预算,21%来自私人投资。这条高速公路将"乌苏里"、"阿穆尔"和"东方"3条联邦公路连接起来,为俄罗斯公路网提供通往大型海港——东方港、符拉迪沃斯托克港、纳霍德卡港、苏维埃港和瓦尼诺港的出口,还将连接俄罗斯公路网与中国公路网,具有战略意义。这条公路还能将过境车流分散到城外,使哈巴罗夫斯克市内公路网减负18%。①

为实现远东公路网与全俄主要公路网对接,俄政府对"阿穆尔"公路(赤塔—哈巴罗夫斯克)实施改造,并开始修建哈巴罗夫斯克通往瓦尼诺港的跨阿穆尔河公铁两用桥。

俄政府计划改造勒拿公路以增加通行能力,提高安全度,减少事故,以及优化本地区运输成本。"勒拿"公路的大规模改造提高了萨哈(雅库特)共和国和马加丹州主要交通干线的通行能力,还可以保障萨哈(雅库特)共和国与西伯利亚大铁路连接。改造后的"勒拿"公路与"科雷马"公路形成一个非常有效的交通走廊,将提高货物和旅客运输量,改善道路安全性。这些措施将会给该地区的社会和经济发展带来集聚效应。

2019年底,俄政府运输委员会确认2035年前在远东地区将改造和大修1000多座桥梁和立交桥,其中包括在铁路交叉口新建和重修40条公路高架桥,在布拉戈维申斯克修建跨越结雅河的桥梁(2021—2024

---

① 《俄罗斯哈巴罗夫斯克绕城付费高速公路正式开通》,https://mp.weixin.qq.com/s?__biz=Mzg2MDI5MTI5Ng==&mid=2247493017&idx=2&sn=1f7aa542fe062beecf17f9a71859bdd2&chksm=ce2a0c16f95d8500c261bfb17902a25cfdf476449445e618e21b606edaae2b0f2c3d7df3a084&scene=27.

年），在雅库茨克修建跨越勒拿河的桥梁（2020—2025 年）等大型项目。①

2021 年，在"安全优质道路"国家项目框架下，远东联邦区维修道路1060 公里，工程总投资 263 亿卢布。②

2022 年，在"安全优质道路"国家项目框架下，远东联邦区各联邦主体都实施了公路网改造和配套建筑工程，839.1 公里公路投入使用。2022 年，国家项目框架下的道路工程投资规模增长 12.4%，达 302 亿卢布，其中联邦预算资金份额增长 7.1 个百分点至 38.4%。③

三、港口④

海运在远东地区北部货物运输中发挥着关键作用，对于一些地区，如马加丹州、堪察加边疆区和萨哈林州，海运几乎是运送货物的唯一途径，对于远东外贸进出口意义非常重要。

远东地区拥有众多重要港口。在俄太平洋沿岸有 32 个海港，包括22 个贸易港和 10 个渔港，以及约 300 个只有码头和锚地的港口。从南到北，可全年通航的港口是：扎鲁比诺、波谢特、符拉迪沃斯托克、纳霍德卡、东方、瓦尼诺、马加丹、堪察加彼得罗巴甫洛夫斯克，萨哈林的科萨科夫和霍尔姆斯克。主要港口集中于滨海边疆区、哈巴罗夫斯克边疆区和萨哈林州。滨海边疆区的符拉迪沃斯托克港、纳霍德卡港、东方港和哈巴罗夫斯克边疆区的瓦尼诺港等是远东地区最为重要的港口。

目前在远东地区，共有约 270 家具有港口功能的商业企业，登记注册的船运公司约有 200 家，拥有 1000 多艘深海、近海和港内航行船只。

---

① 《政府运输委员会确认了 2035 年前桥梁修复计划》，http://khabarovsk.mofcom.gov.cn/jmxw/art/2020/art_93c7c102f12a4e7ab22ca6a7400d4b68.html.

② О. М. 普罗卡帕洛，А. Б. 巴尔达利，М. Г. 马济托娃，Д. В. 苏斯洛夫，钟建平，译.《2021 年俄远东联邦区经济形势》，载《西伯利亚研究》2022 年第 6 期.

③ О. М. 普罗卡帕洛，А. Б. 巴尔达利，А. Г. 伊萨耶夫，М. Г. 马济托娃，钟建平，译.《2022 年俄远东联邦区经济形势》，载《西伯利亚研究》2023 年第 6 期.

④ 刘慧丽.《俄罗斯远东地区港口概览》，载《俄罗斯中亚东欧市场》2006 年第 5 期.

船运公司绝大多数规模都很小,只有一两艘船只或租用船只。在符拉迪沃斯托克、纳霍德卡、霍尔姆斯克、堪察加彼得罗巴甫洛夫斯克和季克西等港口有大型海运公司;远东轮船公司、滨海轮船公司、东方运输船队、萨哈林轮船公司、堪察加轮船公司和北极轮船公司。

远东港口都存在基础设施陈旧老化现象,严重影响港口的吞吐能力。随着俄东部地区开发战略的实施,这些港口陆海联运枢纽的作用和地位就更加突出。远东希望充分发挥这些港口的枢纽优势,加快推进港口基础设施建设,积极拓展并完善现代港口的物流和产业服务功能,进一步加强与亚太地区国家的深度对接、融合,使航运业成本更低、效率更高。近年来,远东海港基础设施飞速发展。优先建设集装箱货运和一般货运的现代化设施,其中包括处理大宗散货和液体货物的机械化、自动化综合系统。此外,为保证港口专业化,还建设了一批梯次配置的港口(包括与港口分离的铁路枢纽)和运输-物流综合体(可以更有效地处理、分配一般货物)。2021 年,东方港(煤炭装载装置三期工程,装载能力提高 50 万吨)和佩韦克港(煤炭装载能力提高 80 万吨)的工程竣工。[①] 2022 年,远东竣工一批完善型海运基础设施项目:韦拉港煤炭码头(450 万吨)和堪察加彼得罗巴甫洛夫斯克港别切温卡湾液化天然气海运码头一期工程(540 万吨)投入使用。霍尔姆斯克港轮渡码头改造工程和堪察加半岛液化天然气转运码头建设项目继续推进。[②] 2024 年,滨海边疆区拟扩建符拉迪沃斯托克港、东方港和纳霍德卡港,同时还将扩建哈巴罗夫斯克边疆区的瓦尼诺港及埃尔加港。俄罗斯将投入 4000 亿卢布用于港口建设,其中 1000 亿卢布来自联邦预算,其余资金将由私人投资。现代化港口建设将使港口的吞吐量在 2030 年前提高至 2.2 万

① О.М. 普罗卡帕洛,А.Б. 巴尔达利,М.Г. 马济托娃,Д.В. 苏斯洛夫,钟建平,译.《2021 年俄远东联邦区经济形势》,载《西伯利亚研究》2022 年第 6 期.

② О.М. 普罗卡帕洛,А.Б. 巴尔达利,А.Г. 伊萨耶夫,М.Г. 马济托娃,钟建平,译.《2022 年俄远东联邦区经济形势》,载《西伯利亚研究》2023 年第 6 期.

亿吨。[1]

2020年,远东港口货物转运量增长4.6%,为2.232亿吨,而同期全俄该指数下降2.3%。从货物结构看,干货(主要是煤炭)占主要份额,达65.8%。[2]

2021年,远东港口货物转运量增长0.6%,为2.243亿吨。从货物结构看,干货(主要是煤炭)占主要份额(占66.3%)。远东联邦区货物转运量最大的港口有东方港(占34.6%)、瓦尼诺港(15.8%)、符拉迪沃斯托克港(13.2%)和纳霍德卡港(12.0%),这4个港口占远东港口货物总转运量的份额超过75%。[3]

2022年,远东的港口成为俄罗斯主要的进口渠道,远东地区的海运码头超负荷运转,集装箱大量积压。远东港口货物转运量增长1.6%,达2.278亿吨。港口运输集中程度不断提高,东方港、瓦尼诺港、符拉迪沃斯托克港、纳霍德卡港等4大港口的份额比上年增长3个百分点,占78%。主要港口中,纳霍德卡港的货物转运量下降4.1%,为2580万吨,原因是俄罗斯石油公司纳霍德卡海运终端有限责任公司的石油出口萎缩;德卡斯特里港的货物转运量下降61.5%,为498万吨,原因是美国埃克森美孚公司退出"萨哈林1号"项目后石油开采量下滑。2022年,在西方国家对俄罗斯石油制裁的背景下,俄罗斯石油管道运输公司科济米诺港有限责任公司的石油转运量增长19.7%,为4200万吨,其中大部分石油出口到中国。[4] 2023年远东地区海港的货物吞吐量增长4.5%[5],

---

① 《Морские порты ДФО будут расширены》, https://www.eastrussia.ru/news/morskie-porty-dfo-budut-rasshireny/.

② O. M. 普罗卡帕洛, A. Б. 巴尔达利, A. Г. 伊萨耶夫, M. Г. 马济托娃, 钟建平, 译. 《2020年俄远东联邦区经济形势分析》, 载《西伯利亚研究》2021年第6期.

③ O. M. 普罗卡帕洛, A. Б. 巴尔达利, M. Г. 马济托娃, Д. В. 苏斯洛夫, 钟建平, 译. 《2021年俄远东联邦区经济形势》, 载《西伯利亚研究》2022年第6期.

④ O. M. 普罗卡帕洛, A. Б. 巴尔达利, A. Г. 伊萨耶夫, M. Г. 马济托娃, 钟建平, 译. 《2022年俄远东联邦区经济形势》, 载《西伯利亚研究》2023年第6期.

⑤ 《Морцентр ТЭК: Перевалка грузов в морских торговых портах России в 2023 году выросла на 5,2%-до 885,9 млн тонн》, https://portnews.ru/news/358461/.

北海航道沿线的货运量创下 3625 万吨的新纪录①。

(一)滨海边疆区港口

符拉迪沃斯托克港是俄太平洋沿岸最大的港口之一,包括东博斯普鲁斯海峡及其沿岸港湾(金角湾)以及阿穆尔湾水域。与其他远东港口相比,符拉迪沃斯托克港是唯一有封闭深水码头的港口,可停泊大排量船只,常年通航。除金角湾外,大部分水域冬季结冰。港口有良好的设备和大型仓库。西伯利亚大铁路延伸至符拉迪沃斯托克港,所有码头都有铁路线与之相连。

符拉迪沃斯托克港分商港和渔港两部分。商港由符拉迪沃斯托克海洋商港股份公司及其所属 6 个子公司运营。可停靠排水量 11 米、长260 米、宽 40 米的船只。港口共有 16 个深水码头,其中 9 个码头用于装卸货物(金属、木材、冷冻货物等),另有粮食码头、集装箱码头、易腐烂货物码头和石油码头,集装箱码头年吞吐能力超过 10 万标准箱。

渔港由符拉迪沃斯托克海洋渔港股份公司运营,共有 10 个码头,有专门储存渔产品的仓储设施。渔港也可装卸木材、金属、纸浆、货物、集装箱、汽车等。

2023 年 4 月,港口经理尼古拉·叶尔莫拉耶夫称,俄罗斯远东航运集团董事会通过的综合发展战略包括开设新的集装箱场地,将集装箱仓库容量扩充 20%,采购 170 多件技术新装备,升级港口 IT 基础设施。②2023 年 6 月,中国海关总署将符拉迪沃斯托克港增加为吉林省内贸货物跨境运输中转口岸。

东方港距纳霍德卡市 20 公里,是俄远东地区最大、最深的港口。东方港按货运量居全俄第三位,仅次于新罗西斯克和圣彼得堡,装备了大功率装卸设备,有深水码头,主要用于俄出口货物及西欧至亚太地区过

---

① 《Грузооборот Северного морского пути оказался рекордным》, https://lenta.ru/news/2024/01/10/gruzooborot-severnogo-morskogo-puti-okazalsya-rekordnym/? ysclid = m0dhiq5in57 51619454.

② 《符拉迪沃斯托克贸易海港计划到 2025 年前将集装箱场地扩容 20%》, https://sputniknews.cn/amp/20230403/1049240323.html.

境货物运输。全年可通航,1—2月冰冻期须由拖船牵引。港内有15个货运码头,东方港也是全俄最大的专业化集装箱港口之一,过货能力每年30万标准箱。

主要码头包括:全俄最大的煤炭专业码头,年货运能力1200万吨,可停泊15万吨巨轮,由东方港股份公司负责运营;化肥码头,可容2.5万吨轮船停泊,年货运量可达250万吨,运营公司是东方-乌拉尔港有限责任公司;木材及散装货物码头,由东方港股份公司运营,可装卸原木、加工板材及拖曳货物,如水泥、砖、煤等;甲醇装卸码头,由东方石化港股份公司运营。

纳霍德卡港位于日本海纳霍德卡湾,紧邻纳霍德卡市和东方港,水深10—13米,共有22个多功能码头,可装运各类货物,由纳霍德卡海运商港股份公司经营。为提高货运能力,港口正在进行现代化改造,扩建码头,拓深航道。

波谢特港位于日本海岸符拉迪沃斯托克以南的波谢特湾,有铁路与西伯利亚大铁路、中国东北、朝鲜相连。常年可通航,冰冻期须由破冰船或破冰拖船导航。船只最大排水量9米。港口有3个码头,年吞吐能力150万吨,由波谢特商港股份公司负责运营。该港用于运输铁合金、有色金属、煤炭、水泥、集装箱等,主要面向亚太国家,如日本、韩国和中国等。

扎鲁比诺港位于特洛伊沙湾,滨海边疆区南部哈桑区,靠近图们江入海口,距离符拉迪沃斯托克港大约60海里。港口全年通航,码头总长650米,水深8.5—10米深,有4个泊位,年吞吐能力120万吨。港口可以容纳万吨级货船和大型装备船舶,拥有一座1200吨级冷库、8台10吨级塔吊,以及4.4万平方米的露天仓库和7350平方米的保税仓库。主要用于运输矿石、木材、进口汽车等。

2017年初俄总理签署了关于将谷物码头、集装箱码头和燃料装载码头纳入扎鲁比诺海港建设土地规划的政府命令,项目由"苏玛"集团实施。除码头建设外,项目还规定发展铁路和公路,以及扎鲁比诺—珲春(中国)段的能源基础设施。2020 年,青岛港至扎鲁比诺港到珲春的内贸货运跨境运输航线正式开通。如今,随着扎鲁比诺港的不断扩建,港口已初具规模,公路和铁路可以直接通往俄罗斯腹地,并与吉林珲春的公路铁路网络相连接。

(二)哈巴罗夫斯克边疆区港口

瓦尼诺港是哈巴罗夫斯克边疆区最大的运输枢纽,也是远东地区最大交通枢纽之一,连接铁路、海运和公路运输线,可通往俄东北地区,日本、韩国、中国、澳大利亚、美国及其他亚太国家,港口可常年通航,1—3月冰冻期须由破冰船领航。港口共有 22 个码头,由瓦尼诺海洋商港公司运营,年吞吐能力 1200 万吨。运输货物主要有有色及黑色金属、化肥、木材、煤炭、石油、冷冻货物、矿石、集装箱、车辆等。有集装箱专用码头和远东最深的石油灌装码头(15 米),可停靠 10 万吨油轮,装卸能力每年可达 300 万吨,由油轮运输股份公司运营。临近的姆奇卡湾还有一个特殊货物码头,用于装卸易燃货物,由万斯金梦公司运营。瓦尼诺港与萨哈林岛的霍尔姆斯克港直航往来频繁。

2017 年俄联邦政府决定扩展瓦尼诺港地域范围,以实施煤炭转运码头建设项目。项目于 2018—2021 年由"俄海港公司"同"萨哈(雅库特)交通公司"采用公私合营方式实施,总投资 255 亿卢布,其中非预算投资 244 亿卢布,联邦财政投资占 11 亿卢布。项目投资人"科尔马尔公司"将提供 30% 资金,还拟吸引国家交通租赁公司和远东发展基金资金。码头煤炭转运能力将于 2019 年前达到 1200 万吨/年,二期完成后将达 2400 万吨/年。[①]

(三)堪察加边疆区港口

彼得罗巴甫洛夫斯克港是俄太平洋沿岸大型港口之一,位于堪察加半岛东岸阿万清水道。港口常年运营,冰封季节须由破冰船导航,分为商港和渔港两部分。

---

① 《俄罗斯将扩建瓦尼诺港煤炭转运码头》,https://mcoal. in-en. com/html/coal-2432244. shtml.

商港有 11 个码头,最深可达 13 米,可装卸并拖曳集装箱、木材及其他货物。目前,商港主要经营近洋货运,由彼得罗巴甫洛夫斯克海洋商港股份公司负责运营。出口货物主要是废旧金属、木材和矿物建材,进口货物有粮食、水泥、冷冻食品。

渔港有 13 个码头,用于装卸渔产品、盐、消费物资及石油灌装货物,由彼得罗巴甫洛夫斯克渔港股份公司负责运营。

(四)萨哈林州港口

科尔萨科夫港位于萨哈林岛南岸,是萨哈林岛最大的港口之一,常年可通航,冰冻期须由破冰船导航。港口分为外海港湾(深 15 米)和内海港湾(深 7.5 米)两部分,共有 12 个码头,用于运送木材、建材、粮食、集装箱、金属、设备、散装化工产品、纸浆、食品等。港口与符拉迪沃斯托克港、萨哈林岛其他港口及千岛群岛港口有航班往来。港口由科尔萨科夫海洋商港股份公司负责运营。

霍尔姆斯克港是萨哈林岛西岸最大港口,港口与萨哈林岛铁路相连,常年可通航,分商港和渔港两部分。

商港可供排水量 6 米的船只驶入,有 8 个码头,用于运输灌装货物、煤炭、木材、设备及其他商品,主要经营近洋运输,与瓦尼诺港联系密切,由霍尔姆斯海洋商港股份公司运营。

渔港位于商港以北鞑靼海峡,可接纳排水量 4.5—6.0 米的船只。有 8 个码头用于运输渔产品、盐、食品及消费品。港口由霍尔姆斯海洋渔港股份公司、弗烈加特股份公司、萨哈林拖克股份公司分别负责运营。

(五)马加丹州港口

马加丹港是马加丹州最大的海港,有航线直通符拉迪沃斯托克,通过萨哈林南端海峡。马加丹至季克西(北冰洋岸边港口)航线长 1680 公里。

四、航空

远东地区空间广阔,陆上交通网络发展不足,与国家中心地区距离较远,所以航空运输对于远东的经济社会发展具有特殊意义,在客运方面尤其如此,因为航空在地区内部和跨地区航线上起主导作用。在远东许多地区和定居点,飞机是与其他地区联系的唯一交通工具。航空运输还在为边远贫困地区提供食物方面发挥着重要作用。

20世纪90年代,由于经济动荡,航空货运量下降,整个航空业处境困难,到21世纪初远东航空运输业才走出低谷,实现了正增长。

远东有90个空港。远东北部铁路和公路交通网络薄弱,航空运输对北部地区起着特殊作用。例如,对于萨哈(雅库特)共和国来说,航空运输意义重大,境内共有23个机场。通常远东联邦区各州和边疆区的行政中心——符拉迪沃斯托克、布拉戈维申斯克、哈巴罗夫斯克、南萨哈林斯克、堪察加彼得罗巴甫洛夫斯克、马加丹、雅库茨克等是主要的航空港,这些航空港承担了主要的客流和物流。

2020年,由于疫情,远东联邦区航空运输规模降幅为38.4%,低于全俄平均水平(46%)。航空运输货运量实际保持在2019年水平,仅下降1.5%,同期全俄航空运输货运量平均下降10.4%。[①] 这再次证明航空运输对于远东北部和交通条件恶劣的地区具有不可替代的意义。

2021年,远东联邦区航空客运规模比上年增长42.3%。联邦政府多次强调航空运输对远东联邦区的重要性,不断加大中央财政支持力度:除部分旅客乘坐远东联邦区各城市与欧俄之间的航班(152条航线)可享受补贴、支持远东联邦区内客运航班(20条航线)以外,居住地在远东的所有乘客都可以获得补贴,各类补贴总额达130亿卢布。航空运输货运量增幅为14.4%,超过2020年增幅(4.4%),但航空货运量很少,仅为11.93万吨。[②]

2022年,远东联邦区最大10个机场(位于远东联邦主体的行政中

① О. М. 普罗卡帕洛,А. Б. 巴尔达利,А. Г. 伊萨耶夫,М. Г. 马济托娃,Д. В. 苏斯洛夫,钟建平 译.《2020年俄远东联邦区经济形势分析》,载《西伯利亚研究》2021年第6期.

② О. М. 普罗卡帕洛,А. Б. 巴尔达利,М. Г. 马济托娃,Д. В. 苏斯洛夫,钟建平,译.《2021年俄远东联邦区经济形势》,载《西伯利亚研究》2022年第6期.

心,犹太自治州除外)的航空客运规模增长 11.5%,为 960 万人次。远东航空客运规模居前列的机场依次为符拉迪沃斯托克机场(210 万人次,增长 17.0%),哈巴罗夫斯克机场(190 万人次,增长 9.0%),南萨哈林斯克机场(100 万人次,下降 3.0%),雅库茨克机场的客运规模增幅最大(98.61 万人次,增长 23.8%)。[①]

2023 年,远东地区航线的旅客运输量超 1000 万人次,较上年同期增长 13%。符拉迪沃斯托克国际机场客运量超 250 万人次,其中国内客运量达 240 万人次,较上年同期增长 14%。[②]

(一)远东主要机场

俄联邦航空运输局所属远东地区航空运输管理局管辖的机场有 22 个,其中哈巴罗夫斯克、符拉迪沃斯托克、布拉戈维申斯克、鄂霍次克、滕达、南萨哈林斯克机场在全俄航空运输中占有重要位置。

符拉迪沃斯托克国际机场是远东最重要的空港,运力为每小时 700 名乘客。2017 年符拉迪沃斯托克国际机场客流量达 217.9 万人次,比上年增长 18%。其中,国内航线客流量达 139.8 万人次,比上年增长 8%;国际航线客流量达 78.1 万人次,比上年增长 40%。[③] 2023 年前 4 个月,符拉迪沃斯托克国际机场的客运量比去年增加了 34%,达到 64.7 万名乘客,国内航空公司接待了近 58.4 万名乘客,同比增加了 27%,国际航空公司接待了 6.3 万名乘客。[④]

哈巴罗夫斯克国际机场也是远东重要的航空枢纽之一,在连接远东各偏远地区、俄罗斯和亚太地区国家的中心地区方面起着关键作用。由

---

① О. М. 普罗卡帕洛,А. Б. 巴尔达利,А. Г. 伊萨耶夫,М. Г. 马济托娃,钟建平,译.《2022 年俄远东联邦区经济形势》,载《西伯利亚研究》2023 年第 6 期.

② « Международный аэропорт Владивосток подвел итоги производственной деятельности за 2023 год », https://vvo. aero/press-center/news/MezhdunarodnyyaeroportVladivostokpodvelitogiproizvodstvennoydeyatelnostiza2023god/.

③ 《2017 年俄远东空港国际航线客流量增幅显著》,https://hubei. investgo. cn/country/country-news/detail/424852.

④ 《自年初起符拉迪沃斯托克机场的客运量增长 34%,达 64.7 万人》,https://sputniknews. cn/20230515/1050311224. html.

于哈巴罗夫斯克位于航线交会处,货流和客流主要集中在该地区,在远东地区潜力最大(运力为每小时 2200 名乘客)。2017 年哈巴罗夫斯克机场客流量达 205.1 万人次,比上年增长 9.7%。其中,国际航线客流量达 35.4 万人次,比上年增长 33%。[①] 2018 年客流量达 214.2 万人次,比上年增长 4.4%。2019 年,哈巴罗夫斯克机场新国内航站楼投入运营,年客运量可达 300 万人次。2023 年机场客运量为 226.4 万人次。货物周转量为 2.45 万吨。这一指标在俄罗斯航空枢纽中排名第四,仅次于莫斯科、符拉迪沃斯托克和新西伯利亚。[②]

布拉戈维申斯克机场是一个大型民用机场。2019 年,布拉戈维申斯克机场的客流量较上年增长了 33.5%,达到 55.96 万人次。[③] 2023 年,布拉戈维申斯克机场开始动工建设每小时可以接待 1000 人的新航站楼,拟于 2025 年投入使用;将建设货物吞吐量达每年 6000 吨的新货运站,比现有航站楼每年的吞吐量多出 2000 吨;还将同时建设可接收各类客机的新跑道。[④] 2023 年,布拉戈维申斯克机场客流量超过 91.4 万人,与上年同比增加 8.5%;2023 年物资和邮件货运量 5100 吨,比上年增加 43%。[⑤]

萨哈林州最大的机场是位于南萨哈林斯克的霍姆托沃机场。2023 年 8 月 7 日,霍姆托沃机场新的航站楼正式启用,这是远东地区最大的航站楼。航站楼建筑面积超过 4.7 万平方米,年旅客吞吐量达到 500 万人次。航站楼拥有 26 个值机柜台,11 个登机口,43 个护照查验处,18

---

① 《2017 年俄哈巴罗夫斯克机场国际航线客流量比上年增长 33%》,http://khabarovsk. mofcom. gov. cn/article/jmxw/201801/20180102699380. shtml.

② «Международный аэропорт Хабаровск имени Г. И. Невельского», https://bigenc. ru/c/mezhdunarodnyi-aeroport-khabarovsk-novyi-imeni-n-i-nevel-skogo-212242.

③ 《布拉戈维申斯克机场客流量同比增长 33.5%》,http://m. mofcom. gov. cn/article/i/jyjl/e/202003/20200302945791. shtml.

④ 《俄布拉戈维申斯克机场开始建设新航站楼》,https://sputniknews. cn/amp/20230527/1050625606. html.

⑤ 《布拉戈维申斯克国际空港 2023 年物流量增长 43%》,https://sputniknews. cn/20240117/1056440441. html.

个检查站。高科技行李系统每小时能处理 1200 件行李。[①]

雅库茨克机场是一家国际性机场,面向国内外航空公司提供服务,能提供地区搜索和营救基地服务,每小时能接待 700 名乘客。2009 年,雅库茨克机场建造新航站楼。新航站楼配备了现代化设施,以及舒适的候机室、值机柜台、咖啡馆、餐厅、行李存放柜、行李传送带和一个小教堂。2022 年,雅库茨克机场客运量为 96.72 万名乘客。2023 年 1—11 月,雅库茨克机场的客运量为 90.14 万名乘客,比上年同期增长 1.3%;运输量增长了 11.0%。[②]

(二)远东航空业发展计划

远东联邦区远离俄罗斯中心区域,穿越该地区的航线往往连接着欧洲与亚洲。而该地区航线运营情况有待改进。为了改变远东航空业的现状,《2024 年前远东社会经济发展国家规划和 2035 年前远景目标》中提出远东要新建和改建 40 个机场,其中萨哈(雅库特)共和国 16 个,马加丹州 3 个,哈巴罗夫斯克边疆区 4 个,阿穆尔州 2 个,堪察加边疆区 6 个,外贝加尔边疆区 2 个,楚科奇自治区 7 个。

2018—2020 年俄联邦财政拟投入 145 亿卢布对远东机场基础设施进行现代化改造。2018 年俄联邦财政拨款 22 亿卢布,其中,向哈巴罗夫斯克边疆区拨款 6 亿卢布,萨哈(雅库特)共和国 4.8 亿卢布,阿穆尔州 4.7 亿卢布,马加丹州 1 亿卢布。2019 年将拨款 55 亿卢布。2020 年在《2010—2020 年俄交通体系发展国家规划》项目下将拨款 68 亿卢布。[③]

远东航空交通基础设施的建设以形成主要航空网络为主,主要航空网络将由国际、国内航空枢纽和其他重要机场组成。符拉迪沃斯托克机

---

① 《俄罗斯南萨哈林斯克市启用远东地区最大航站楼》,https://finance.eastmoney.com/a/202308072805151835.html.

② «Пассажиропоток аэропорта "Якутск" приближается к миллиону», https://ulus.media/2023/12/11/passazhiropotok-aeroporta-yakutsk-priblizhaetsya-k-millionu.

③ 《2018—2020 年俄联邦财政拟投入 145 亿卢布对远东地区机场进行现代化改造》,http://khabarovsk.mofcom.gov.cn/article/jmxw/201801/20180102698706.shtml.

场和哈巴罗夫斯克机场要建设成为国际航空枢纽。阿纳德尔机场、布拉戈维申斯克机场、马加丹机场、雅库茨克机场、米尔内机场、南萨哈林斯克机场、堪察加彼得罗巴甫洛夫斯克机场计划建设成为国内航空枢纽。为提高远东联邦区一些居民点的交通便捷程度,将改造地方机场。远东航空交通基础设施会得到全面均衡发展,其中包括飞行导航和气象服务系统、燃料供应、技术维修、空中救援系统、飞行医疗保障、航空配餐供应基地和机场地勤服务。

为了保障航空运输能力,从事偏僻边远和地方运输业务的航空公司会获得俄罗斯联邦预算补贴。自 2010 年起,俄对远东地区航空运输进行补贴,每年 4 月 1 日至 10 月 31 日期间,23 岁以下青少年、55 岁以上女性、60 岁以上男性,一等残疾人及二等、三等自幼残疾人可享受国家补贴航线优惠票价往返俄远东地区至欧洲部分。

远东航空业发展除了依靠联邦预算投资外,各州、边疆区也积极筹措资金加速航空基础设施改善。阿穆尔州为了加强与偏远地区的航空联系,计划进一步发展航空网络,将改造滕达机场,并完成下列机场和着陆场的现代化改造:结雅机场、斯沃博德内机场、费夫拉利斯克机场、希马诺夫斯克机场、戈尔内机场和埃基姆机场;阿尔哈拉着陆场、别列戈沃伊着陆场、博姆纳克着陆场、兹洛托乌斯托夫斯克着陆场、新基辅斯基乌瓦尔着陆场、奥克佳布里斯基着陆场、奥列克马着陆场、奥戈贾着陆场、斯科沃罗季诺着陆场、斯托伊巴着陆场和赫沃伊内着陆场。

2021 年 2 月,结雅机场第一阶段建设工程已投入使用。2021 年 7 月,博姆纳克机场候机场的重建工作已完成。滕达机场正在重建。哈巴罗夫斯克边疆区也积极改建哈巴罗夫斯克机场。2020 年初俄运输委员会批准了哈巴罗夫斯克机场二期建设项目,要建造一个新的国际航站楼,总面积为 1.93 万平方米。该项目的成本估计为 36 亿卢布,高峰时段的吞吐量为 700 人次。① 截至 2024 年 7 月新国际航站楼已完工 85%,

① 《政府委员会批准了堪察加和哈巴罗夫斯克机场综合体投资项目》,http://khabarovsk. mofcom. gov. cn/article/jmxw/202001/20200102928790. shtml,2020-01-08。

将于 2025 年 3 月开始投入使用。

符拉迪沃斯托克国际机场也计划改造，新加坡樟宜机场集团计划对符拉迪沃斯托克国际机场投资，改造后年旅客吞吐量增至 500 万人次。

第三节　经济环境

一、开发政策

近年来，亚太地区经济、人口和政治快速发展，在国际经济中的地位不断提升。远东地区与中国、日本、韩国等亚太地区国家邻近，具有独一无二的地理位置和丰富的自然资源，这使远东对于俄罗斯加强与亚太地区国家的关系以实现经济振兴有着重要意义。作为俄罗斯在亚太地区的前哨，国家逐渐提高对远东地区地缘政治、战略、经济及人口问题的重视程度。加之 2014 年以后，欧美等西方国家一直对俄罗斯进行经济制裁，远东的重要性更加突出。俄罗斯向东转进程加快，不断提升远东地区的战略意义，同时远东地区有跨越欧亚的西伯利亚大铁路和贝加尔—阿穆尔铁路干线东西向运输系统，沿岸分布着北方海运航线，可以保证俄罗斯对外经济的国际合作与交流，因此远东地区越来越具有投资吸引力。

从 1992 年至今，俄联邦政府为开发其东部地区，发展远东地区经济，先后出台了多个发展纲要与规划（见表 1-14）。

表 1-14　俄远东开发主要纲要与规划目录

出台时间	纲要与规划名称
1996.05	《1996—2005 年远东和外贝加尔地区经济社会发展联邦专项纲要》
2002.03	《1996—2005 年和 2010 年前远东和外贝加尔地区经济社会发展联邦专项纲要》

续表

出台时间	纲要与规划名称
2007.07	《2013 年前远东和外贝加尔地区经济社会发展联邦专项纲要》
2009.12	《2025 年前远东和贝加尔地区经济社会发展战略》
2013.03	《俄罗斯远东和贝加尔地区社会经济发展国家规划》
2020.09	《2024 年前远东社会经济发展国家规划和 2035 年前远景目标》

1996 年 5 月,俄联邦政府批准了《1996—2005 年远东和外贝加尔地区经济社会发展联邦专项纲要》,旨在让远东参与东北亚区域经济合作进而融入亚太经济一体化。其主要内容是多渠道筹资,加大对该地区的投资力度;充分发挥市场经济机制的作用;扶持某些部门经济的发展,给予部分优惠政策;加强同亚太国家的国际合作。不过由于 20 世纪 90 年代俄罗斯经济状况不佳,纲要实施受阻,但远东开发的序幕也由此拉开。

2000 年普京就任俄罗斯总统后,认为充分挖掘东部地区蕴藏的深厚潜力,扭转国内东西部地区经济发展的不平衡状态,在相当程度上决定着俄罗斯的强国地位,为此远东地区的开发进程加快。2000 年 7 月,俄对《1996—2005 年远东和外贝加尔地区经济社会发展联邦专项纲要》进行了修改补充,会议通过了《1996—2005 年和 2010 年前远东和外贝加尔地区经济社会发展联邦专项纲要》,并于 2002 年 3 月由联邦政府批准实施。

2007 年俄政府出台了《2013 年前远东和外贝加尔地区经济社会发展联邦专项纲要》,该纲要的目标是:在考量地缘战略利益与保证俄罗斯国家安全的前提下,为发展远东及外贝加尔地区的优先经济领域建设必要的基础设施,以及营造良好的投资环境。纲要的任务——通过创造新的工作岗位的方式减少该地区居民的流失,减少基础设施条件对地区经济发展的限制,实施一系列基础设施及社会领域项目。纲要的目的主要是发展燃料能源综合体与建设交通及通信基础设施,修建水利,保护环境,因此,它的实施会对远东及外贝加尔地区经济社会发展产生积极影响。

2009年12月,俄联邦政府以2007年联邦专项纲要为基础又颁布了《2025年前远东和贝加尔地区经济社会发展战略》。在这个战略中,俄联邦政府客观地分析评价了该地区社会经济发展滞后的现状及制约该地区发展的一些因素。这些因素包括:恶劣的自然条件、落后的交通基础设施、严峻的人口形势等问题。首次提出了远东地区分三步走的发展战略。

2012年,普京第三次担任俄罗斯总统,进一步推动俄罗斯向东发展。在2012年的国情咨文中,普京将俄罗斯向东方发展视为俄罗斯21世纪的发展方向,同年俄罗斯设立远东发展部。为完善东部地区区域发展规划,2013年3月俄政府又签署并实施《俄罗斯远东和贝加尔地区社会经济发展国家规划》。这是一个国家级的发展规划,其执行机关是远东发展部。该规划包括12个子规划和2个专项规划,规划实施期限为2014—2025年。规划目标:一是为远东地区快速发展创造条件,将该地区建设成为竞争力强、经济结构多样化、能够生产高科技和高附加值产品的地区。同时,为俄联邦经济总体发展提供动力源泉。二是根本改善远东和外贝加尔地区的社会人文环境,保障居民生活水平达到欧洲平均水准,创造条件以减少人口外流,促进高素质专业人才流入。规划的目的一方面是从全球化角度出发,利用远东地区的资源和地缘优势,通过发展新型经济和扩大对外开放,使俄罗斯快速融入亚太地区经济,进而保障俄罗斯出口市场的多元化;另一方面是减缓远东地区人口下降趋势,保持国家对远东地区经济和政治的影响力,保证俄地缘政治安全。

2020年9月24日,俄联邦政府批准《2024年前远东社会经济发展国家规划和2035年前远景目标》,作为指导远东未来15年发展的重要规划。其主要内容是:

1. 优化投资和营商环境

将符拉迪沃斯托克自由港优惠制度扩大到远东所有市级行政区;针对新投资项目,缩短跨越式(超前)发展区扩容审批时间;保证在投资项目实施期间相关优惠条件不变,包括部分城建规划、环保和用地等方面;

对投资项目实行利润税弹性税率;加大对远东投资项目的优惠融资支持力度;联邦和地方财政加强对跨越式发展区配套基础设施的支持力度。

2. 提高重点经济领域投资吸引力

远东将发展出口导向型经济,主要包括能源和矿产资源开采、木材制造业、农业、渔业和水产养殖业、航空、造船、物流、旅游等。

3. 重点基础设施建设

包括铁路、北极航道、港口、航空、公路、通信网络、电力、天然气、升级改造边境口岸等。

4. 支持出口

5. 建立用于实施新投资项目的基础设施

继续实施面向远东投资者的基础设施扶持机制;使用联邦财政资金补贴投资项目配套基础设施建设;未来计划向楚科奇自治区提供财政资金,确保当地资源供应,支持当地矿产开采业;在"经济发展与创新经济"国家计划的旅游分计划框架内,对滨海边疆区、哈巴罗夫斯克边疆区和布里亚特共和国相关旅游集群的基础设施进行建设改造。

6. 发展中小企业

7. 发展高新科技

在这些纲要规划之外,俄联邦政府为改善远东营商环境,吸引投资,提振远东经济,制定了很多法律法规,先后出台了《俄罗斯联邦社会经济超前发展区联邦法》《符拉迪沃斯托克自由港法》《远东一公顷土地法》《远东税收法》等40多部法律法规。

2014年年底,俄国家杜马通过了《俄罗斯联邦社会经济超前发展区联邦法》,希望通过建立新的经济发展模式,提高竞争力。2022年,俄在远东地区已设立22个超前社会经济发展区,并向投资者提供各种优惠。

《符拉迪沃斯托克自由港法》于2015年10月正式实施。其目的是促进远东以及滨海边疆区的发展。该法对于俄罗斯与亚太地区内其他邻国的合作与发展有着很大的意义。

　　远东远离俄罗斯政治经济中心,位于国家最东部,基础设施较为落后,与西部地区相比经济发展略显滞后,导致人口流失情况出现。为了鼓励人口向远东地区流动,减少远东人口流失,促进经济发展,2016年5月俄罗斯颁布了《俄罗斯远东地区土地免费配发法案》,即《远东一公顷土地法》。该法规定:俄罗斯公民可以在远东联邦区的9个联邦主体——滨海边疆区、萨哈(雅库特)共和国、哈巴罗夫斯克边疆区、堪察加边疆区、马加丹州、萨哈林州、阿穆尔州、犹太自治州、楚科奇自治区,一次性无偿获得不超过1公顷土地的使用权。获得的土地使用权为期5年,5年后土地如果得到开发,公民可以继续承租或者转为私有财产;如果土地未被使用,国家将收回。该法也指出,凡涉及居民区,或特别指定的地块,如国防和矿产勘探等用途的土地,不能列入可分配土地范围。2018年布里亚特共和国和外贝加尔边疆区并入远东联邦区后也享受这一政策。

　　此外,为了加快远东与中国毗邻地区的发展,2009年9月,中俄两国正式批准《中国东北地区与俄罗斯远东及东西伯利亚地区合作规划纲要(2009—2018)》。这是中俄第一个长期性质的区域合作规划,纲要包括200多个在两国边境地区实施的合作项目。该纲要的项目并没有全部实施,在纲要实施期限即将结束时,2018年11月7日,两国又批准了《中俄在俄罗斯远东地区合作发展规划(2018—2024年)》。该规划阐述了俄远东地区在地理位置、能源矿产资源、农林水产、交通运输、航空船舶制造等方面对中国投资合作的优势;详细介绍了俄远东地区鼓励吸引外国投资者的国家政策,以及为中国投资者提供的机遇,包括优惠的税收等政策、重点引资的地区和领域、基础设施和资金配套支持政策、电子签证等内容;提出中俄在俄远东地区优先开展合作的七个领域,即石化与天然气工业、矿产、运输与物流、农业、林业、水产养殖和旅游等。

二、远东地区经济发展

　　一直以来,远东产业结构都比较单一,以原材料资源出口为主,轻工业和农业落后。远东地区的经济发展水平总体不高,在很多核心经济指标排名中位居所有联邦区的末位,如加工生产商品量,电能、天然气和水的生产和配送量,每千人住宅平均投放量,联邦财政税收收入等。2020年,在 11 个联邦主体中,有 10 个联邦主体税收低于全国平均水平,预算严重不足。[①] 2020 年,远东预算赤字 354 亿卢布。不过,远东开发战略的实施促进了其经济发展,远东财政收支不平衡、财政赤字大的问题有所改善,2021 年和 2022 年预算出现盈余。2023 年预算再次赤字,为 82 亿卢布。[②]

2014—2016 年,全俄国内生产总值增幅分别为 1.3%、−0.6% 和 0.8%,而远东联邦区生产总值增速呈现波动下降态势,分别为 1.1%、0.5% 和 −0.1%。2017 年,远东联邦区固定资产投资增幅达到 10.8%,远超全俄水平的 4.8%,位列全俄 8 个联邦区第二位。[③] 2019 年,远东联邦区生产总值增长了 3%,增幅高于全俄 1.6% 的平均水平,萨哈林州、楚科奇自治区、马加丹州和萨哈(雅库特)共和国 4 个联邦主体的人均地区生产总值已经跻身全俄前十之列(见表 1−15),但远东联邦区生产总值在全俄所占比重不高,仅为 6.3%。2020 年,由于新冠疫情的影响,远东联邦区经济活跃度下降,地区总产值下降 1.9%。2021 年,由于国家出台扶持政策和放松防疫限制促进了远东联邦区的经济社会发展,联邦区生产总值虽然增长 6.5%,但低于全俄增速,在全俄所占比重变化不大,为 6.1%(见图 1−7),不过远东人均地区生产总值高于全俄。2022 年,受地缘政治局势加剧和西方对俄制裁的影响,远东联邦区地区生产总值比上年下降 0.6%。2023 年俄罗斯远东联邦区经济总量为 8.6 万亿卢布,同比增长 6.4%。在 46 项经济社会发展指标中,38 项指标低于

---

① 《俄远东和北极发展部长谈远东发展情况》,http://ru. mofcom. gov. cn/jmxw/art/2021/art_377017b47132413d9558504b650d0577. html.

② 俄联邦统计局,《Социально-экономическое положение Дальневосточного федерального округа в 2023 году》,C. 42,https://rosstat. gov. ru/folder/11109/document/13260.

③ 俄联邦统计局,《Регионы России. Социально-экономические показатели. 2020》,C. 494−495、519−520,https://rosstat. gov. ru/storage/mediabank/Region_Pokaz_2020. pdf.

全俄平均水平,8 项指标高于全俄平均水平。[①]

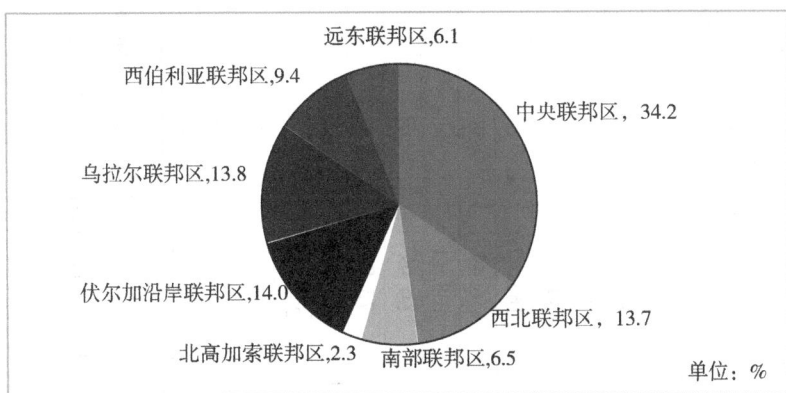

图 1-7 2021 年俄罗斯各联邦区在全俄地区生产总值中所占比重

资料来源:俄联邦统计局,«Регионы России. Социально-экономические показатели. 2023», С. 28–30,https://rosstat. gov. ru/storage/mediabank/Region_Pokaz _2023. pdf。

(一) 固定资产投资

2019 年,远东联邦区固定资产投资增幅在 8 个联邦区中排第四位,其中布里亚特共和国和楚科奇自治区增幅高达 40%以上;人均固定资产投资在所有联邦区中排名第二,楚科奇自治区、萨哈林州、阿穆尔州、萨哈(雅库特)共和国和马加丹州 5 个联邦主体的人均固定资产投资排在全俄前十之列(见表 1-16)。

---

① 姜振军、滕仁、廖琪琪.《俄罗斯远东联邦区 2023 年总体发展形势综述》,载《俄罗斯学刊》2024 年第 3 期.

表 1-15　2019 年和 2021 年远东联邦区各联邦主体地区生产总值

地区	地区生产总值				人均地区生产总值			
	数额/亿卢布		与上年同比(按可比价格)/%		数额/万卢布		在全俄排名	
	2019 年	2021 年	2019 年	2021 年	2019 年	2021 年	2019 年	2021 年
俄联邦	950606	1211829	101.6	107.3	64.77	83.08		
远东联邦区	59706	73735	103.0	106.5	73.00	90.95		
布里亚特共和国	2855	3422	104.1	104.5	29.00	34.77	71	71
萨哈(雅库特)共和国	12279	16155	104.0	116.0	126.63	163.67	8	9
外贝加尔边疆区	3695	4874	102.4	105.4	34.77	46.49	58	53
堪察加边疆区	2793	3375	99.9	107.5	89.00	108.11	11	11
滨海边疆区	10693	13089	105.0	107.2	56.30	69.98	26	26
哈巴罗夫斯克边疆区	8052	9872	99.6	104.1	61.07	75.93	20	21
阿穆尔州	3956	5309	114.0	107.5	49.98	68.32	31	28
马加丹州	2144	3147	105.2	106.1	152.40	227.39	7	6
萨哈林州	11722	12344	100.3	97.5	239.74	254.56	4	5
犹太自治州	568	787	97.4	104.3	35.73	50.72	56	48
楚科奇自治区	950	1362	104.5	106.1	190.09	273.49	5	4

资料来源:俄联邦统计局,«Регионы России. Социально-экономические показатели. 2023», C. 34，460–465, https://rosstat.gov.ru/storage/mediabank/Region_Pokaz_2023.pdf;«Регионы России. Основные характеристики субъектов Российской Федерации. 2023», C. 735–833, https://rosstat.gov.ru/storage/mediabank/Region_Sub_2023.pdf。

表 1-16　2019—2023 年远东联邦区各联邦主体固定资产投资

地区	与上年同比(按可比价格)/%					人均固定资产投资在全俄排名	
	2019 年	2020 年	2021 年	2022 年	2023 年	2019 年	2022 年
俄联邦	102.1	98.6	107.7	104.6	109.8		
远东联邦区	108.8	87.4	110.6	110.8	120.4	2	2
布里亚特共和国	143.5	96.4	112.8	126.2	123.5	57	50
萨哈(雅库特)共和国	100.2	50.9	141.1	129.6	104.4	7	6
外贝加尔边疆区	98.8	120.0	118.1	96.8	130.2	48	19
堪察加边疆区	109.7	121.2	118.4	98.5	124.1	15	12
滨海边疆区	117.2	90.5	98.5	113.1	115.0	39	21
哈巴罗夫斯克边疆区	115.2	124.7	96.6	92.6	138.5	24	17
阿穆尔州	126.5	93.9	102.6	108.8	143.4	6	7
马加丹州	66.9	99.6	135.9	104.9	109.2	8	5
萨哈林州	101.0	84.8	100.1	101.6	104.0	5	8
犹太自治州	86.9	93.3	94.4	104.8	128.8	36	35
楚科奇自治区	149.1	109.1	142.6	146.0	100.4	4	3

资料来源：俄联邦统计局，«Регионы России. Социально-экономические показатели. 2021»，C. 478，https://rosstat. gov. ru/storage/mediabank/Region_Pokaz_2021. pdf；«Социально-экономическое положение Дальневосточного федерального округа в 2021 году»，C. 43，«Социально-экономическое положение Дальневосточного федерального округа в 2022 году»，C. 40，«Социально-экономическое положение Дальневосточного федерального округа в 2023 году»，C. 40，https://rosstat. gov. ru/folder/11109/document/13260。

2020 年,俄国内市场低迷、卢布汇率下跌、医疗和相关行业资金需求攀升等消极因素叠加,对投资产生重大影响。加之新冠疫情的影响,远东固定资产投资负增长,仅为上年的 87.4%,在 8 个联邦区中下滑幅度最大,特别是第三季度下降 15.3%,创 2003 年以来最大跌幅。萨哈(雅库特)共和国下滑最严重,人均固定资产投资已不在全俄前十之列,但哈巴罗夫斯克边疆区、堪察加边疆区和外贝加尔边疆区增幅较大,达到 20%以上。远东固定资产投资在全俄固定资产投资总额中占 7.7%。

2021 年,矿产开发、交通物流、天然气化工等项目对远东投资的增长产生积极影响,联邦区的固定资产投资增长 10.6%,高于 2018—2019 年疫情前水平。投资规模下降的地区数量从上年的 7 个减少到 3 个。犹太自治州的投资规模下降幅度最大,为 5.6%,楚科奇自治区和萨哈(雅库特)共和国的投资规模分别增长 42.6%和 41.1%。

2022 年,远东石油天然气化工、矿产资源开采、交通物流等领域继续实施大型投资项目,固定资产投资规模达 25125 亿卢布,同比增长 10.8%。从投资增速看,远东联邦区居各联邦区之首(全俄平均增长 4.6%)。远东联邦区占全俄投资额的比重由 2021 年的 8.5%提高到 9%,但低于 2010 年的 9.5%。楚科奇自治区、萨哈(雅库特)共和国和布里亚特共和国的投资增速非常高。固定资产投资中个人投资占 64.7%,国家占 18.8%。[①]

2023 年,远东固定资产投资同比增长 20.4%,仍居各联邦区之首,在全俄所占比重提高到 10%(见图 1-8)。除萨哈(雅库特)共和国、萨哈林州和楚科奇自治区外,其他主体都高速增长,阿穆尔州增长 43%,哈巴罗夫斯克边疆区增长 38.5%。

---

① 俄联邦统计局,«Регионы России. Социально-экономические показатели. 2023»,С. 486,https://rosstat.gov.ru/storage/mediabank/Region_Pokaz_2023.pdf.

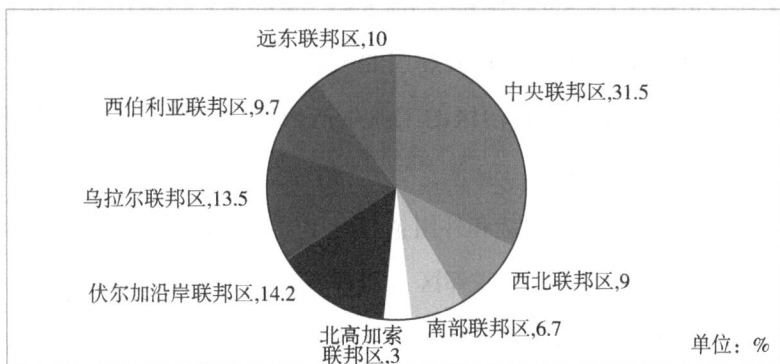

图 1-8　2023 年俄罗斯各联邦区在全俄固定资产投资所占比重

资料来源：俄联邦统计局，«Социально-экономическое положение Дальневосточного федерального округа в 2023 году»，С.40，https://rosstat.gov.ru/folder/11109/document/13260。

（二）工业

俄远东和北极发展部部长切昆科夫 2021 年 4 月接受采访时说，过去五年内远东经济增速超全俄水平，其中工业生产增速 24%（全俄12%）。2020 年，远东联邦区工业生产指数是上年的 95.9%（全俄平均指数为 97.1%），出现下滑，其中只有布里亚特共和国和马加丹州 2 个联邦主体正增长，其他联邦主体均出现幅度不等的负增长，滨海边疆区仅是上年的 79.4%。而 2019 年除堪察加边疆区工业生产负增长外，其他10 个联邦主体都呈正增长态势，其中有 5 个联邦主体工业生产增长在10% 以上。远东工业占全俄的比重也从 2019 年的 5.4% 降至 2020 年的 3.8%。

2021 年，由于俄政府实施了一系列经济复苏措施，远东工业生产指数同比增长 2.8%，工业生产恢复到 2019 年的水平。工业生产的增长主要与制造业快速复苏有关（增长 12.4%）。2021 年，远东联邦区的工业生产增速较快的地区依次为滨海边疆区（21%）、萨哈（雅库特）共和国（16.1%）和堪察加边疆区（10%），工业生产实现增长的地区还有哈巴罗夫斯克边疆区(7.3%)、阿穆尔州(5%)、外贝加尔边疆区(3.9%)和马加丹州(6.1%)。布里亚特共和国的工业生产仅增长0.3%。萨哈林州、犹太自治州、楚科奇自治区的工业生产依旧呈下跌态势,分别下降11.2%、9.9%和5.9%。

2022年,由于西方制裁和外国企业退出俄罗斯市场,远东石油和碳氢化合物开采量锐减,整个联邦区石油和凝析气开采量下降16.2%,石油初加工量下降13%,天然气和伴生气开采量实现微弱增长(0.8%)。[①]因此,远东联邦区工业生产比上年下降4.8%。2022年,萨哈林州由于矿物资源开采规模跌幅明显,工业生产指数同比下降23.3%,堪察加边疆区(-15.5%)、楚科奇自治区(-9.5%)、犹太自治州(-3.7%)和滨海边疆区(-1.5%)也出现不同程度下滑。萨哈(雅库特)共和国以及布里亚特共和国的工业生产增幅较大,分别增长10.1%和10.5%。哈巴罗夫斯克边疆区(2.5%)、外贝加尔边疆区(2.5%)、阿穆尔州(1.9%)、马加丹州(0.2%)工业生产与上年基本持平。

2023年远东工业生产指数同比增长3%,在8个联邦区中增速位居第五位,低于全俄平均增速(3.5%)。6个联邦主体工业生产下滑,萨哈(雅库特)共和国和外贝加尔边疆区2个联邦主体微弱增长,堪察加边疆区(29.5%)、萨哈林州(17.4%)和楚科奇自治区(9.5%)3个联邦主体增速较高(见表1-17)。

表1-17　2020—2023年远东联邦区各联邦主体工业生产指数变化

单位:%

地区	2020年	2021年	2022年	2023年
俄联邦	**97.1**	**105.3**	**99.4**	**103.5**
远东联邦区	**95.9**	**102.8**	**95.2**	**103.0**
布里亚特共和国	107.4	100.3	110.5	98.1

① O. M. 普罗卡帕洛,A. Б. 巴尔达利,A. Г. 伊萨耶夫,M. Г. 马济托娃,钟建平,译.《2022年俄远东联邦区经济形势》,载《西伯利亚研究》2023年第6期.

续表

地区	2020 年	2021 年	2022 年	2023 年
萨哈(雅库特)共和国	94.9	116.1	110.1	100.8
外贝加尔边疆区	97.6	103.9	102.5	101.2
堪察加边疆区	94.3	110.0	84.5	129.5
滨海边疆区	79.4	121.0	98.5	88.4
哈巴罗夫斯克边疆区	99.1	107.3	102.5	96.4
阿穆尔州	95.4	105.0	101.9	95.4
马加丹州	105.6	106.1	100.2	92.7
萨哈林州	96.6	88.8	76.7	117.4
犹太自治州	96.7	90.1	96.3	93.7
楚科奇自治区	98.1	94.1	90.5	109.5

资料来源:俄联邦统计局,«Социально-экономическое положение Дальневосточного федерального округа в 2020 году», С. 10, «Социально-экономическое положение Дальневосточного федерального округа в 2021 году», С. 10, «Социально-экономическое положение Дальневосточного федерального округа в 2022 году», С. 9, «Социально-экономическое положение Дальневосточного федерального округа в 2023 году», С. 9, https://rosstat.gov.ru/folder/11109/document/13260。

远东联邦区采矿业发达,近几年在全俄基本位居第四位(见表 1-18),在联邦区生产总值中占比 31%左右,远远高于其他产业,是联邦区的支柱型产业(见表 1-19)。在萨哈林州和萨哈(雅库特)共和国采矿业甚至贡献当地生产总值的一半以上。2020 年全俄采矿业生产指数是上年的 93%,远东下滑幅度低于全俄平均水平,是上年的 96.4%,但有 7个联邦主体出现下滑,包括萨哈林州和萨哈(雅库特)共和国。2021 年采矿业生产指数与上年基本持平,还有 6 个联邦主体出现下滑。2021年远东联邦区的矿产开采占工业品出货量的比重为 65.5%,制造业生产占 25%,其他行业占 9.5%。远东联邦区全年矿产开采规模同比增长 0.8%。萨哈(雅库特)共和国开采量同比增长 17.8%,占远东联邦区矿产品出货量的 47%。萨哈林州延续下滑趋势,开采量同比下降 11.9%。

开采量实现增长的地区还有哈巴罗夫斯克边疆区（13.4%）、马加丹州（6.8%）和外贝加尔边疆区（5%）。萨哈（雅库特）共和国除原油和天然气开采量保持增长以外，煤炭开采量也大幅增加（28%）。哈巴罗夫斯克边疆区的煤炭开采规模增速较高（37.8%），楚科奇自治区的煤炭开采也呈现良好势头，增长 25.6%。①

2022 年，远东采矿业生产指数同比下降 5.8%。5 个联邦主体的矿物资源开采量大幅下滑，萨哈林州矿物资源开采规模跌幅最明显（-26.5%）。在石油开采量下降的背景下，远东煤炭开采量大幅增加（增长 22.3%）。煤炭开采量增幅领先的有外贝加尔边疆区（同比增长 65%）、布里亚特共和国（53.3%）、萨哈林州（32.9%）和萨哈（雅库特）共和国（17.7%），楚科奇自治区的煤炭开采量几乎翻番（增长 93%）。② 2023 年在全俄采矿业生产指数下滑的情况下，远东增长 6.7%，萨哈林州在连续下滑 3 年后也大增 20.5%（见表 1-20）。

在联邦区采矿业中石油天然气开采所占比重最高，2022 年占比一半，其次是煤炭和金属矿石开采，煤炭开采比重呈上升趋势。在各联邦主体中采矿业情况完全不同，有的侧重于石油天然气开采，有的侧重于煤炭开采，有的侧重于金属矿石开采（见表 1-21）。2020 年远东开采煤炭 7520 万吨，占全俄 19%，仅次于西伯利亚联邦区（西伯利亚联邦区占 77%）；开采石油，包括凝析气 3469 万吨，在全俄占 6.8%，排在第四位；开采天然气和伴生气 420 亿立方米，在全俄占 6%，排在第二位（乌拉尔联邦区占 85%）。2021 年远东开采煤炭量增加近 10%，达到 8244 万吨，仍占全俄 19%，仅次于西伯利亚联邦区；开采石油，包括凝析气 3360 万吨，产量稍有下降，在全俄占 6.4%；开采天然气和伴生气 483 亿立方米，在全俄占 6.3%，排在第二位。2022 年远东开采煤炭量增加 13%，达到

---

① О. М. 普罗卡帕洛，А. Б. 巴尔达利，М. Г. 马济托娃，Д. В. 苏斯洛夫，钟建平，译.《2021 年俄远东联邦区经济形势》，载《西伯利亚研究》2022 年第 6 期.

② О. М. 普罗卡帕洛，А. Б. 巴尔达利，А. Г. 伊萨耶夫，М. Г. 马济托娃，钟建平，译.《2022 年俄远东联邦区经济形势》，载《西伯利亚研究》2023 年第 6 期.

表1–18　2020—2023年俄罗斯各联邦区主要产业在全俄所占比重

单位：%

地区	采矿业				制造业				农业			
	2020年	2021年	2022年	2023年	2020年	2021年	2022年	2023年	2020年	2021年	2022年	2023年
俄联邦	100	100	100	100	100	100	100	100	100	100	100	100
中央联邦区	10.2	10.6	8.8	2.5	34.4	36.3	35.8	36.4	27.7	28.4	27.2	27.8
西北联邦区	6.4	6.7	5.8	6.0	14.0	14.3	14.4	13.3	4.4	4.2	4.1	4.5
南部联邦区	2.5	2.3	2.3	2.1	6.1	5.5	5.9	5.8	16.7	18.5	17.8	17.7
北高加索联邦区	0.2	0.2	0.2	0.2	1.0	1.0	1.0	0.9	8.3	8.6	7.6	9.0
伏尔加沿岸联邦区	14.2	15.1	14.3	15.0	19.9	18.9	19.5	19.6	23.9	21.0	23.4	22.7
乌拉尔联邦区	37.4	37.7	40.0	46.3	11.3	12.1	12.5	12.8	5.4	4.8	5.4	5.1
西伯利亚联邦区	14.8	15.3	16.1	14.6	10.5	9.4	8.7	8.7	10.2	11.1	10.9	9.9
远东联邦区	**14.3**	**12.1**	**12.5**	**13.3**	**2.8**	**2.5**	**2.2**	**2.5**	**3.4**	**3.4**	**3.6**	**3.3**

资料来源：俄联邦统计局，«Социально-экономическое положение Дальневосточного федерального округа в 2020 году», С. 12–13，«Социально-экономическое положение Дальневосточного федерального округа в 2021 году», С. 12–13，«Социально-экономическое положение Дальневосточного федерального округа в 2022 году», С. 11–12，«Социально-экономическое положение Дальневосточного федерального округа в 2023 году», С. 11–12，https://rosstat. gov. ru/folder/11109/document/13260。

表1-19　2021年远东联邦区生产总值中主要行业占比（按当前价格；占总值的百分比）

地区	农业	采矿业	制造业	建筑业	批发和零售贸易汽车及摩托车修理	运输和储存	不动产业务
远东联邦区	**5.9**	**31.3**	**4.9**	**7.0**	**8.5**	**10.0**	**6.7**
布里亚特共和国	4.3	7.8	12.0	5.6	10.4	9.5	10.3
萨哈（雅库特）共和国	1.1	59.0	0.9	6.9	4.2	5.4	3.3
外贝加尔边疆区	3.5	30.1	2.0	6.4	7.4	13.9	7.5
堪察加边疆区	30.1	5.3	5.0	4.6	6.6	4.8	4.9
滨海边疆区	10.2	1.0	7.6	4.0	16.2	18.7	12.2
哈巴罗夫斯克边疆区	6.8	8.4	11.1	5.7	13.2	16.6	9.5
阿穆尔州	5.9	14.5	3.4	19.2	9.0	9.6	9.6
马加丹州	5.4	55.0	1.0	2.6	6.3	4.2	2.5
萨哈林州	2.2	60.0	3.9	8.1	3.5	3.8	2.7
犹太自治州	3.7	23.7	4.1	6.8	5.5	15.0	6.3
楚科奇自治区	2.0	41.6	0.2	10.7	5.8	3.9	1.2

资料来源：俄联邦统计局，«Регионы России. Социально-экономические показатели. 2023»，С. 468–469，https://rosstat. gov. ru/storage/mediabank/Region_Pokaz_2023. pdf。

单位：%

表1-20　2020—2023年远东联邦区采矿业与制造业生产指数（与上年相比）

地区	采矿业				制造业			
	2020年	2021年	2022年	2023年	2020年	2021年	2022年	2023年
俄联邦	**93.0**	**104.8**	**100.8**	**98.7**	**100.3**	**105.0**	**98.7**	**107.5**
远东联邦区	**96.4**	**100.8**	**94.2**	**106.7**	**91.7**	**112.4**	**98.0**	**98.7**
布里亚特共和国	115.7	82.3	105.6	112.5	106.8	111.0	110.1	88.7
萨哈（雅库特）共和国	94.7	117.8	111.4	100.5	87.9	100.2	102.4	99.0
外贝加尔边疆区	96.5	105.0	103.1	101.0	106.1	99.7	93.3	99.4
堪察加边疆区	109.2	100.4	95.2	135.0	90.9	114.3	80.7	135.2
滨海边疆区	96.0	93.2	97.1	86.2	71.7	131.8	98.7	86.0
哈巴罗夫斯克边疆区	100.6	113.4	112.5	94.8	98.2	105.6	95.9	103.4
阿穆尔州	91.0	95.7	102.6	93.7	92.2	110.8	98.4	97.1
马加丹州	103.8	106.8	100.1	91.9	139.7	106.3	103.3	89.1
萨哈林州	96.2	88.0	73.5	120.5	103.3	100.1	122.7	89.8
犹太自治州	95.8	86.6	93.8	92.3	98.4	92.2	95.6	91.8
楚科奇自治区	98.1	90.4	88.9	111.8	86.2	151.2	55.7	67.7

资料来源：俄联邦统计局，《Социально-экономическое положение Дальневосточного федерального округа в 2020 году》，С. 10，《Социально-экономическое положение Дальневосточного федерального округа в 2021 году》，С. 10，《Социально-экономическое положение Дальневосточного федерального округа в 2022 году》，С. 9，《Социально-экономическое положение Дальневосточного федерального округа в 2023 году》，С. 9，. https://rosstat. gov. ru/folder/11109/document/13260。

单位：%

表 1-21 2020 年和 2022 年远东联邦区各联邦主体采矿业构成

地区	煤炭		石油天然气		金属矿石		其他矿石		为采矿业提供服务	
	2020 年	2022 年	2020 年	2022 年	2020 年	2022 年	2020 年	2022 年	2020 年	2022 年
远东联邦区	**9.3**	**18.0**	**47.5**	**50.8**	**26.8**	**16.7**	**9.7**	**7.9**	**6.7**	**6.6**
布里亚特共和国	45.5	67.8			51.0	28.2	3.2	3.4	0.3	0.6
萨哈（雅库特）共和国	7.3	18.8	42.1	46.3	20.3	10.4	22.1	14.6	8.2	9.9
外贝加尔边疆区	18.5	29.4			78.8	68.3	0.3	0.4	2.4	1.9
堪察加边疆区	0.4	1)	2.9	1)	90.6	85.5	2.2	4.9	3.9	6.0
滨海边疆区	47.0	42.9			30.9	25.9	15.8	16,1	6.3	15.1
哈巴罗夫斯克边疆区	61.3	76.1			18.0	13.6	10.1	3.6	10.6	6.7
阿穆尔州	3.4	7.1			93.3	81.9	3.3	4.8		6.2
马加丹州	1)	2.4			1)	84.1	1)	4.3	1)	9.2
萨哈林州	5.6	8.2	85.6	88.1	0.7	0.2	0.4	0.4	7.7	3.1
犹太自治州	1)		1)		94.9	92.8	1)	7.2		
楚科奇自治区	1)	38.2	1)	1)	76.3	55.2	1)	1)	5.8	5.0

1）数据不公开。按照 2007 年 11 月 29 日第 282-ФЗ 号联邦法——《俄罗斯联邦官方统计与国家统计系统法》有关规定，部分单位的原始统计资料保密。

资料来源：俄联邦统计局，«Регионы России. Социально-экономические показатели. 2021», С. 585，https：//rosstat. gov. ru/storage/media-bank/Region_Pokaz_2021. pdf; «Регионы России. Социально-экономические показатели. 2023», С. 591，https：//rosstat. gov. ru/storage/media-bank/Region_Pokaz_2023. pdf。

9325 万吨,占全俄 21%,仅次于西伯利亚联邦区;开采的石油,包括凝析气产量继续下降,为 2815 万吨,在全俄占 5%;开采天然气和伴生气 505 亿立方米,在全俄占 7.5%,排在第二位。[①]

远东制造业不发达,在全俄处于第七位(见表 1-18),在联邦区生产总值中占比 4.9%(见表 1-19)。2020 年,在全俄制造业微弱增长的情况下,远东制造业生产大幅下滑 8.3%,制造业发达的滨海边疆区下滑 28.3%。2021 年联邦区制造业在上年下降的基础上增长 12.4%,远东制造业中心哈巴罗夫斯克边疆区(占远东联邦区制造业产品出货量的 40.6%)和滨海边疆区(占远东联邦区制造业产品出货量的 23.2%)的制造业产量分别增长 5.6% 和 31.8%,但还没有恢复到 2020 年水平。2022 年,远东制造业生产指数同比下降 2%,7 个联邦主体出现下降,萨哈林州表现较好,增长 22.7%(见表 1-20)。

制造业中冶金、金属制成品的生产占比最大,约为 30.4%(2022 年)。有色冶金业是远东地区矿产资源综合体的核心,所占比例很高。目前,在哈巴罗夫斯克边疆区有成规模的黑色冶金业。阿穆尔州和犹太自治州正在进行大规模的铁矿石开采和浓缩项目(由"彼得巴甫洛夫斯克-黑色冶金"公司进行)。

食品、饮料和烟草制品的生产在制造业中占 29%(2022 年),其中鱼产品加工业在全俄具有重要地位。渔业综合体是远东经济中最重要的部门,俄罗斯 65% 的水生生物资源都在远东。2020 年,远东海鱼捕捞量占全俄总捕捞量的 90% 多。[②]

机器设备制造业约占 16.8%(2022 年),其中包括船舶修造(主要建造和修理军用舰艇和渔船)、飞机制造(制造歼击机和直升机),以及大功率船用柴油机、港口机械、车床等的制造。大型制造业企业主要集中

---

①　《Регионы России. Социально-экономические показатели. 2023》, С. 619, https://rosstat.gov.ru/storage/mediabank/Region_Pokaz_2023.pdf.

②　О. М. 普罗卡帕洛、А. Б. 巴尔达利、А. Г. 伊萨耶夫、М. Г. 马济托娃、Д. В. 苏斯洛夫,钟建平 译.《2020 年俄远东联邦区经济形势分析》,载《西伯利亚研究》2021 年第 6 期.

在地区南部各大中城市:纳霍德卡、符拉迪沃斯托克、哈巴罗夫斯克、阿穆尔共青城、布拉戈维申斯克、比罗比詹等。位于阿穆尔共青城、阿尔谢尼耶夫和乌兰乌德的航空企业能生产各种现代化高质量的军用设备。

远东各联邦主体工业水平差别很大,有的采矿业特别发达,有的制造业发达,有的工业基础很薄弱。

布里亚特共和国经济多样化水平较高,拥有能源、机械制造、造船、航空设备制造、农业机械生产等多个产业部门。2020年工业生产指数与上年同比增长7.4%,2021年微弱增长0.3%,2022年增长较高,达10.5%。2023年工业生产指数下降近2%,其中采矿业增长12.5%,制造业下降11.3%。其资源储量在俄各联邦主体中排名前20位,因此,资源开发产业体系完善。共和国制造业较发达,有有色金属开采和加工、林业、木材加工和纸浆造纸业、建材制造业等;采矿业主要是金属矿石和煤炭开采。重要的钨、钼开采及精加工地在德日金斯克,那里有大型的钨钼加工厂。在维季姆河畔可进行黄金开采。领先的行业是金矿开采、飞机和直升机生产(乌兰乌德航空制造厂)、林业和建材生产。2021年地区生产总值结构中制造业占比12.0%;运输和储存占比9.5%;采矿业占比7.8%。共和国在俄罗斯矿产资源开采方面的自产货物、工程和服务出口量排名第31位(联邦区排名第5位),在制造业排名第66位(联邦区排名第5位)。

2020年萨哈(雅库特)共和国工业生产指数与上年同比下滑5.1%,2021年和2022年同比分别增长16.1%和10.1%。2023年工业生产指数微增0.8%,其中采矿业增长0.5%,制造业下降1%。经济中采矿业最发达,占地区生产总值的59%,有石油天然气、煤炭、钻石、黄金开采业。在世界钻石开采中处于领先地位的"阿尔罗萨"公司就位于共和国境内(其钻石产量约占世界总量的25%),开采了俄罗斯境内超过90%的钻石。近些年来,公司钻石的开采和加工量一直稳步增长。此外,共和国境内还有一系列联邦级别的金矿开采企业,如"阿尔丹金矿"、"谢利格达尔金矿"和"涅留恩格里金矿"等;煤矿开采企业,如"南雅库特煤矿"等,煤矿主要得益于埃利金斯基矿的开发。萨哈(雅库特)共和国作为俄罗斯主要的炼焦煤产地之一,2021年全球煤炭需求暴增也极大地刺激了该地区的煤炭生产和投资积极性。2021年萨哈(雅库特)共和国的煤炭产量为3100万吨,比上年大幅增加54.4%,其中产量增加最明显的是科尔马(Kolmar)集团公司旗下埃尔加(Elga)煤炭公司。[①] 未来,这里将大幅增加天然气、金矿和煤矿的开采。林业和木材制造业、建材业、轻工业、食品工业和机器修理业也将得到一定发展。

外贝加尔边疆区2020年工业生产指数与上年同比下降2.4%,2021年和2022年同比分别增长3.9%和2.5%。2023年工业生产指数微增1.2%,其中采矿业增长1%,制造业下降0.6%。工业结构中所占比重较大的是燃料能源综合体和有色冶金业。近年来,生产增速较快的主要有有色冶金、林业及木材加工工业、建筑材料生产、食品工业(其中包括面粉加工)。外贝加尔边疆区经济对整个俄罗斯具有战略发展意义的是"普里额尔古纳斯克铀矿开采和加工综合体"(其产量占全俄90%以上)。此外还有金矿、钼矿(约占全俄1/3产量)和钨矿开采加工(约占全俄1/4产量)。俄罗斯最大的未开采铜矿,也是世界三大铜矿之一的乌多坎铜矿位于边疆区境内,该铜矿储量为2670万吨,平均铜品位为1.05%。2020年8月贝加尔湖矿业公司宣布,已开始在乌多坎铜矿的扎帕德尼露天矿中进行废物清除和矿石的预生产开采。乌多坎项目开发的第一阶段计划开发2个露天矿区,将每年提供阴极铜和硫化物精矿12.5万吨,其矿石加工能力为每年1200万吨。[②]

堪察加边疆区是远东地区开发程度最低、经济最不发达的联邦主体之一。2020年工业生产指数下滑了5.7%。2021年同比增长10%,但2022年同比下降15.5%。2023年工业生产指数大增29.5%,其中采矿

---

① 《2021年俄罗斯炼焦煤主产地产量增加一倍!》,https://coal.in-en.com/html/coal2610681.shtml.

② 《俄罗斯贝加尔湖矿业公司开始乌多坎铜矿项目预开采》,https://www.cnfeol.com/mu/n_143240305727.aspx.

业增长 35%,制造业增长 35.2%。边疆区只有渔业较发达,在传统渔业的捕捞和加工产业基础上,将形成生物资源综合产业。

2020 年,受新冠疫情影响,滨海边疆区工业生产指数与上年同比大幅下滑将近 20%,其中采矿业下降 4.0%,制造业生产下降 28.3%。2021 年工业生产指数同比增长 21%,但 2022 年同比下降 1.5%。2023 年工业生产指数下降 11.6%,其中采矿业下降 13.8%,制造业下降 14%。边疆区主要工业部门包括渔业、有色金属开采及制造业、森林工业、木材制造业、造船及修船业、机械制造业等。制造业比较发达,尤其是鱼类和海产品的加工,其中包括罐头和鱼粉,食品和木材加工工业也比较发达。边疆区有联邦级别的原料基地,钨矿、铅矿和锡矿的开采等;具有较高发展水平的还有机械制造业,主要是航空制造、船舶制造和维修及仪表制造。

2020 年哈巴罗夫斯克边疆区工业生产指数同比微降 0.9%。2021 年和 2022 年同比分别增长 7.3% 和 2.5%。2023 年工业生产指数下降 3.6%,其中采矿业下降 5.2%,制造业增长 3.4%。边疆区同样有着经济结构多样性的特点,制造业比较发达。有足够发达的化工业,进行像硫酸这种初加工产品的生产,也进行着像医药制剂和生物产品等深加工产品的生产。边疆区的南部林业较发达,林业的特点是原料质量较高——约 85% 的森林覆盖为软木类树林。边疆区内还有俄罗斯东部地区最大的黑色金属企业"阿穆尔金属"。其航空和船舶制造企业也具有国家级意义,其中,"共青城加加林航空制造厂"近年来已成为俄航空工业的领军企业之一,成为最先进战斗机和苏联解体后首款民航客机 SSJ-100 的生产者。采矿业主要开采有色金属和煤炭,同时进行着锡和铜矿精矿砂的生产。

阿穆尔州的工业在地区经济中占有重要位置。2020 年工业生产指数同比下滑 4.6%,2021 年和 2022 年同比分别增长 5% 和 1.9%。2023 年工业生产指数下降 4.6%,其中采矿业下降 6.3%,制造业下降 2.9%。主要工业部门有采矿业、有色冶金业、机械制造及金属制造业、木材制造业和食品制造业。采矿业中很重要的行业是金矿开采。铁矿的开采具有较大前景,开展铁矿石开采及铁矿、钛铁和钛磁铁矿的加工生产。阿穆尔州的能源对远东地区具有重要的意义,因为这里拥有两个大型水电站:结雅水电站和布列亚水电站。此外,还计划修建新的发电站和输变电线。主要工业中心有布拉戈维申斯克、别洛戈尔斯克、赖奇欣斯克、希马诺夫斯克、斯沃博德内和滕达。

马加丹州2020年工业生产指数同比增长5.6%,2021年和2022年同比分别增长6.1%和0.2%。2023年工业生产指数下降7.3%,其中采矿业下降8.1%,制造业下降10.9%。主要工业部门是采矿业,开采金、银、锡、煤、钨,其次是渔业、电力工业、机械制造和金属制造业。采矿业占马加丹州生产总值的55%,其中最重要的部门是采金业。主要工业中心为马加丹、别维克、布拉维捷民亚和阿纳德里。

萨哈林州经济的主要支柱产业为石油、天然气及煤炭开采,占地区生产总值的60%,尤其是石油天然气的开采。2020年工业生产指数同比下滑3.4%。2021年和2022年同比分别下降11.2%和23.3%,下降幅度较大。2023年工业生产指数增长17.4%,其中采矿业增长20.5%,制造业下降10.2%。随着萨哈林岛东北大陆架上"萨哈林1号"和"萨哈林2号"项目的开发,该州已经成为俄罗斯最主要的石油天然气中心之一。2019年"萨哈林1号"和"萨哈林2号"共出口石油1790万吨,"萨哈林2号"出口液化天然气1110万吨。2022年3月,持有"萨哈林1号"项目30%股份的埃克森美孚宣布退出项目,导致项目几乎停止,2023年初项目才恢复石油产出,5月该项目已恢复到日产20万桶的峰值水平。2022年4月底,持有"萨哈林2号"项目27.5%股份的壳牌公司宣布退出该项目。2022年"萨哈林2号"项目生产了约1150万吨液化天然气和约370万吨混合石油。[①] 萨哈林州的石油天然气领域具有广阔的发展前景,未来还将不断开发新的矿藏。此外还有煤炭开采业和纸浆造纸业。

---

① 《萨哈林项目股份将被俄气以超千亿元收购? 壳牌回应》,https://www.163.com/dy/article/IUAI1VGT0534A4SC.html.

2020 年犹太自治州工业生产指数同比下滑 3.3%,此后一直下降,2021 年和 2022 年同比分别下降 9.9% 和 3.7%。2023 年下降幅度仍较大,工业生产指数下降 6.3%,其中采矿业下降 7.7%,制造业下降 8.2%。主要工业部门有采矿业,如锡矿开采;机械制造业,生产农用机械和交通类发电机;木材加工业,生产家具;轻工业,生产鞋和纺织品。犹太自治州在各类轻工业产品、木材加工产品、机械制造产品方面有较强的供应能力。

2020 年楚科奇自治区工业生产指数同比下降 1.9%。2021 年和 2022 年同比分别下降 5.9% 和 9.5%,下降幅度较大。2023 年工业生产指数增长 9.5%,其中采矿业增长 11.8%,但制造业下降了 32.3%。主要工业部门是采矿业,开采金、锡、钨、石炭、褐煤,占地区生产总值的 40% 多;还有一些鱼产品加工业及建材生产。工业中心有阿纳德尔市、佩韦克市、比利比诺市等。

(三) 农业

远东农业不发达。虽然俄罗斯一直想要发展远东地区的农业,并出台了很多奖励政策,对农业生产进行各种补贴,极大地促进了俄罗斯农业的发展,但远东农业发展还需要做出更多努力。远东农业在地区生产总值中占比 5.9%(见表 1-19),在全俄一直居于末位,仅占全俄的 3%。2020 年,远东联邦区农业产值为 2073 亿卢布,同比增长 2.4%,增幅在 8 个联邦区中位于第四,超过全俄平均水平。2021 年农业产值为 2576 亿卢布,同比增长 7.6%,其中 7 个联邦主体的农产品生产实现增长,阿穆尔州和滨海边疆区增幅分别为 9.2% 和 25.0%,布里亚特共和国、萨哈林州、哈巴罗夫斯克边疆区和犹太自治州也有所增长。2022 年农业产值为 3213 亿卢布,同比增长 11.3%,除哈巴罗夫斯克边疆区、外贝加尔边疆区和布里亚特共和国以外,远东其他联邦主体的农产品生产均实现增长,而且犹太自治州、滨海边疆区和阿穆尔州的增幅(16.5%、19.7%、24.5%)超过远东联邦区平均水平。2023 年农业产值为 2741 亿卢布,同比下滑 6.1%;种植业产值增速一直高于畜牧业(见表 1-22)。

表1-22 2020—2023年远东各联邦主体农业产值与上年同比(按可比价格)

单位:%

地区	农业				种植业			畜牧业		
	2020年	2021年	2022年	2023年	2020年	2021年	2022年	2020年	2021年	2022年
俄联邦	101.5	99.1	110.2	99.7	100.7	98.8	117.6	101.9	100.0	102.5
远东联邦区	102.4	107.6	111.3	93.9	102.8	107.7	116.9	102.3	104.4	101.9
布里亚特共和国	100.0	100.1	98.9	102.7	102.5	102.1	95.9	100.4	102.9	101.4
萨哈(雅库特)共和国	100.6	99.2	101.2	100.2	96.6	94.5	107.1	100.2	101.5	99.1
外贝加尔边疆区	99.0	97.0	95.0	94.8	103.5	88.7	103.0	97.5	98.4	96.0
堪察加边疆区	103.2	104.1	100.9	96.5	98.9	105.6	99.4	102.7	102.8	100.3
滨海边疆区	104.3	125.0	119.7	85.1	95.0	109.9	110.9	118.2	132.5	126.2
哈巴罗夫斯克边疆区	104.6	101.9	90.9	96.9	110.8	108.2	92.5	100.2	85.9	87.8
阿穆尔州	101.4	109.2	124.5	92.8	108.0	115.6	134.0	96.4	100.7	91.0
马加丹州	103.5	95.3	107.1	103.5	103.4	97.0	113,5	104.5	90.4	97.6

续表

地区	农业				种植业			畜牧业		
	2020 年	2021 年	2022 年	2023 年	2020 年	2021 年	2022 年	2020 年	2021 年	2022 年
萨哈林州	105.8	101.4	101.8	97.2	100.4	97.1	104.6	115.1	104.6	98.5
犹太自治州	117.9	104.2	116.5	113.9	130.7	104.1	121.9	93.9	92.4	101.0
楚科奇自治区	101.4	93.0	110.8	97.1	100.1	95.4	103.3	81.5	99.4	107.0

资料来源:农业数值来自俄联邦统计局,«Социально-экономическое положение Дальневосточного федерального округа в 2020 году», С. 13, «Социально-экономическое положение Дальневосточного федерального округа в 2021 году», С. 13, «Социально-экономическое положение Дальневосточного федерального округа в 2022 году», С. 12, «Социально-экономическое положение Дальневосточного федерального округа в 2023 году», С. 12, https://rosstat.gov. ru/folder/11109/document/13260;种植业和畜牧业数值来自俄联邦统计局,«Регионы России. Социально-экономические показатели. 2023», С. 633, 635, https://rosstat. gov. ru/ storage/ mediabank/ Region _ Pokaz _ 2023. pdf。

远东地区农业具有发展潜力。目前,远东大力发展农业,在远东超前发展区内,对农业项目的投资已达到 1186 亿卢布。在远东联邦区的 23 个超前发展区内,共有 45 个农业项目正在实施,农工综合体创造就业岗位 7000 余个。在气候恶劣的楚科奇自治区、萨哈(雅库特)共和国和萨哈林州,以及哈巴罗夫斯克边疆区正在实施大型温室项目。[①]

2020 年,远东联邦区中大部分联邦主体的种植业和畜牧业产值都出现增长,犹太自治州的种植业产值甚至增长 30% 多,滨海边疆区畜牧业增长 18.2%。

2021 年远东联邦区种植业增长加快,为 7.7%,阿穆尔州增长 15.6%;畜牧业增长 4.4%,滨海边疆区畜牧业增长 32.5%。远东联邦区的农产品结构中,农作物占比为 54%,有的联邦主体,如滨海边疆区、阿穆尔州、犹太自治州,占比更高,达到 58%—78%。2022 年联邦区种植业产值增长 10% 以上,其中阿穆尔州和犹太自治州都增长 20% 以上;畜牧业仅增长 1.9%,不过滨海边疆区畜牧业增长 26.2%(见表 1-22),生猪产量大幅增加,同比增长 21%,其中布里亚特共和国和滨海边疆区分别增长 21.8% 和 35.7%,牲畜和家禽屠宰量继续保持增长。[②]

联邦区谷物生产主要由农业组织和农场完成,分别占比为 75.9% 和 24%;牲畜和家禽主要由农业组织和家庭副业养殖,分别占比 56.5% 和 35.9%;但家庭副业生产马铃薯的 72.4%、牛奶的 64.2% 和蔬菜的 53.8%(2022 年)。[③]

2020 年,远东联邦区农作物播种面积为 215.54 万公顷,只占全俄的 2.7%;2021 年,远东联邦区种植面积为 208.5 万公顷,比上年减少 3%。大豆种植占重要地位,占总种植面积的 57%,阿穆尔州和犹太自治

①　《跨越式发展区内对农业项目的投资达到 1186 亿卢布》,http://khabarovsk.mofcom.gov.cn/jmxw/art/2021/art_8a3d6735d5d74698af5ef3a311812ee1.html.

②　俄联邦统计局,《Регионы России. Социально-экономические показатели. 2023》,С. 700、710, https://rosstat.gov.ru/storage/mediabank/Region_Pokaz_2023.pdf.

③　俄联邦统计局,《Регионы России. Социально-экономические показатели. 2023》,С. 638-657, https://rosstat.gov.ru/storage/mediabank/Region_Pokaz_2023.pdf.

州的这个数字分别达到 74.6% 和 91.9%,远东大豆产量占全俄总产量的 34.9%,谷类和豆类作物种植面积占总种植面积的 24.7%。阿穆尔州大豆占联邦区大豆总产量的 68.2%。[①] 2022 年,远东联邦区农作物播种面积为 219 万公顷。联邦区内各联邦主体播种面积差别很大(见图 1-9),阿穆尔州占一半以上,气候条件十分恶劣的萨哈(雅库特)共和国、堪察加边疆区、马加丹州和楚科奇自治区几乎可以忽略。在联邦区所有农作物播种面积里谷物和豆类作物播种占 25% 左右,谷物和豆类作物种植集中在阿穆尔州、滨海边疆区和外贝加尔边疆区。由于气候原因远东基本不种植甜菜、向日葵和亚麻等经济作物。

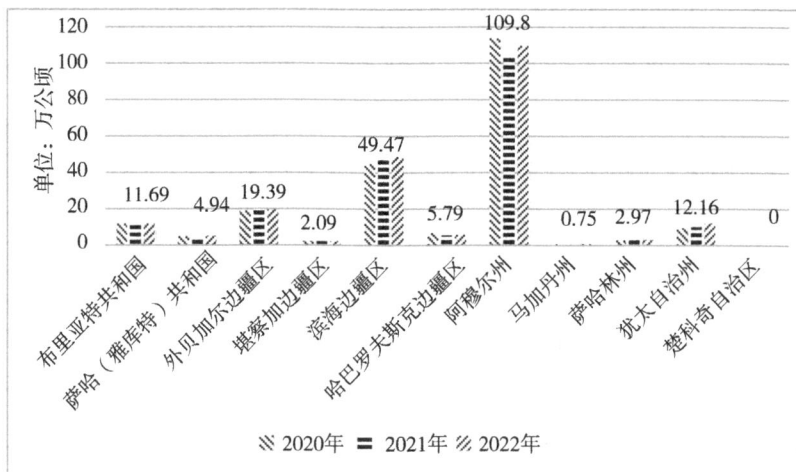

图 1-9 2020—2022 年远东联邦区各联邦主体农作物播种面积

资料来源:俄联邦统计局,《Регионы России. Социально-экономические показатели. 2023》, C. 663, https://rosstat. gov. ru/storage/mediabank/Region _ Pokaz _2023. pdf。

2020 年,远东谷物收获量为 103 万吨(见表 1-23),占比不到全俄

① О. М. 普罗卡帕洛,А. Б. 巴尔达利,М. Г. 马济托娃,Д. В. 苏斯洛夫,钟建平,译.《2021 年俄远东联邦区经济形势》,载《西伯利亚研究》2022 年第 6 期.

的 1%。2022 年谷物收获量比 2020 年增加约 37%，但谷物收获量最多的滨海边疆区和阿穆尔州在全俄排名也仅仅第 42 和 47 位。2023 年谷物收获量增加，为 146.5 万吨。马铃薯收获量一直比较稳定，在全俄占比不足 5%，马铃薯收获量最多的滨海边疆区和阿穆尔州在全俄排名第 43 和 37 位。蔬菜收获量在全俄占比 2.2%，收获量最多的滨海边疆区在全俄排名第 46 位。

2020 年，远东畜牧业增长 2.3%，牛存栏数 115.97 万头，主要养殖在外贝加尔边疆区（45.59 万头，在全俄排名第 10 位）布里亚特共和国（33.07 万头，在全俄排名第 18 位）和萨哈（雅库特）共和国。猪存栏数 48.15 万只，主要养殖在滨海边疆区（14.62 万只，在全俄排名 41 位）和布里亚特共和国。绵羊和山羊有 78.59 万只，主要养殖在外贝加尔边疆区（44.57 万只，在全俄排名第 11 位）和布里亚特共和国（28 万只，在全俄排名第 19 位）。2021 年牛存栏数与上年基本相同；猪存栏数增长到 63 万只，其中滨海边疆区增长了一倍多，达到 33 万头；绵羊和山羊有 77 万只。2022 年牛存栏数减少到 112.6 万头，主要在外贝加尔边疆区（44.2 万头，在全俄排名第 10 位），布里亚特共和国（34.2 万头，在全俄排名第 14 位）和萨哈（雅库特）共和国（17 万头）养殖。猪存栏数增长到 76.4 万只，主要在滨海边疆区（45 万只，在全俄排名 16 位）和布里亚特共和国（16 万只）养殖。绵羊和山羊连续两年减少，有 72 万只，主要在外贝加尔边疆区（37.3 万只，在全俄排名第 12 位）和布里亚特共和国（29.6 万只，在全俄排名第 18 位）养殖。2023 年牛存栏数与上年基本相同，有 110 万头，外贝加尔边疆区有 43.6 万头，布里亚特共和国有 34 万头；猪存栏数同比减少，有 53.6 万只，其中滨海边疆区有 23 万只，布里亚特共和国有 16 万只。①

---

① 俄联邦统计局，«Регионы России. Социально-экономические показатели. 2024»，С. 676-681，https://rosstat.gov.ru/storage/mediabank/Region_Pokaz_2024.pdf.

表 1-23 2020—2023 年远东联邦区各联邦主体种植业作物收获量

单位：万吨

地区	谷物（加工后重量）				马铃薯				蔬菜			
	2020 年	2021 年	2022 年	2023 年	2020 年	2021 年	2022 年	2023 年	2020 年	2021 年	2022 年	2023 年
俄联邦	13300	12140	15760	14500	1960	1800	1880	2020	1390	1300	1360	1380
远东联邦区	103.45	126.38	141.28	146.54	90.25	81.45	88.88	84.55	32.58	32.22	33.57	30.85
布里亚特共和国	8.94	12.23	11.67	14.06	11.74	10.44	10.26	10.57	3.81	3.63	3.76	3.96
萨哈（雅库特）共和国	0.91	0.93	1.01	1.14	7.12	6.91	7.35	7.24	2.64	2.44	2.64	2.51
外贝加尔东边疆区	11.06	16.20	17.17	17.40	14.06	10.24	9.27	8.74	2.46	1.88	1.77	1.84
堪察加边疆区	0.0	0.01	0.03	0.10	3.97	3.92	4.11	3.85	1.36	1.40	1.31	1.24
滨海边疆区	38.16	52.06	64.14	49.38	19.22	17.92	20.76	16.34	9.22	9.76	9.69	7.09
哈巴罗夫斯克边疆区	1.67	1.64	1.64	1.46	8.49	8.11	7.70	8.20	3.68	4.60	4.09	4.30
阿穆尔州	41.83	42.60	44.68	61.63	14.89	14.18	19.42	20.04	3.97	3.46	4.97	4.86
马加丹州					0.78	0.71	0.77	0.87	0.44	0.39	0.44	0.49
萨哈林州					6.52	6.07	6.51	5.96	4.05	3.74	4.07	3.75
犹太自治州	0.88	0.70	0.95	1.38	3.46	2.96	2.71	2.73	0.93	0.90	0.80	0.77
楚科奇自治区					0.01	0.01	0.01	0.01	0.03	0.03	0.03	0.03

资料来源：俄联邦统计局，«Регионы России. Социально-экономические показатели. 2024», С. 655, 665, 669, https：//rosstat. gov. ru/ storage/mediabank/Region_Pokaz_2024. pdf。

表1-24　2020和2023年远东联邦区各联邦主体畜产品收获量

地区	牲畜和家禽				奶			
	2020年		2023年		2020年		2023年	
	屠宰量（屠宰前重量）/万吨	与上年同比/%	屠宰量（屠宰前重量）/万吨	与上年同比/%	产量/万吨	与上年同比/%	产量/万吨	与上年同比/%
俄联邦	1560	103.1	1650	102.0	3220	102.7	3380	102.5
远东联邦区	31.29	102.7	38.21	100.0	98.0	99.8	94.77	98.6
布里亚特共和国	6.30	101.0	7.77	110.2	10.99	90.4	8.18	89.5
萨哈（雅库特）共和国	3.70	100.4	3.63	93.5	16.24	100.6	15.78	100.2
外贝加尔边疆区	8.66	100.7	7.96	98.1	32.84	99.5	30.49	96.5
堪察加边疆区	0.97	108.3	0.93	98.9	2.28	100.6	2.23	96.1
滨海边疆区	3.40	160.7	10.83	103.2	12.83	102.9	13.53	101.7
哈巴罗夫斯克边疆区	1.47	101.8	0.79	83.2	2.26	89.2	2.22	93.9

续表

地区	牲畜和家禽				奶			
	2020 年		2023 年		2020 年		2023 年	
	屠宰量（屠宰前重量）/万吨	与上年同比/%	屠宰量（屠宰前重量）/万吨	与上年同比/%	产量/万吨	与上年同比/%	产量/万吨	与上年同比/%
阿穆尔州	4.86	84.2	4.60	92.9	14.16	102.5	14.74	102.8
马加丹州	0.08	88.6	0.06	103.5	0.63	102.7	0.63	103.9
萨哈林州	1.55	119.6	1.36	90.6	4.83	115.8	6.00	105.9
犹太自治州	0.21	93.0	0.18	98.9	0.94	98.1	0.95	98.7
楚科奇自治区	0.09	87.7	0.10	93.7	0	74.2	0	96.2

资料来源：俄联邦统计局，«Социально-экономическое положение Дальневосточного федерального округа в 2020 году», С. 17 – 18, «Социально-экономическое положение Дальневосточного федерального округа в 2023 году», С. 16 – 17, https://rosstat. gov. ru/folder/11109/document/13260。

表 1-25 2020 年和 2023 年远东联邦区各联邦主体农业总产值及在全联邦区占比

地区	2020 年		2023 年	
	农业总产值（按实际价格）/亿卢布	在联邦区占比/%	农业总产值（按实际价格）/亿卢布	在联邦区占比/%
远东联邦区	**2073.30**	**100**	**2741.49**	**100**
布里亚特共和国	167.57	8.08	226.41	8.26
萨哈（雅库特）共和国	261.98	12.64	331.71	12.10
外贝加尔边疆区	224.49	10.83	276.59	10.09
堪察加边疆区	105.47	5.09	116.50	4.25
滨海边疆区	444.68	21.45	578.93	21.12
哈巴罗夫斯克边疆区	157.72	7.61	188.68	6.88
阿穆尔州	482.73	23.28	711.45	25.95
马加丹州	31.50	1.52	32.24	1.18
萨哈林州	134.48	6.49	181.48	6.62
犹太自治州	45.72	2.21	79.31	2.89
楚科奇自治区	16.94	0.82	18.19	0.67

资料来源：俄联邦统计局，«Социально-экономическое положение Дальневосточного федерального округа в 2020 году», С. 12, https://rosstat.gov.ru/folder/11109/document/13260。«Социально-экономическое положение Дальневосточного федерального округа в 2023 году», С. 13,

牲畜和家禽屠宰量在所有联邦区中最少,2023 年为 38 万吨,其中滨海边疆区屠宰了 10.8 万吨。联邦区 2023 年奶产量为 95 万吨,其中外贝加尔边疆区奶产量占全联邦区的近 1/3,但在全俄排名也只是第 40 位(见表 1-24)。2022 年联邦区产蛋 13.32 亿个,哈巴罗夫斯克边疆区蛋产量最高,在全俄排名 38 位。

远东农业比较发达的联邦主体有阿穆尔州、滨海边疆区、外贝加尔边疆区和布里亚特共和国。捕鱼业和养鱼业比较发达的是堪察加边疆区、萨哈林州、滨海边疆区和萨哈(雅库特)共和国。2020 年远东鱼类和其他水生资源捕捞量 367.05 万吨,占全俄的 74%;2021 年和 2022 年基本与 2020 年持平。2023 年,截至 11 月 22 日,远东渔场的捕捞量超过 370 万吨,同比增加 15.6%,其中捕获明太鱼 180 万吨、鲱鱼 32.7 万吨、鲽鱼 7.29 万吨、鳕鱼 10.55 万吨、大西洋鲑 60.86 万吨(较 2021 年增加 13%)。① 2024 年,截至 7 月 10 日,远东鱼类和其他水生资源捕捞量超过 190 万吨,同比增长 2.1%。②

阿穆尔州农业在远东地区有"远东之最"的美誉,农工综合体对整个远东具有重要意义。主要农业领域是大豆种植、谷物种植和肉类奶牛养殖。该地区北部从事驯鹿养殖业,东南部和中部部分地区养蜂业发达,森林地区从事毛皮养殖业。良好的自然气候条件使该州适合种植业发展,种植业占农业产值的约 80%,可供周边地区所需。阿穆尔州的播种面积占全远东耕种面积的 50%,2023 年农业产值占远东地区农业生产总值的 26%(见表 1-25)。农业生产主要是由农业组织和家庭农场完成。2023 年在远东农产品总产量中,阿穆尔州生产的粮食占 42%(2020 年占 40%),牲畜和家禽屠宰量占 12%,奶占 16%(见表 1-23 和 1-24)。阿穆尔州农业产值在远东联邦区位居第一,不过在全俄仅排名第 33

① 《俄罗斯渔业捕捞量年初以来增加 10%》,https://sputniknews.cn/20231123/1055187766.html.

② 《俄罗斯渔获超过 260 万吨,对华海鲜出口再创历史新高》,https://www.163.com/dy/article/J6R657LJ0514EAHV.html.

（2022年）。阿穆尔州还是俄罗斯大豆的主要生产地（包括出口）。

滨海边疆区农业相当发达，种植水稻、大豆、小麦、大麦、玉米、燕麦、马铃薯和蔬菜。发展了生产肉类和奶制品的养殖业、驯鹿（斑点鹿）养殖业和养蜂业。2023年，边疆区农业总产值占远东地区农业总生产值的21%左右，种植业、畜牧业和渔业都发达，种植业占农业产值的约60%，畜牧业约占40%。边疆区谷物产量占全联邦区的45%（2020年占37%），牲畜和家禽屠宰量占28%（2020年占11%），奶占14%，蛋占21%，可以看出边疆区的农业在全联邦区的重要性与阿穆尔州不相上下。2023年，边疆区内有358家从事捕鱼的企业和组织，占全联邦区的约16%，从事渔业养殖的企业和组织109家，占全联邦区的54%，鱼类和其他水生资源捕捞量占全联邦区的20%。[①]

外贝加尔边疆区农业较发达，主要农业区在贝加尔湖以东，细毛羊养殖专业化，还发展了乳肉类、肉类家畜养殖和家禽养殖业。种植业主要集中在中部、南部和东南部。北部和山区的狩猎业较发达。农业发展潜力主要体现在畜牧业，畜牧业占农业产值的75%，养牛业和养羊业在远东联邦区都位居第一，育种羊养殖业是边疆区农业经济最重要的一部分。2023年，边疆区谷物产量占全联邦区的12%，牲畜和家禽屠宰量占21%，奶占32%。

布里亚特共和国专门种植谷物和饲料作物、马铃薯和蔬菜。发展了肉类和乳肉类家畜养殖业，如绵羊、山羊、猪和马养殖等。共和国种植业和畜牧业都比较发达，但畜牧业在共和国的意义更大，占农业产值的66%以上，牛、羊、猪的养殖在联邦区位于第二。2023年，共和国牲畜和家禽屠宰量占联邦的20%，奶产量占9%，谷物产量占10%。

堪察加边疆区的农业发展包括肉类家畜养殖和驯鹿养殖。边疆区比较突出的是渔业，2023年边疆区内有566家从事捕鱼的企业和组织，占全联邦的25%，从事渔业养殖的企业和组织只有8家，鱼类和其他

① 俄联邦统计局，«Регионы России. Социально-экономические показатели. 2024»，С. 716, 723, https://rosstat. gov. ru/storage/mediabank/Region_Pokaz_2024. pdf.

水生资源捕捞量占全俄的 35%，占远东联邦区的 45%。

萨哈林州农业包括乳肉类家畜养殖、家禽养殖和驯鹿养殖，种植马铃薯、蔬菜和饲料作物。在萨哈林州渔业是经济的重要领域。萨哈林州提供全俄 14% 的鱼类和其他水生资源捕捞量，鱼类产品出口是该州的重点产业。2023 年，州内从事捕鱼的企业和组织有 543 家，占全联邦区的 24%，从事渔业养殖的企业和组织有 39 家，占全联邦区的 19%。

哈巴罗夫斯克边疆区生产小麦、大麦、燕麦、大豆、马铃薯和蔬菜、饲料作物、水果和浆果。畜牧业以肉类家畜养殖为主。驯鹿养殖（在该区北部）、野生动物养殖和狩猎业都很发达。此外，哈巴罗夫斯克边疆区的渔业也比较发达。2023 年，有 430 家从事捕鱼的企业和组织，从事渔业养殖的企业和组织有 22 家。

萨哈（雅库特）共和国农业以毛皮、肉类家畜养殖和马铃薯、蔬菜种植为主。在共和国北部，驯鹿养殖、野生动物养殖和皮草养殖非常发达。马匹养殖和皮草养殖的发展前景好。渔业也比较发达，2023 年，有 123 家从事捕鱼的企业和组织，从事渔业养殖的企业和组织有 7 家。

马加丹州的农业落后，2023 年在全俄排名第 80。该州农业生产的特点是发展驯鹿养殖业、畜牧业和历史悠久的狩猎和捕鱼业，但养殖家畜、家禽和驯鹿的规模较小。鱼类和其他海产品的捕捞业与制造业是主要经济部门，渔产品不仅销往俄罗斯国内，还供应出口。

犹太自治州农业落后，主要种植小麦、黑麦、燕麦和大豆，种植业占农业产值的 80%，畜牧业以乳肉类家畜养殖为主，如养猪。阿穆尔河谷种植大豆、谷物（大麦、玉米、小麦、燕麦）等，在东部的比拉河谷种植蔬菜和马铃薯。

楚科奇自治区农业较落后，2023 年在全俄排名第 83，有温室蔬菜种植业，畜牧业占农业产值的 91%，主要从事驯鹿养殖业、狩猎业，狩猎海豹和海象。

（四）林业

远东地区分布着俄罗斯几乎一半的林地和三分之一的木材储备，但

2020年木材采伐量在全俄仅占9.2%。2022年降到8%。远东地区每年的实际木材采伐量通常不足可采伐量的20%,2021年甚至15%都没有达到,仅采伐了1750万立方米。俄副总理兼总统驻远东联邦区全权代表尤里·特鲁特涅夫表示:"责成俄罗斯远东和北极发展部、工贸部、经济发展部、交通部和俄联邦海关署研究制定一套系统性措施,以支持在远东开展林业投资项目的投资者,促进道路的建设和改进。"①俄远东吸引投资和出口支持署署长列昂尼德·佩图霍夫表示,计划在远东建立木材加工集群。在俄政府禁止原木出口后,为促进木材加工业转化,出台了一系列税收和其他政策倾斜,如发展区、工业发展基金优惠贷款、林业产品出口运输补贴等。远东正在落实12个林业开发项目,5个项目落户哈巴罗夫斯克边疆区,滨海边疆区和布里亚特共和国各3个项目,阿穆尔州1个项目,主要生产锯材、板材、贴面、镶木地板、纸板、纸浆、生物颗粒,上述项目吸引投资达410亿卢布。②

2020年,远东联邦区有942家从事森林采伐的企业和组织,占全俄的15%;从业人员17656人,占全俄的22%。由于2022年1月1日原木出口禁令生效,远东林业企业经历了从出口原木到木材加工的转变,2021年木材加工规模较上年增加了25%。2022年远东联邦区从事森林采伐的企业和组织减少到822家,占全俄的15%;从业人员13924人,占全俄的19%。

哈巴罗夫斯克边疆区和滨海边疆区林业最发达。林业是哈巴罗夫斯克边疆区经济的主要行业之一,2020年共有林业企业273家,年平均企业员工共计10997人。原木采伐量占联邦区总采伐量的42%,采伐量在远东联邦区排名第1位,在全国排名第8位(见表1-26)。然而,边疆区林业发展并不理想,边疆区州长曾表示,边疆区木材深加工薄弱,森林

---

① 《特鲁特涅夫要求制定措施支持远东木材加工投资项目》,https://sputniknews.cn/20220211/1038898725.html.

② 《远东制定了一系列支持木材加工领域投资的措施》,http://khabarovsk.mofcom.gov.cn/jmxw/art/2022/art_7c1a49c561bc41b0a6239495875cd49d.html.

采伐情况不透明。2022 年,边疆区有林业企业 226 家,比 2020 年减少 17%;年平均企业员工有 7268 人,比 2020 年减少 34%。原木采伐量占联邦区总采伐量降到 38%,在全国排名也下降到第 11 位。

滨海边疆区的林业和木材制造业比较发达,木材采伐和纸浆业居远东第 2 位。2020 年有林业企业和组织共 203 家,年平均企业员工共计 4359 人。原木采伐量占联邦区总采伐量的 32%,采伐量在远东联邦区排名第 2 位,在全国排名第 10 位,比上年名次下滑一位。2022 年林业企业和组织减少到 185 家,但年平均企业员工比 2020 年增加了 4%,为 4525 人。原木采伐量占联邦区总采伐量的 35%,在全俄排名 12 位。

布里亚特共和国林业比较发达,原木采伐量在远东地区位居第 3,2020 年采伐 159 万立方米,占联邦区的 12%;有 198 家林业企业和组织,年平均员工 388 人。阿穆尔州和外贝加尔边疆区林业企业和组织分别有 80 家和 91 家,但企业员工多于布里亚特共和国,分别为 780 人和 711 人。2022 年,布里亚特共和国林业企业和组织减少到 165 家,但年平均企业员工比 2020 年增加了,为 418 人;阿穆尔州和外贝加尔边疆区的林业企业和组织也减少了,分别有 62 家和 85 家,林业企业员工也大幅减少,分别为 671 人和 374 人。[①]

萨哈(雅库特)共和国、堪察加边疆区、马加丹州、萨哈林州和犹太自治州几乎没有木材深加工。这些林业不太发达的联邦主体也在积极发展木材制造业。萨哈林州的《2035 战略》中排名前十的项目之一是建设森林工业综合体。从经济可行性角度看,在萨哈林州建设大型森林工业综合体的优势显而易见:当地拥有丰富的森林资源和现成的基础设施,同时毗邻最重要的出口消费市场,包括中国、日本和韩国等。按照萨哈林州政府计划,拟在萨哈林岛中部的特莫夫斯科耶镇建成俄罗斯最大的木材加工中心。该综合体建成后将引进多样化的专业生产线,产品覆盖范围包括软木锯材、正交胶合木(CLT)、刨光材、生物质颗粒燃料、木

---

① 《Регионы России. Социально-экономические показатели. 2023》, С. 738, https://rosstat.gov.ru/storage/mediabank/Region_Pokaz_2023.pdf.

表1-26 远东联邦区各联邦主体原木采伐量

单位：万立方米

地区	2016年	2017年	2018年	2019年	2020年	2021年	2022年	2022年在全俄排名（联邦区排名）
俄联邦	**13700**	**14000**	**14900**	**14300**	**14300**	**14800**	**13100**	
远东联邦区	**1499.7**	**1575.1**	**1501.8**	**1465.6**	**1323.5**	**1247.3**	**1051.6**	**5（联邦区排名）**
布里亚特共和国	235.4	255.5	205.3	188.3	159.3	152.1	141.7	21
萨哈（雅库特）共和国	57.2	44.0	35.8	40.0	28.5	23.4	22.4	43
外贝加尔边疆区	39.6	40.0	47.2	40.5	33.5	20.1	16.6	46
堪察加边疆区	11.0	10.2	9.2	7.7	7.8	6.84	4.54	60
滨海边疆区	431.1	457.9	460.2	445.6	420.1	380.4	368.3	12
哈巴罗夫斯克边疆区	626.3	659.3	630.5	622.7	561.4	557.2	395.5	11
阿穆尔州	63.7	77.9	81.1	78.5	77.3	73.4	70.6	31
马加丹州	2.61	2.61	1)	1)	2.64	1)	1.12	69
萨哈林州	25.6	21.7	21.0	26.0	23.2	18.7	16.3	47
犹太自治州	7.1	6.1	8.7	13.7	9.9	14.2	14.5	49
楚科奇自治区	1)	1)	1)	1)	1)	1)	1)	

1) 数据不公开。按照2007年11月29日第282-Ф3号联邦法——《俄罗斯联邦官方统计与国家统计系统法》有关规定，部分单位的原始统计资料保密。

资料来源：俄联邦统计局：《Регионы России. Социально-экономические показатели. 2020》，C. 846，https://rosstat. gov. ru/storage/me-diabank/Region_Pokaz_2020. pdf；《Регионы России. Социально-экономические показатели. 2023》，C. 740，https://rosstat. gov. ru/storage/me-diabank/Region_Pokaz_2023. pdf。

片和定向刨花板(OSB)等多种类型。预计森林工业综合体建成后的年木材加工量将达120万立方米。萨哈林州下辖的奥哈、诺格利克斯基、亚历山德罗夫斯克、特莫夫斯科耶和斯米尔内霍夫斯基等5个行政市将成为主要的木材采伐区,预计年采伐量为190万立方米。采伐木材以针叶材为主,占比77%,阔叶材仅占23%。①

2021年,滨海边疆区和哈巴罗夫斯克边疆区的木材加工业经历2020年下降后恢复到疫情前水平,哈巴罗夫斯克边疆区同比增长14%,滨海边疆区同比增长10.3%。②

2022年,远东联邦区的木材加工业同比下降6.7%。尽管作为联邦区木材加工业中心的哈巴罗夫斯克边疆区的木材加工业增长7.7%,但滨海边疆区大幅下降,降幅达29.1%。虽然布里亚特共和国的木材加工业增长91.8%,犹太自治州增长51.5%、外贝加尔边疆区增长37.6%、萨哈(雅库特)共和国增长29.4%,但与哈巴罗夫斯克边疆区和滨海边疆区相比,这些联邦主体的木材加工业所占比重太低。③

远东地区一直存在木材非法采伐问题,外贝加尔边疆区自然保护部的数据显示,2017年该地区发生1100多起非法采伐行为,其中660起为刑事案件,经济损失近1.5亿卢布。④ 2018年,布里亚特共和国和外贝加尔边疆区签署协议,将协同打击非法砍伐、运输、加工、销售木材及其制成品的行为。2022年,截至11月,远东联邦区记录了2660起非法伐木案件,非法采伐的木材量超过11万立方米,预估损失达到了23.5亿卢布。与2021年同比,案件数量增加了5.3%。⑤ 俄林业署森林管理和

① 《俄罗斯萨哈林州拟建大型森林工业综合体》,http://www.chinatimber.org/index.php/news/detail.html? id=76576.

② O.M.普罗卡帕洛,A.Б.巴尔达利,M.Г.马济托娃,Д.B.苏斯洛夫,钟建平,译.《2021年俄远东联邦区经济形势》,载《西伯利亚研究》2022年第6期.

③ O.M.普罗卡帕洛,A.Б.巴尔达利,A.Г.伊萨耶夫,M.Г.马济托娃,钟建平,译.《2022年俄远东联邦区经济形势》,载《西伯利亚研究》2023年第6期.

④ 《俄罗斯打击非法砍伐、运输、加工、销售木材,俄材或受影响!》,https://m.sohu.com/a/229263385_100117879/.

⑤ 《一年来,俄罗斯数千起非法采伐案被立案调查》,https://baijiahao.baidu.com/s?id=1750812657520890840&wfr=spider&for=pc.

土地关系局局长阿列克谢·格里戈里耶夫称:借助于远程监测发现违法行为最多的是伊尔库茨克州、阿穆尔州、克拉斯诺亚尔斯克边疆区和布里亚特共和国。① 不过,近两年俄罗斯加强打击非法采伐,效果较明显,非法采伐面积和非法采伐木材数量减少了。

（五）进出口贸易

2021 年,远东联邦区对外贸易趋势已从 2020 年的下滑恢复到大幅增长,进出口总额实现 391.6 亿美元,同比增长 21.9%(见表 1-27);联邦区出口的大多数商品价格显著上涨,推动出口增长 18.8%;由于物价上涨和实际进口量增加,进口增长 31.2%。近年来,联邦区对外贸易一直强劲增长,只有 2020 年出现下滑(见图 1-10),当年外贸进出口总额321.2 亿美元,同比下降 13.8%。其中出口较上年同比下降 16.6%,进口同比下降 4.4%,贸易顺差同比减少 21.6%。远东对外贸易增幅高于全俄平均水平。如 2019 年,远东联邦区外贸进出口总额与上年同比增长 7.8%,增速高于全俄水平(-3.1%)10.9 个百分点。② 2018 年,远东联邦区外贸进出口总额 344.7 亿美元(含布里亚特共和国和外贝加尔边疆区 11—12 月数据),同比增长 20.9%,增幅高于全俄水平(17.6%)3.3个百分点。③

不过,远东外贸总体规模还不大,外贸总额在全俄占比很小,仅占俄罗斯进出口总额的 5%左右。萨哈林州和滨海边疆区进出口总额分别占联邦区的 30%和 27%,居第三位的是萨哈(雅库特)共和国,占 15%。萨哈林州和萨哈(雅库特)共和国以出口为主,进口额很少;滨海边疆区进口额占全区进口总额的 68%。2021 年,除楚科奇自治区和萨哈林州外,其余 9 个联邦主体外贸额同比都大幅增长;犹太自治州由于基数较低,

① 《俄林业署:俄罗斯 40 个地区非法采伐面积减少了 65%》,https://sputniknews.cn/20240112/1056290223.html.

② 《2019 年我与俄远东联邦区进出口贸易情况》,http://file.mofcom.gov.cn/article/zwjg/zwdy/zwdyoy/202005/20200502966266.shtml.

③ 《2018 年我与俄远东联邦区进出口贸易情况》,http://m.mofcom.gov.cn/article/zwjg/zwdy/zwdyoy/201907/20190702882393.shtml.

外贸额几乎翻了一倍;萨哈(雅库特)共和国增幅也高达约63%(见表1-27)。

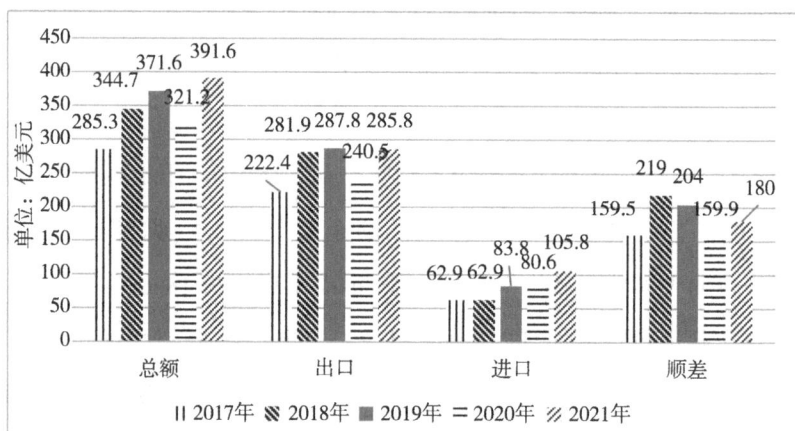

图 1-10　2017—2021 年远东联邦区对外贸易统计

资料来源:俄联邦统计局,«Информация для ведения мониторинга социально-экономического положения субъектов Российской Федерации в январе–декабре 2022 года»,2022,https://rosstat.gov.ru/folder/11109/document/13259。

　　远东贸易结构比较单一,出口商品以能源原材料等初级产品为主,如燃料和能源产品占联邦区出口总额近一半,食品和农业原料出口占16%;进口商品以机械、设备和运输工具为主,约占进口总额的59%(见表1-28)。这种贸易结构和该地区的工业结构相一致,采矿业发达,制造业薄弱。2021 年,远东燃料动力综合体产品出口增长 14.2%,木材、纸浆及纸制品出口增长 17.9%,鱼制品出口增长 15.3%,机器制造产品出口增长 33%。机器制造类产品进口比上年增长 41.8%,金属及其制品进口增长 38%,化工产品进口增长 24.4%,纺织原料及纺织制品、鞋类进口增长 21.8%。同期食品进口减少 7.6%。①

————————

① O. M. 普罗卡帕洛,A. Б. 巴尔达利,M. Г. 马济托娃,Д. В. 苏斯洛夫,钟建平,译:《2021 年俄远东联邦区经济形势》,载《西伯利亚研究》2022 年第 6 期.

表 1-27　2019—2021 年远东联邦区各联邦主体对外贸易统计

单位:亿美元

地区	2019 年		2020 年		2021 年		2021 年进出口总额与上年同比/%
	出口	进口	出口	进口	出口	进口	
俄联邦	**4243.93**	**2443.48**	**3371.05**	**2316.68**	**4933**	**2961**	**137.9**
远东联邦区	**288.34**	**84.30**	**240.54**	**80.63**	**285.80**	**105.77**	**121.9**
布里亚特共和国	9.11	0.96	11.63	0.69	13.29	0.88	115.0
萨哈(雅库特)共和国	40.52	2.81	34.28	0.97	55.51	1.80	162.6
外贝加尔东边疆区	6.34	3.78	10.74	4.45	14.56	6.33	137.0
堪察加边疆区	8.69	1.78	8.23	2.29	9.77	2.14	113.2
滨海边疆区	40.65	52.19	28.45	50.87	34.05	72.12	133.6
哈巴罗夫斯克边疆区	18.70	8.97	18.06	7.80	25.37	11.10	138.8
阿穆尔州	4.81	2.76	6.47	2.78	6.27	5.32	125.3
马加丹州	4.64	0.69	4.57	0.83	5.52	0.95	119.6
萨哈林州	151.88	9.51	113.24	9.02	114.69	4.25	97.3
犹太自治州	1.18	0.24	1.98	0.09	3.95	0.11	196.0
楚科奇自治区	1.83	0.61	2.89	0.84	2.82	0.78	96.3

资料来源:2019 和 2020 年数据来源于俄联邦统计局,«Информация для ведения мониторинга социально-экономического положения субъектов Российской Федерации в январе — декабре 2022 года»,https://rosstat. gov. ru/folder/11109/document/13259;2021 年数据来源于远东海关,«Статистическая информация о внешней торговле по итогам 4 квартала 2021 года»,https://dvtu. rus-customs. online/statistic/2021-god/1togovaya_informaciya/document/329535。

表 1-28   2021 年远东联邦区主要进出口商品结构占比

单位:%

远东联邦区	食品和农业原料		燃料和能源产品		化工产品、橡胶		木材、纸浆和纸制品		金属及其制品		机械、设备和运输工具	
	出口	进口	出口	进口	出口	进口	出口	进口	出口	进口	出口	进口
	16.2	6.5	49.8	3.0	0.5	8.3	3.9	1.0	2.6	8.0	3.2	58.9

资料来源:远东海关,《Статистическая информация о внешней торговле по итогам 4 квартала 2021 года》,https://dvtu. rus-customs. online/statistic/2021-god/Itogovaya_informaciya/document/329535。

　　远东对外贸易伙伴有 154 个,但主要贸易伙伴是亚太经合组织成员,2021 年与其贸易额占联邦区对外贸易总额的 81%。第一大贸易伙伴是中国,其次是韩国,第三是日本(见图 1-11)。2023 年远东联邦区与亚太地区国家之间的贸易额达到 470 亿美元,与上年同比增长了 10%以上。①

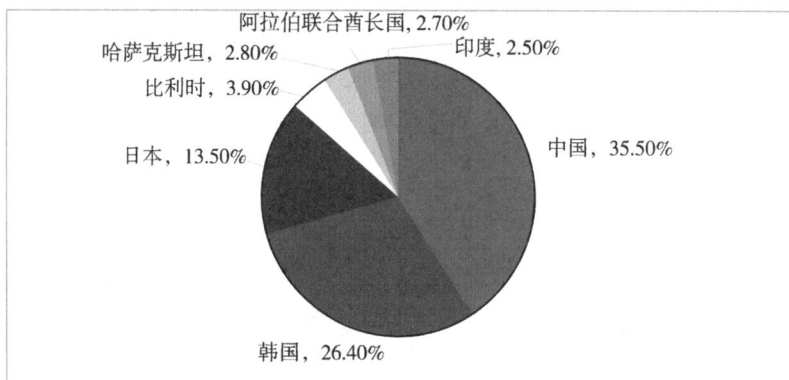

图 1-11   2021 年远东联邦区对外贸易伙伴国所占比重

资料来源:远东海关,《Статистическая информация о внешней торговле по итогам 4 квартала 2021 года》,https://dvtu. rus-customs. online/statistic/2021-god/Itogovaya_informaciya/document/329535。

---

　　① 《俄远东联邦区与亚太国家贸易额达 470 亿美元》,http://www. safe. gov. cn/heilongjiang/2024/0301/2297. html.

远东与中国之间的贸易在远东对外经济贸易合作中一直占据重要地位,双方贸易额近几年处于上升态势(见图1-12)。2019年,中国与俄远东联邦区贸易总额占远东外贸总额的28.2%,同比增长7.1%。其中,远东向中国出口64.5亿美元,占远东出口总额的22.4%,同比增长0.6%;自中国进口40.2亿美元,占远东进口总额的47.9%,同比增长19.6%。① 2020年,在远东外贸额下滑的情况下,与中国贸易不但没有下滑,同比还增长3.6%,占远东外贸总额的33.8%。其中,远东向中国出口69.4亿美元,占远东出口总额的28.8%,同比增长7.6%;自中国进口39.1亿美元,占远东进口总额的48.5%,同比减少2.8%。②

2021年,远东联邦区与中国贸易总额为138.9亿美元,占远东外贸额的35.5%,同比增长27.5%。其中,远东向中国出口87.37亿美元,占远东出口总额的30.6%,同比增长25.2%;自中国进口51.55亿美元,占远东进口总额的48.7%,同比增长31.7%。③ 远东与韩国贸易总额103.25亿美元,占远东外贸额的26.4%,同比增长32.4%;对韩国出口89.99亿美元,自韩国进口13.26亿美元。远东与日本贸易总额52.7亿美元,占远东外贸额的13.5%,同比下降5.7%;对日本出口40.11亿美元,自日本进口12.59亿美元。④

由于俄罗斯已经暂停公布2022年以后的对外贸易数据,因此没有办法系统分析远东2022年和2023年全年的对外贸易活动。

2022年,俄远东地区与中国东北省份的贸易额达到220亿美元。⑤

---

① 《2019年我与俄远东联邦区进出口贸易情况》,http://khabarovsk.mofcom.gov.cn/scdy/art/2020/art_6039a5d05d3a45fdac2d5ff8ef2342ca.html.

② 《2020年我与俄远东联邦区进出口贸易情况》,http://khabarovsk.mofcom.gov.cn/scdy/art/2021/art_42812e25256d4ab09aa83f8e75c557b7.html.

③ 《2021年我与俄远东联邦区进出口贸易情况》,http://khabarovsk.mofcom.gov.cn/scdy/art/2023/art_935a3203b0bb470a9b45c654b351c2a6.html.

④ 根据远东对外贸易额、进出口额和韩国、日本占比计算得出.

⑤ 《李勇慧:中俄经贸合作为远东地区发展赋能》,https://3w.huanqiu.com/a/de583b/4Hu6wMx8sCN.

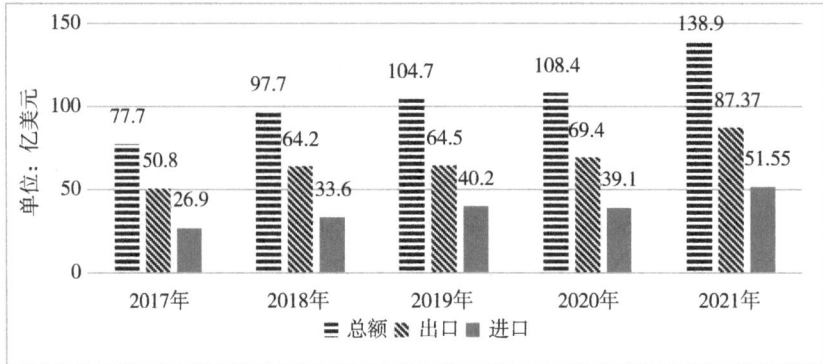

图 1-12　2017—2021 年远东联邦区与中国进出口额

资料来源:2017、2018、2019、2020 年我国与俄远东联邦区进出口贸易情况,中华人民共和国商务部网站;远东海关,«Статистическая информация о внешней торговле по итогам 4 квартала 2021 года»,https://dvtu. rus-customs. online/statistic/2021-god/Itogovaya_informaciya/document/329535。

2022 年,欧美等国对俄实施贸易限制,禁止对俄出口大量商品,如高科技产品、高新技术、铝土、矾土等,同时禁止自俄进口燃料动力综合体产品、钻石、黄金等,同时取消俄罗斯的贸易最惠国待遇。2022 年 1—9 月,远东联邦区的出口下降,这是俄为防止战略性商品输出而采取的限制性措施的结果。由于俄罗斯西部的货流转向,远东联邦区的进口增长 34%。① 远东进出口结构比较稳定,主要出口燃料动力综合体产品、鱼制品、木材和纸浆及纸制品;进口机器、设备、运输工具、化工产品、金属及其制品和食品。2022 年,远东以平行进口方式进口的商品货值逾47 亿美元,进口的商品主要包括汽车、设备及组件、急需的高科技

---

① «Внешнеторговый оборот на Дальнем Востоке за 9 месяцев 2022 года не изменился и составил 135, 5 млн тонн ДВТУ» // PortNews, https://portnews. ru/news/337532/? ysclid = m516deu4o022828603.

产品。①

2022 年前 9 个月,机器制造产品占远东联邦区进口额的比重为 41%,进口量比上年同期增长 12.5%。汽车进口猛增 50%(绝大部分是轿车),建筑专用机械自中国进口量增长 23%,化工产品进口增长 20%,食品进口增长 50%。②

2022 年,由于"萨哈林 1 号"项目停产和运营商埃克森美孚石油公司退出项目,石油和天然气开采量下降,但是国际市场的石油和天然气价格大幅上涨,部分地补偿了萨哈林州燃料动力综合体产品的出口额。③ 滨海边疆区对外贸易额的增幅超过 20%(出口增长 16.2%),其中非原料非能源类商品出口占 82.3%,非原料非能源类商品出口比上年增长 14.3%;鱼制品出口增长 55%;大豆出口增长 11.9%;木材和木制品出口增长 11.2%;金属制品和珠宝制品出口增长 8.7%。哈巴罗夫斯克边疆区的出口比上年增长 4.1%。④

2022 年,远东联邦区的主要贸易伙伴国没有变化,但货物流向重新分配。2022 年 1—9 月,对中国货运量增长 6%(占货运总量的比重为 73.5%);对韩国和日本货运量分别下降 3% 和 29%,日本占远东货运总量的比重降至 3.5%(2021 年为 5%);与越南(增长 1 倍)和印度尼西亚(增长 4 倍)的货运量大幅增长,越南和印度尼西亚占远东货运总量的比重分别为 2.2% 和 2.5%。⑤ 2022 年,远东与中国的贸易结构主要为向

① 《Стоимость товаров, ввезенных через Дальний Восток посредством параллельного импорта, в 2022 году превысила $4,7 млрд》// РЖД-Партнер, https://finance. rambler. ru/economics/50188387-stoimost-tovarov-vvezennyh-cherez-dalniy-vostok-posredstvom-parallelnogo-importa-v-2022-godu-prevysila-4-7-mlrd/? ysclid=m516losdga650083039.

② 《Внешнеторговый оборот на Дальнем Востоке за 9 месяцев 2022 года не изменился и составил 135,5 млн тонн ДВТУ》// PortNews, https://portnews. ru/news/337532/? ysclid=m516deu4o022828603.

③ 《Социально-экономическое развитие Сахалинской области》, https://sakhalin. gov. ru/index. php? id=1056.

④ О. М. 普罗卡帕洛,А. Б. 巴尔达利,А. Г. 伊萨耶夫,М. Г. 马济托娃,钟建平,译. 《2022 年俄远东联邦区经济形势》,载《西伯利亚研究》2023 年第 6 期.

⑤ О. М. 普罗卡帕洛,А. Б. 巴尔达利,А. Г. 伊萨耶夫,М. Г. 马济托娃,钟建平,译. 《2022 年俄远东联邦区经济形势》,载《西伯利亚研究》2023 年第 6 期.

中国出口矿物燃料、石油及制品、鱼类等水产品、木材及制品、矿石、油籽及其他种子；自中国进口机械及零件、机电设备及零件、蔬菜、塑料及制品、黑色金属制品等。

2023 年,远东海关区的货物运输量同比增长 6.9%。进口增长 10%,出口增长 3.5%[1],2023 年远东与中国东北贸易额增长至 270 亿美元[2]。

在远东联邦区 11 个联邦主体中,大部分联邦主体积极与中国开展经济贸易合作,对华经贸合作密切,人员往来频繁。中国是哈巴罗夫斯克边疆区、犹太自治州、外贝加尔边疆区、阿穆尔州、布里亚特共和国、滨海边疆区和楚科奇自治区的第一大贸易伙伴。2019 年,滨海边疆区与中国进出口额达 42.4 亿美元,占该州外贸额的 45.7%,占中国与远东贸易总额的 40.5%。[3] 2022 年,滨海边疆区的进出口额大幅增长,达 130 亿美元,其中近 60% 的贸易额来自与中国的贸易,与中国贸易额达 74.9 亿美元,比上年增长 46.1%。[4] 2023 年,滨海边疆区与中国进出口额接近 85 亿美元,同比增长 15%,中国占滨海边疆区对外贸易额的三分之二。[5]

2020 年,阿穆尔州与中国的进出口额增长了 7%,近 5.5 亿美元,占该州外贸额的近 60%,主要是对中国出口,出口额 3.46 亿美元。[6] 2022 年 1—9 月,阿穆尔州与中国的进出口额为 7.566 亿美元,较上年同期增

① 姜振军,滕仁,廖琪琪.《俄罗斯远东联邦区 2023 年总体发展形势综述》,载《俄罗斯学刊》2024 年第 3 期.

② 《中俄经贸合作为远东地区发展赋能》,https://3w. huanqiu. com/a/de583b/4Hu6wMx8sCN.

③ 《2019 年我与远东各州区贸易情况》,http://khabarovsk. mofcom. gov. cn/scdy/art/2020/art_c6fe5b26f9b14206aa919120769602e2. html.

④ 《2022 年中国在滨海边疆区对外贸易中的份额约达 60%》,https://www. sohu. com/a/681161842_121123902.

⑤ 《中国占俄滨海边疆区对外贸易额高达三分之二》,https://www. sohu. com/a/767732981_121123902.

⑥ 《俄阿穆尔州州长:中国仍是阿穆尔州的关键外国合作伙伴》,https://sputniknews. cn/20220103/1036934142. html.

长 3.43 亿美元,增长 80%。① 2023 年,阿穆尔州与中国进出口额增长了 50%,对中国农工产品出口增长了 70%。②

第四节　教育、科研和人力资源环境

一、教育资源

俄罗斯十分重视教育,义务教育普及率非常高。在俄罗斯 1—4 年级是初等教育,5—9 年级是基础教育,10—11(12)年级是中等教育。2022 年,远东联邦区有 790 万人,其中小学、初中和高中生有 107 万(见表 1-29),学生人数较稳定,教师数量略有减少。联邦区初等教育、基础教育和中等教育每个班级平均 19 个学生。

表 1-29　2023—2024 学年远东联邦区初等教育、基础教育和

中等教育学生人数及教师人数

地区	学生人数/万人	学生人数与上个学年同比/%	教师人数(截至2022 年 9 月 20 日)/万人
俄罗斯联邦	1799.73	101.4	107.96
远东联邦区	106.97	99.9	6.95
布里亚特共和国	15.18	99.6	0.89
萨哈(雅库特)共和国	15.38	100.4	1.41
外贝加尔边疆区	14.56	98.9	0.98
堪察加边疆区	3.81	100.7	0.26

---

① 《今年前 9 个月俄阿穆尔州与中国的贸易额同比增长 80%》,https://mp. weixin. qq. com/s? __biz=MzA5MjYwOTczOA==&mid=2649702288&idx=3&sn=f11cb093652b84ab8f73619521c2d91e&chksm=88711235bf069b230041c7ce17fe52b655f8a14b907580dcc037d951987526eb9adbdf44df3f&scene=27.

② 《阿穆尔州在巩固中俄人文合作作用突出》,http://www.heihe.gov.cn/hhs/c102651/202405/c11_289137. shtml.

续表

地区	学生人数/万人	学生人数与上个学年同比/%	教师人数(截至2022年9月20日)/万人
滨海边疆区	21.89	100.3	1.19
哈巴罗夫斯克边疆区	15.57	100.6	0.86
阿穆尔州	9.94	99.3	0.67
马加丹州	1.59	98.6	0.11
萨哈林州	6.30	101.1	0.40
犹太自治州	2.03	97.8	0.12
楚科奇自治区	0.72	99.0	0.06

资料来源：俄联邦统计局，«Социально-экономическое положение Дальневосточного федерального округа в 2023 году»，C. 60，https://rosstat.gov.ru/folder/11109/document/13260；«Регионы России. Социально-экономические показатели. 2023»，C. 309，https://rosstat.gov.ru/storage/mediabank/Region_Pokaz_2023.pdf。

远东各联邦主体的首府居民受教育程度较高,如符拉迪沃斯托克居民中,截至 2024 年 9 月 1 日,23.8%的人(14.4 万人)接受过高等教育；2.1%的人(1.3 万人)接受过不完全高等教育；38.7%的人(23.5 万人)接受过中等职业教育；接受过 11 年高中教育的占 14.8%(9 万人)。[①] 哈巴罗夫斯克居民中,23.7%的人(14.6 万人)接受过高等教育；2.4%的人(1.5 万人)接受过不完全高等教育；36.7%的人(22.6 万人)接受过中等职业教育；接受过 11 年高中教育的占 14.6%(9 万人)。[②] 布拉戈维申斯克居民中,19.1%的人(4.4 万人)接受过高等教育；1.9%的人(4401 人)接受过不完全高等教育；37.0%的人(8.6 万人)接受过中等

[①] «Население Владивостока»，https://bdex.ru/naselenie/primorskiy-kray/vladivostok/?ysclid=m0kyllvags958700267.

[②] «Население Хабаровска»，https://bdex.ru/naselenie/habarovskiy-kray/habarovsk/?ysclid=m0kz958uek1410237822.

职业教育;接受过 11 年高中教育的占 15.4%(3.6 万人)。[①]

远东每年进入中等职业学校的学生 17 万—18 万人,滨海边疆区和哈巴罗夫斯克边疆区人数最多,每年分别有 4 万多和 3 万多;布里亚特共和国、萨哈(雅库特)共和国和外贝加尔边疆区各有 2 万多。每万人中接受中等职业培训的学生人数比例在所有联邦区中最高。[②]

远东注重企业员工的培训,2023—2024 学年技术工人、职工和中层管理人员培训项目在读学生人数约 23 万人(见表 1-30),同比增长 1.7%,滨海边疆区参加培训的人数最多,其次是哈巴罗夫斯克边疆区、外贝加尔边疆区和布里亚特共和国。

表 1-30　2023—2024 学年远东联邦区参加培训技术工人、职工和
中层管理人员的学生人数

地区	人数/万	与上个学年同比/%
俄联邦	**371.11**	**104.2**
远东联邦区	**22.90**	**101.7**
布里亚特共和国	3.02	103.4
萨哈(雅库特)共和国	2.92	102.7
外贝加尔边疆区	3.09	102.1
堪察加边疆区	0.74	100.2
滨海边疆区	4.99	100.2
哈巴罗夫斯克边疆区	3.88	102.4
阿穆尔州	2.32	100.9
马加丹州	0.40	101.9
萨哈林州	1.17	101.7

---

① 《НаселениеБлаговещенска》, https://bdex.ru/naselenie/amurskaya-oblast/blagoveshhensk/?ysclid=m0kzggpgjz989831883.

② 俄联邦统计局, 《Регионы России. Социально-экономические показатели. 2023》, C.325,https://rosstat.gov.ru/storage/mediabank/Region_Pokaz_2023.pdf.

续表

地区	人数/万	与上个学年同比/%
犹太自治州	0.30	104.2
楚科奇自治区	0.07	88.9

资料来源：俄联邦统计局，«Социально-экономическое положение Дальневосточного федерального округа в 2023 году», С. 61, https://rosstat.gov.ru/folder/11109/document/13260。

远东地区的高等教育资源丰富，有很多历史悠久的大学，如位于滨海边疆区的远东联邦大学、符拉迪沃斯托克国立大学、符拉迪沃斯托克国立经济与服务大学。哈巴罗夫斯克边疆区高等学府众多，有太平洋国立大学、远东国立交通大学、哈巴罗夫斯克国立经济与法律大学。阿穆尔州有阿穆尔国立大学、布拉戈维申斯克国立师范大学、远东国立农业大学。远东有近18万名大学生和研究生，滨海边疆区和哈巴罗夫斯克边疆区高校众多，大学生人数也最多（见表1-31），但是远东大部分联邦主体的每万居民接受高等教育比例低于全俄平均水平，只有哈巴罗夫斯克边疆区超过了，达到每万人中300人接受过高等教育。

表1-31　2023—2024学年远东联邦区高等教育学生人数

地区	人数/万	与上个学年同比/%	每万人中接受高等教育人数（2022年）
俄联邦	432.53	104.7	282
远东联邦区	17.73	103.7	216
布里亚特共和国	2.08	105.2	203
萨哈（雅库特）共和国	2.32	102.8	226
外贝加尔边疆区	1.94	101.5	192
堪察加边疆区	0.43	103.0	144
滨海边疆区	4.50	105.2	235
哈巴罗夫斯克边疆区	4.02	104.3	300

续表

地区	人数/万	与上个学年同比/%	每万人中接受高等教育人数（2022 年）
阿穆尔州	1.53	104.0	194
马加丹州	0.24	95.6	186
萨哈林州	0.47	98.7	104
犹太自治州	0.19	98.1	132
楚科奇自治区	0.01	130.2	20

资料来源：俄联邦统计局，《Социально-экономическое положение Дальневосточного федерального округа в 2023 году》，С. 62，https://rosstat.gov.ru/folder/11109/document/13260；《Регионы России. Социально-экономические показатели. 2023》，С. 345–347，https://rosstat.gov.ru/storage/mediabank/Region_Pokaz_2023.pdf。

二、科技创新能力

2020 年，远东地区从事科学研究和开发的组织有 235 个，滨海边疆区和哈巴罗夫斯克边疆区科研院所最多，分别有 48 和 46 个，排在第三的是萨哈（雅库特）共和国，有 31 个；从事科学研究和开发的人员有 13915 人，滨海边疆区就有 5809 人，萨哈（雅库特）共和国有 2140 人。这些科研人员主要从事自然科学研究，30—39 岁的占 24%，30—59 岁的占 60%多。

2022 年，远东地区从事科学研究和开发的组织略有减少，有 228 个，占全俄的 5%，其中滨海边疆区和哈巴罗夫斯克边疆区科研院所仍然最多，分别有 47 和 41 个，比 2020 年都有所减少，萨哈（雅库特）共和国有 33 个，比 2020 年增加了。远东从事科学研究和开发的人员也减少了，有 13639 人，占全俄的 2%，滨海边疆区最多，有 5646 人，萨哈（雅库特）共和国有 2515 人。远东科研人员有 6894 人，其中从事自然科学研究的有 3796 人，30—39 岁的占 23%，40—49 岁的占 24%，50—59 岁的占 15%。①

在远东设有俄罗斯科学院远东分院,共有超过 60 家俄科学院的科研机构。俄罗斯科学院远东分院是对华科技合作的主要伙伴之一。远东分院科研中心分布在哈巴罗夫斯克、符拉迪沃斯托克、布拉戈维申斯克、马加丹、南萨哈林斯克、雅库茨克和乌兰乌德等市。每个科研中心又由多个研究院组成,分别在各个不同领域进行基础性和应用性研究实践。此外,联邦区内还有俄罗斯医学科学院西伯利亚分院的多个机构,位于布拉戈维申斯克、符拉迪沃斯托克、乌兰乌德、哈巴罗夫斯克、赤塔和雅库茨克等;俄罗斯科学院远东农业科研中心及其他一系列分行业科研院所。

2020 年,远东联邦区研发支出 186.22 亿卢布,研发经费的 68% 用于自然科学,主要是基础研究领域。这些经费近 61% 用于科研人员的薪酬支付(全俄平均 47%),用于设备采购的经费很少。2020 年远东地区提交专利申请 608 个,有 487 项技术获得专利,均占全俄的 2% 左右。在接受调查的企业和组织里实施技术创新的只有 15.4%,低于全俄 23% 的水平,企业创新商品、工作和服务量仅占全部商品、完成工作和服务量的 3.1%。

2022 年,远东联邦区研发支出总计 213.81 亿卢布,比 2020 年增加 10%,在所有联邦区中仍排名第七(见图 1-13)。研发经费的 70% 多还是用于自然科学,主要是基础研究领域,23% 用于应用研究,并且这些经费用于支付科研人员薪酬的比例与 2020 年大致相同,用于材料的费用约占 8%,设备采购的经费依然不足 2%。2022 年远东地区提交专利申请 630 个,有 450 项技术获得专利,两项指标占全俄的比例与 2020 年相同。由于远东地区的研发经费投入还是较少以及技术研发人员不足,致使研发能力比较薄弱,企业使用先进生产技术和创新活动水平较低。在接受调查的企业和组织里实施技术创新的比例与 2020 年相同,低于全

---

① 俄联邦统计局,《Регионы России. Социально-экономические показатели. 2023》,С. 921、923、931, https://rosstat.gov.ru/storage/mediabank/Region_Pokaz_2023.pdf.

俄平均水平约 8 个百分点。远东企业为创新投入的资金很少,创新积极性低,在所有联邦区中排在第七位,创新商品、工作和服务量占全部商品、完成工作和服务量的比例越来越低,仅为 2.1%。[①]

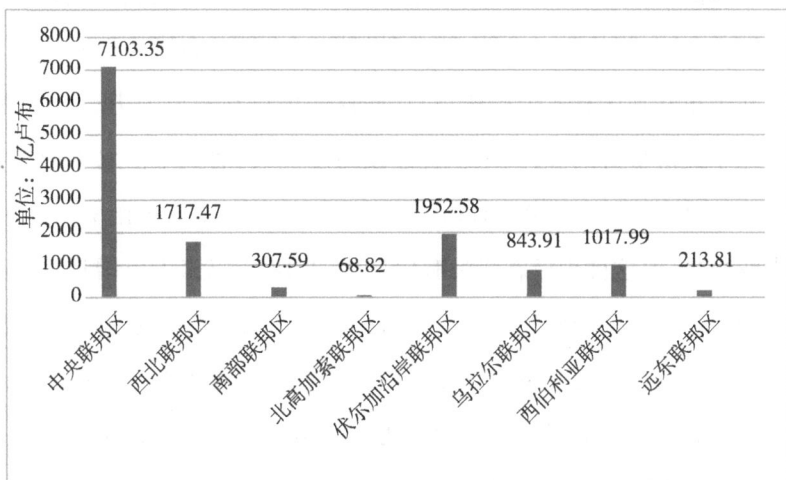

图 1-13　2022 年俄罗斯各联邦区研发支出

资料来源: 俄联邦统计局, 《Регионы России. Социально-экономические показатели. 2023》, C. 940 – 941, https://rosstat.gov.ru/storage/mediabank/Region_Pokaz_2023.pdf。

目前,远东有一个创新科技中心,位于符拉迪沃斯托克市,向创新科技中心网站提交申请和相关文件,通过审查,并获得创新科技中心科学和技术委员会的批准就可以入驻该中心。创新科技中心提供技术转让和知识产权保护、清关、法律和财务支持、为公司挑选专业人才,联系远东联邦大学和合作单位专家、商业和学术活动、办公和生产设施租赁等服务。未来俄计划将创新科技中心扩大到哈巴罗夫斯克、南萨哈林斯克和雅库茨克市。

---

① 俄联邦统计局, 《Регионы России. Социально-экономические показатели. 2023》, C. 941、943 – 947、956 – 957、961、969、973, https://rosstat.gov.ru/storage/mediabank/Region_Pokaz_2023.pdf.

三、人力资源和劳动力

人口流失和劳动力不足一直是远东地区经济发展的制约因素。俄罗斯官方 2014 年的调查显示,远东联邦区人口流出高居 8 个联邦区之首。在远东联邦区有多个投资项目,而这些项目都需要人力。近年来,随着远东经济形势向好,民生工程建设力度加大,居民生活水平明显提高。2016 年,远东人口状况有所改善,当年出生率高于死亡率,人口外流大幅减少,但这种积极态势没有保持住,2018 年以来人口增长一直呈负数(见表 1-32 和图 1-14)。人口出生率从 2020 年的 11.1‰降到 2022 年的 10.1‰,死亡率从 2020 年的 13.9‰降到 2022 年的 13.3‰。2020—2022 年人口自然增长率分别为-2.8‰、-4.9‰、-3.2‰。[①]

表 1-32 2019—2022 年远东联邦区各联邦主体人口增速

单位:%

地区	2018 年	2019 年	2020 年	2021 年	2022 年
俄联邦	**-0.1**	**-0.02**	**-0.3**	**-0.3**	**-0.4**
远东联邦区	**-0.4**	**-0.2**	**-0.7**	**-0.5**	**-0.8**
布里亚特共和国	-0.1	0.3	-0.1	-0.3	-0.3
萨哈(雅库特)共和国	0.3	0.5	1.1	1.1	-0.03
外贝加尔边疆区	-0.7	-0.6	-1.0	-1.4	-0.8
堪察加边疆区	-0.3	-0.5	-1.1	-0.2	-1.3
滨海边疆区	-0.5	-0.4	-1.0	-0.9	-1.2
哈巴罗夫斯克边疆区	-0.5	-0.4	-1.2	-0.2	-0.7
阿穆尔州	-0.7	-0.4	-1.1	-1.3	-1.0
马加丹州	-2.0	-0.8	-0.9	-1.0	-1.2
萨哈林州	-0.1	-0.3	-0.9	-0.7	-1.2

---

① 俄联邦统计局,«Регионы России. Социально-экономические показатели. 2023 », C. 66、68、76, https://rosstat.gov.ru/storage/mediabank/Region_Pokaz_2023.pdf.

续表

地区	2018 年	2019 年	2020 年	2021 年	2022 年
犹太自治州	−1.3	−1.0	−1.4	−2.0	−1.4
楚科奇自治区	0.6	1.2	−2.0	0.7	−0.1

资料来源：俄联邦统计局，2018 年和 2019 年数据来源于《Регионы России. Социально-экономические показатели. 2021》，С. 63 – 64，https：//rosstat. gov. ru/storage/mediabank/Region_ Pokaz _ 2021. pdf；2020—2022 年数字来源于《Регионы России. Социально-экономические показатели. 2023》，С. 63 – 64，https：//rosstat. gov. ru/storage/mediabank/Region_Pokaz_2023. pdf。

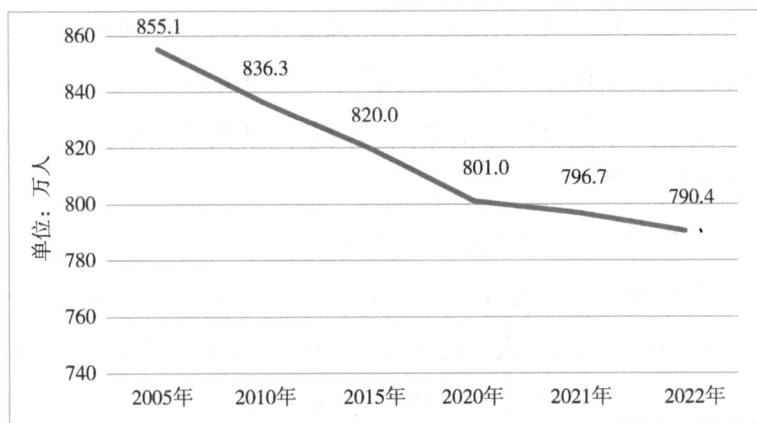

图 1-14　远东联邦区人口趋势

资料来源：俄联邦统计局，《Регионы России. Социально-экономические показатели. 2023》，С. 44，https：//rosstat. gov. ru/storage/mediabank/Region _ Pokaz _2023. pdf。

　　2020 年，由于出生率下降、死亡率上升，远东人口自然减少速度加快，人口比上年减少了 4.5 万人，除萨哈（雅库特）共和国人口增加 1 万人以外，其他 10 个联邦主体人口都在减少，但是从全俄看，远东出生率比较高（11.1‰），死亡率比较低（13.9‰），在全俄排名均为第二。联邦区城市人口占比 74.7%，适龄劳动人口占比 57.6%。①

近年来，俄政府不断推出各种措施以增加远东地区人口。国家促进远东地区经济快速发展、改善居民生活条件和完善社会设施的措施推动了当地移民的增加。2020 年远东地区移民继续保持顺差。外国劳动力主要从事建筑业、农业、采矿业、交通运输业、商业和服务业等行业。

2021 年，远东联邦区人口为 796.66 万，比上年减少 4.33 万人。人口减少的趋势没有得到扭转。2021 年，远东联邦区的出生率为 10.6‰，全俄平均水平为 9.6‰。② 同期远东迁入人口数量比上年增长 7.8%，迁出人口数量比上年减少 1.8%，最终净迁入人口 8013 人。③ 远东 5 个联邦主体为人口净迁入地区，这是由于大批投资项目的实施创造了更多新工作岗位，拉动了移民人口增长。例如，从 2020 年开始，涅留恩格里区 30 年来首次实现人口增长。萨哈（雅库特）共和国迁入人口最多，其次是哈巴罗夫斯克边疆区。

2022 年，远东地区人口依然处于下降趋势，与上年同比减少 6.27 万人，有 790.38 万人。远东人口出生率为 10.1‰，高于全俄平均水平（8.9‰）。2022 年，由于人口迁移减少 37927 人，11 个联邦主体人口都在流失，因为从居住环境和收入角度看，远东仍缺乏吸引力。旨在吸引投资和提升经济活跃度的措施本应增加劳动力需求和人口流入，但没有取得预期效果。④ 远东的独联体国家移民长期保持净迁入趋势，但 2022 年形势逆转。

2023 年，远东联邦区人口出生率为 9.7‰，死亡率为 12.6‰，人口自

① 俄联邦统计局，«Регионы России. Социально-экономические показатели. 2021 »，C. 44、48、54、66、68，https://rosstat.gov.ru/storage/mediabank/Region_Pokaz_2021.pdf.

② 俄联邦统计局，«Регионы России. Социально-экономические показатели. 2023 »，C. 44、65、66，https://rosstat.gov.ru/storage/mediabank/Region_Pokaz_2023.pdf.

③ 俄联邦统计局，« Социально-экономическое положение Дальневосточного федерального округа в 2021 году »，C. 50，https://rosstat.gov.ru/folder/11109/document/13260.

④ 俄联邦统计局，« Социально-экономическое положение Дальневосточного федерального округа в 2022 году »，C. 50，https://rosstat.gov.ru/folder/11109/document/13260.

然减少 22551 人,9 个联邦主体人口都呈自然减少趋势,只有萨哈(雅库特)共和国和楚科奇自治区人口出现自然增长。由于人口迁移流失14161 人,外贝加尔边疆区流失 4902 人,滨海边疆区流失 3855 人;只有萨哈(雅库特)共和国、堪察加边疆区和楚科奇自治区出现人口流入,分别为 754 人、687 人和 151 人。①

2020 年远东联邦区就业率为 64.1%,比全俄平均水平高 0.4 个百分点,略好于 2019 年水平(高 0.2 个百分点)。② 根据 2020 年劳动力抽样调查数据,远东联邦区有劳动力 423.2 万人,年平均就业人数为389.86 万人③;劳动力教育水平较高,接受过高等教育的占 32.5%,中等职业教育的占 44.3%。④ 2020 年初,远东和北极地区人力资源发展署编制了一份劳动力前景发展分析报告,对 2025 年前的人力需求进行分析,73%的职位需要具有中等职业教育,在诸如矿石开采和加工、建材生产、渔业和水产养殖、农业以及食品工业等行业中,最需要中等职业教育的工人。

2020 年,远东地区 15 岁以上的失业人数为 27.43 万人,同比增长7.9%,占远东劳动力总数的 6.5%。⑤ 在就业服务机构登记的失业人数为 13.65 万人,占劳动力总数的 3.2%,远远高于 2019 年(4.91 万人)和2018 年(5.22 万人)。⑥ 堪察加边疆区和哈巴罗夫斯克边疆区的失业率

① 俄 联 邦 统 计 局,《 Социально-экономическое　положение　Дальневосточного федерального округа в 2023 году》,С. 44 - 45,https://rosstat. gov. ru/folder/11109/document/ 13260.

② О. М. 普罗卡帕洛,А. Б. 巴尔达利,А. Г. 伊萨耶夫,М. Г. 马济托娃,钟建平,译. 《2020 年俄远东联邦区经济形势分析》,载《西伯利亚研究》2021 年第 6 期.

③ 俄联邦统计局,《Регионы России. Социально-экономические показатели. 2023》,С. 115,https://rosstat. gov. ru/storage/mediabank/region_pokaz_2023. pdf.

④ 俄联邦统计局,《Регионы России. Социально-экономические показатели. 2021》,С. 141,https://rosstat. gov. ru/storage/mediabank/region_pokaz_2023. pdf.

⑤ 俄 联 邦 统 计 局,《 Социально-экономическое　положение　Дальневосточного федерального округа в 2020 году》,С. 53. https://rosstat. gov. ru/folder/11109/document/ 13260.

⑥ 俄联邦统计局,《Регионы России. Социально-экономические показатели. 2023》,С. 161,https://rosstat. gov. ru/storage/mediabank/region_pokaz_2023. pdf.

为 3.8% 和 4%，外贝加尔边疆区和布里亚特共和国的失业率则高达 9.8% 和 10.5%。不过对远东劳动力市场发展前景的分析表明，未来五年对熟练工人的需求将持续，人员需求最多的地区包括滨海边疆区、哈巴罗夫斯克边疆区、萨哈(雅库特)共和国和阿穆尔州。

2021 年远东联邦区就业率为 64.8%，与全俄平均水平相当。① 2021年，远东联邦区 15 岁以上的失业人数为 23.94 万人，比上年减少 12.7%。失业率从上年的 6.5% 降至 5.7%，楚科奇自治区、哈巴罗夫斯克边疆区和堪察加边疆区的失业率为 2.6%—3.5%，外贝加尔边疆区和布里亚特共和国的失业率则高达 9.3%—9.5%。②

2022 年，远东联邦区的就业率为 65%。③ 远东 15 岁以上的失业人数为 20.19 万人，比上年减少 15.7%。④ 这是由于人口和移民减少，以及包括军工生产领域在内的一系列行业的用工需求增加。失业率从 2021 年的 5.7% 降至 4.8%，同时各联邦主体之间差别明显：楚科奇自治区、哈巴罗夫斯克边疆区、堪察加边疆区和滨海边疆区的失业率为 1.9%—3.4%，萨哈(雅库特)共和国、布里亚特共和国和外贝加尔边疆区的失业率则高达 6.5%—8.7%。受过普通基础或中等教育的人占失业人数的主要份额为 51.7%。⑤

2023 年，在俄罗斯失业率降低的情况下，远东 15 岁以上的失业人数大幅度减少，为 15.46 万人，比上年减少 23.4%，阿穆尔州甚至同比上年减少了近 41%，萨哈林州也减少 34.5%。12 月底，在全联邦区雇主向

① О. М. 普罗卡帕洛，А. Б. 巴尔达利，М. Г. 马济托娃，Д. В. 苏斯洛夫，钟建平，译：《2021 年俄远东联邦区经济形势》，载《西伯利亚研究》2022 年第 6 期.

② 俄联邦统计局，«Социально-экономическое положение Дальневосточного федерального округа в 2021 году»，С. 53，https://rosstat. gov. ru/folder/11109/document/13260.

③ О. М. 普罗卡帕洛，А. Б. 巴尔达利，А. Г. 伊萨耶夫，М. Г. 马济托娃，钟建平，译.《2022 年俄远东联邦区经济形势》，载《西伯利亚研究》2023 年第 6 期.

④ 俄联邦统计局，«Социально-экономическое положение Дальневосточного федерального округа в 2022 году»，С. 49，https://rosstat. gov. ru/folder/11109/document/13260.

⑤ 俄联邦统计局，«Регионы России. Социально-экономические показатели. 2023».С. 151、159，https://rosstat. gov. ru/storage/mediabank/Region_Pokaz_2023. pdf.

居民就业服务机构提出的用工需求为 17. 59 万人,同比增长 7. 3%;萨哈林州雇主的用工需求同比增长 78. 9%,外贝加尔边疆区的用工需求同比增长 45. 4%。①

① 俄联邦统计局,«Социально-экономическое положение Дальневосточного федерального округа в 2023 году»,С. 48、49,https://rosstat. gov. ru/folder/11109/document/13260.

第二章　俄罗斯远东地区吸引
外资现状和制约因素

俄各地区吸引外资差异明显。俄国家评级机构在综合评估基础设施、生产潜力、内部市场、制度环境、融资稳定性、劳动力资源、地理区位和资源禀赋等因素的基础上,对 2020 年俄地方投资吸引力进行排名,莫斯科、圣彼得堡、亚马尔-涅涅茨自治区、秋明州和莫斯科州等 24 个州区被评为高投资吸引力地区。在吸引外资方面,高投资吸引力地区占外国对俄直接投资总额的93%以上,吸引力最低的 21 个地区仅占 0.1%的外国投资。堪察加边疆区能够为投资者提供有利的营商环境和基础设施保障,因此晋升为高投资吸引力地区。萨哈(雅库特)共和国和阿穆尔州基础设施发展、工业现代化水平提升及投资支持机制建立使其评级接近高投资吸引力地区。[①]

第一节　远东地区吸引外资现状

外国直接投资对经济发展具有重要意义,不仅体现在技术领域,而且体现在资金流动管理、企业管理,以及带来的企业文化和商业道德方面。外国直接投资动机一般分为:1. 市场导向型,即以巩固、扩大和开辟市场为目的;2. 降低成本导向型,主要以获取自然资源和原材料、利用国外廉价劳动力等生产要素、规避汇率风险、利用各国关税税率的高

[①] 《俄国家评级机构发布 2020 年俄地方投资吸引力排名》,http://ru.mofcom.gov.cn/jmxw/art/2021/art_68a71795369b4006882be5384f3b339b.html.

低等方式来降低生产成本;3. 分散投资风险导向型,即分散和减少企业所面临的各种风险;4. 优惠政策导向型,即利用东道国的优惠政策及母国政府的鼓励性政策。目前阶段,外资进入俄罗斯远东主要基于前两种动机,具体说就是为突破俄罗斯的贸易保护措施的限制而到俄投资设厂;为给俄罗斯顾客提供更多服务,巩固和扩大俄罗斯市场占有份额而到当地投资生产或服务维修设施;为更好地接近目标市场,满足当地消费者的需要而进行对外直接投资。降低成本方面的考虑是可以获取俄罗斯远东丰富的自然资源和原材料;可以利用俄罗斯远东便宜的劳动力和土地等生产要素。

俄罗斯东西部经济发展差距较大,远东作为一个经济欠发达地区,外资对其经济发展尤为重要。在从国家获得资金有限的情况下,外资成为远东各个经济领域企业发展的有力支持。

一、俄罗斯吸引外资状况

21 世纪初俄罗斯是全球投资热土之一,吸引了大量外资。2000—2008 年,俄吸引外国直接投资额增长 26 倍,2008 年接近 750 亿美元。2009 年受金融危机影响俄吸引外资折半。不过全球金融危机后,俄罗斯为加大吸引外资力度,提出"现代化战略",降低外资准入门槛,简化外资准入手续,吸引外资自 2010 年起开始恢复,至 2013 年外国直接投资额恢复至 692.19 亿美元,投资吸引力仅次于美国和中国。2014 年克里米亚事件发生后,欧美国家对俄制裁,打破了俄吸引外资的增长态势,当年外国直接投资额减少 68%,仅 220.31 亿美元,且三分之一来自离岸区;2015 年甚至下滑到 68.53 亿美元;2016—2017 年再度缓慢回升,分别为 325.39 亿美元和 285.57 亿美元。2018 年受美国再度制裁影响,吸引外国直接投资又急剧减少,仅为 87.85 亿美元(见图 2-1)。

2019 年,俄罗斯吸引外国直接投资额已停止下降趋势,达 319.75 亿美元。2020 年联合国贸发会议发布的《2020 世界投资报告》显示,

2019 年,俄罗斯吸收外资流量全球排名第 15 位,较 2018 年上升 6 位。①
投资者亦逐步适应俄罗斯政治、经济新现实,开始重回俄市场。尽管制
裁压力仍存,俄罗斯投资吸引力依然很大。2019 年俄吸引外国直接投
资规模虽不及 21 世纪初,但质量有所改善。从前,俄吸引的外国直接投
资超过 25%实质是流出后经"易容"的本国投资,最大投资来源国为荷
兰和离岸区塞浦路斯。而今俄境内投资实体不断增加。

图 2-1　俄联邦和远东联邦区净流入外国直接投资走势

资料来源:俄联邦统计局,根据 2019 年、2020 年、2021 年和 2022 年«Регионы
России. Социально-экономические показатели» 中 ИНОСТРАННЫЕ
ИНВЕСТИЦИИ 整理得出。

2020 年,由于新冠疫情全世界蔓延,阻断了国际人员流动,经济停
滞,对俄引资产生巨大影响,全年外国直接投资净流入 94.79 亿美元,外
国投资者在俄共投资 141 个项目(2019 年 191 项),同比下降 26%。俄
罗斯在 20 个最具投资吸引力的欧洲国家中位列第 11 位,比上年下滑两

---

① 《企业对外投资国别(地区)营商环境指南——俄罗斯(2020)》.

位。[①] 2021 年俄罗斯吸引外资恢复并超过 2019 年水平，全年外国直接投资净流入 404.5 亿美元。

根据联合国贸发会议《2023 年世界投资报告》统计，2022 年，俄罗斯吸收外资流量-186.8 亿美元，对外投资流量 104.4 亿美元；截至 2022 年底，俄罗斯吸收外资存量 3791.2 亿美元，对外投资存量 3153.2 亿美元。[②]

2022 年后，大量西方企业离俄，据不完全统计，共有近千个西方品牌宣布离俄或暂停在俄业务，其中包括食品行业的可口可乐、百事可乐、星巴克、麦当劳、嘉士伯、雀巢；零售业的阿迪达斯、耐克、H&M、优衣库、宜家、ZARA；汽车业的奔驰、宝马、奥迪、三菱、丰田、沃尔沃、雪佛兰；科技行业的苹果、爱立信、英特尔、戴尔、AMD 等。西方奢侈品品牌也悉数暂停对俄供货，但部分品牌更名后继续在俄运营。

2022—2024 年间，共有 2452 家中国企业在俄罗斯注册。截至 2024 年 7 月，俄罗斯市场共计活跃着 9000 余家中国注资企业。中国企业喜欢投资电子零售贸易行业，该领域共注册了 545 家中国企业；非食品消费品行业位居第二，共注册了 529 家企业；汽车行业位居第三，共注册了 438 家企业。此外，机械设备、食品饮料、仓储物流也是最受中国企业欢迎的投资行业，分别注册了 222 家、126 家、118 家中国企业。[③]

二、远东地区吸引外资规模

远东近十年吸引外国投资的状况是，2011—2016 年，吸引外国直接投资基本逐年增长，2014 和 2015 年也没有受到西方国家制裁的影响，2016 年吸引外国直接投资 105 亿美元，达到顶峰。2018 年受欧美国家

---

① 《安永公布欧洲国家投资吸引力报告》，http://www.jjckb.cn/2021-06/11/c_1310002665.htm.

② 《对外投资合作国别（地区）指南——俄罗斯（2023 年版）》.

③ 《"最受中企欢迎的俄罗斯市场投资行业"出炉》，https://finance.sina.com.cn/jjxw/2024-08-21/doc-inckkzfz9303759.shtml.

对俄新一轮经济制裁影响,吸引外资额大幅下跌86%,之后虽有回升,但2020年又受到新冠疫情大流行的影响,回升态势没有保持住(见图2-1),外国直接投资净流入仅12.83亿美元,萨哈林州独占79%,为10.09亿美元。2021年外国直接投资净流入25.57亿美元,其中萨哈林州获得11.32亿美元,阿穆尔州获得10.24亿美元。①

截至2022年1月1日,远东外国直接投资存量为1129.94亿美元,占全俄同期外国直接投资存量的18.5%(见表2-1),其中萨哈林州独占88%,滨海边疆区和萨哈(雅库特)共和国次之。

表2-1　远东联邦区外国直接投资存量

单位:亿美元

地区	2016年	2017年	2018年	2019年	2020年	2021年	2022年
俄联邦	3476.90	4776.60	5296.44	4973.66	5869.94	5397.47	6100.83
远东联邦区	394.31	623.45	644.21	773.54	739.95	799.47	1129.94
远东联邦区在全俄占比/%	11.3	13.1	12.2	15.6	12.6	14.8	18.5

注:每年都截止到1月1日

资料来源: Прямые инвестиции в Российскую Федерацию: остатки по субъектам Российской Федерации по инструментам и видам экономической деятельности, Банк России, http://www.cbr.ru/statistics/macro_itm/svs/#highlight=2020%7Синвестиций%7Синостранные%7Синвестиции。

远东联邦区吸引外国直接投资额在俄罗斯各联邦区中位居前列。2016—2019年,全俄1/3的外资额流入远东地区。② 2020年远东联邦区吸引外国直接投资12.83亿美元,占全俄的13.5%,虽然同比大幅下滑42%,但引资额仅次于乌拉尔联邦区(83.21亿美元)和中央联邦区

① 俄联邦统计局,《Регионы России. Социально-экономические показатели. 2023》,С.497, https://rosstat.gov.ru/storage/mediabank/Region_Pokaz_2023.pdf.
② 《企业对外投资国别(地区)营商环境指南——俄罗斯(2020)》.

（32.88亿美元）。在2012年时，远东地区吸引外国直接投资额占俄外国直接投资总额的比重仅为1%，之后逐渐增加，最高时的2016年比重增加到32%，增长30多倍。远东在全俄8个联邦区吸引外国直接投资排名中最好的是2017年的第二位。

萨哈林州是远东联邦区吸引外资无可争议的领头羊。2015年以来，萨哈林州吸引外资占联邦区2015—2020年吸引外资总额的88.3%，有的年份甚至占比达到90%多（2015年和2017年分别占93.4%和92.4%）；排名第二位的是萨哈（雅库特）共和国，与萨哈林州相比可以说微不足道，占5.5%，2016年吸引外资曾出现高潮，当年吸引外国直接投资额12.91亿美元；第三位是滨海边疆区，占3.2%；其后是阿穆尔州，占2.7%。外国投资者在犹太自治州投资很少，布里亚特共和国、楚科奇自治区和马加丹州的外国直接投资额所占比例也一直最低。2021年远东外国投资水平已经超过了2019年的水平，超过了16%，达到25.57亿美元（见表2-2）。

俄罗斯已经暂停发布2022年之后吸引外资的数据，所以无法分析2022年和2023年远东地区吸引外资的具体情况。

外资不仅在宏观层面，而且在微观层面也深深影响着远东的经济活动。外国直接投资促进了远东地区企业的经济活力，提高了生产效率。外国直接投资在远东主要有以下三种形式：1. 在国外创办新企业，包括建立合资企业、独资企业和跨国公司；2. 购买外国企业股权达到控制的比例；3. 以利润进行再投资，即投资者把通过直接投资所获得利润的一部分或全部用于对原企业的追加投资。

2020年，远东地区有外资企业5395家，与上年同比增长近21%；合资企业1372家，与上年同比减少了9%左右。布里亚特共和国外资企业最多，其次是滨海边疆区、阿穆尔州和哈巴罗夫斯克边疆区，这四个联邦主体的外资企业占远东总数的80%，外资企业的数量和当地投资环境是否完善息息相关。

单位:亿美元

表 2-2　远东各联邦主体吸引外国直接投资额(净流入)

地区	2011 年	2015 年	2016 年	2017 年	2018 年	2019 年	2020 年	2021 年
远东联邦区	**10.20**	**70.24**	**105.07**	**83.13**	**14.74**	**21.96**	**12.83**	**25.57**
布里亚特共和国	0	0.25	0.27	0.81	0.28	0.59	0.07	0.02
萨哈(雅库特)共和国	2.23	4.39	12.91	2.39	-2.15	-0.50	-0.23	-0.51
外贝加尔边疆区	0.70	-0.78	0.96	0.75	0.63	-0.04	0.13	0.34
堪察加边疆区	0.12	0.04	-0.06	0.23	0.01	0.04	0.12	1.97
滨海边疆区	-1.84	1.12	4.36	0.90	0.98	1.75	0.73	1.64
哈巴罗夫斯克边疆区	2.19	-2.29	3.10	-0.19	-3.53	-1.49	0.09	0.28
阿穆尔州	6.91	1.66	1.82	0.61	0.57	2.08	1.72	10.24
马加丹州	2.91	0.02	0.02	-0.10	0.01	-0.92	-0.02	0
萨哈林州	-6.01	65.63	81.29	76.81	17.74	19.64	10.09	11.32
犹太自治州	0.35	0.48	0.19	0.84	0.22	0.35	-0.02	0.01
楚科奇自治区	2.64	-0.28	0.21	0.08	-0.02	0.47	0.15	0.25

注:依据资产/负债会计准则(考虑到报告年度撤出的直接投资)编制,"+"代表资产大于负债,"-"代表负债大于资产。

资料来源:俄联邦统计局,根据 2020 年、2021 年和 2022 年《Регионы России. Социально-экономические показатели》中 ИНОСТРАННЫЕ ИНВЕСТИЦИИ 整理。

2022年,远东地区的外资企业、合资企业数量都在减少,外资企业有5317家,约占全俄的8%,比2021年减少了212家,与上年同比减少约4%;合资企业有1489家,约占全俄的6%,比2021年减少了121家,与上年同比减少了8%左右。除了布里亚特共和国的外资企业、合资企业数量大幅增长,其他联邦主体外资企业、合资企业的数量都在减少,如萨哈(雅库特)共和国、阿穆尔州、萨哈林州大幅减少(见表2-3)。

随着俄罗斯远东开发一系列措施的实施,近些年来远东地区经济出现增长趋势,投资环境也在国家的重视下得到改善,不过远东地区吸引外资的整体形势还没有达到预期目标,与该地区自然资源禀赋优势不相符。

三、远东吸引外资行业分布和来源

远东地区91.5%的外资都投向自然能源开采和地质勘探领域,尤其是燃料能源开采,萨哈林州近几年获得的几百亿美元外资都投向了碳氢化合物资源的开采和加工。其次,运输和仓储业、制造业、农业、建筑业和批发零售业也能获得一少部分外国投资。第三产业的外国直接投资主要集中于专业服务、科技服务和不动产交易领域。这导致远东吸引的外国直接投资结构不均衡(见表2-4)。

2012年前远东的主要投资国是荷兰和日本,2015年之后这种状况发生了改变,主要投资来自离岸区,如巴哈马、百慕大和塞浦路斯。2021年远东外国直接投资的主要来源国仍然是离岸区和其他来源(由于存在属于国家机密的统计数据,未按国别划分)。这是由于大型油气项目和其他大项目通过离岸司法管辖区渠道融资,日本作为投资国的投资份额不大也源于此,尽管一些日本企业投资萨哈林州的项目。截至2022年1月1日,流向远东的外国直接投资88%来自巴哈马、百慕大、塞浦路斯等离岸区,东北亚国家直接投资额仅占1.3%(见表2-5)。

表2-3　2020年和2022年远东联邦区外资和合资企业统计

地区	外资企业		俄外合资企业		当地企业总数		外资、合资企业在所有企业中占比/%	
	2020年	2022年	2020年	2022年	2020年	2022年	2020年	2022年
远东联邦区	**5395**	**5317**	**1372**	**1489**	**190399**	**179326**	**3.55**	**3.80**
布里亚特共和国	2168	2562	141	440	20303	19573	11.37	15.34
萨哈（雅库特）共和国	193	127	64	49	22921	21854	1.12	0.81
外贝加尔边疆区	286	293	103	92	13153	12923	2.96	2.98
堪察加边疆区	48	41	36	25	9518	9000	0.88	0.73
滨海边疆区	1073	969	510	447	54006	50834	2.93	2.79
哈巴罗夫斯克边疆区	444	388	176	142	34419	31534	1.80	1.68
阿穆尔州	629	536	116	101	14202	13422	5.25	4.75
马加丹州	61	39	18	21	4086	3737	1.93	1.61
萨哈林州	278	182	174	142	14213	13012	3.18	2.49
犹太自治州	199	169	30	27	2465	2329	9.29	8.42
楚科奇自治区	16	11	4	3	1113	1108	1.80	1.26

资料来源：俄联邦统计局，«Регионы России. Социально-экономические показатели. 2021», С. 521, https://rosstat. gov. ru/storage/ mediabank/Region_Pokaz_2021. pdf；«Регионы России. Социально-экономические показатели. 2023», С. 523, https://rosstat. gov. ru/storage/ mediabank/Region_Pokaz_2023. pdf。

表2-4　远东联邦区外国直接投资存量行业结构分布（截止到2021年1月1日）

单位：亿美元

地区	不动产业	科学技术	采矿业	制造业	农业林业渔业	建筑业	批发零售业	运输和仓储业	不按行业分布
在远东外资存量中占比/%	0.30	1.10	91.5	0.35	0.17	0.12	0.13	1.32	4.93
布里亚特共和国	0.19		2.74			0.10			0.07
萨哈（雅库特）共和国	0.13	1.17	11.86	0.16					10.87
外贝加尔边疆区	0.04	0.01	14.61		0.19	0.05			3.18
堪察加边疆区	0.01								1.81
滨海边疆区	0.62	0.02	0.84	2.45	0.22	0.33	0.64	10.51	13.33
哈巴罗夫斯克边疆区	0.20	0.97	0.21		0.86	0.15	0.17		4.34
阿穆尔州	0.53	0.46	3.25		0.04	0.12	0.02		3.43
马加丹州	-0.01	0.05	0.02						0.01
萨哈林州	0.63	6.11	693.11	0.15	0.02	0.20	0.20	0.03	0.74
犹太自治州	0.09		0.71						1.18
楚科奇自治区			4.03						0.43

资料来源：Прямые инвестиции в Российскую Федерацию: остатки по субъектам Российской Федерации по инструментам и видам экономической деятельности, Банк России, http://www.cbr.ru/statistics/macro_itm/svs/#highlight=2020%7Cинвестиций%7Cиностранных%7Cинвестиции。

表2-5　远东联邦区外国直接投资存量来源国

单位:亿美元

国家和地区	截至2021年1月1日	截至2022年1月1日
合计	799.47	980.92
巴哈马	219.06	217.21
百慕大	473.69	618.59
塞浦路斯	33.65	31.11
未公布,包括机密	56.77	85.70
其他国家	26.99	15.93
中国	5.72	8.42
韩国	1.84	1.75
日本	1.75	2.21

注:包括对银行业和其他行业的投资。

资料来源:О.М. 普罗卡帕洛,А.Б. 巴尔达利,М.Г. 马济托娃,Д.В. 苏斯洛夫,钟建平,译.《2021年俄远东联邦区经济形势》,载《西伯利亚研究》2022年第6期。

远东鼓励外国投资者开采当地的碳氢化合物和其他自然资源。不过由于气候和地理原因远东大多数矿产地都难以开采,必须考虑钻探的深度和水平,以及高水平的技术装备。此外,大规模运输石油天然气和开采一样困难。

即使存在诸多困难,很多国家仍对远东的能源感兴趣,投入大量资金对其进行开发。美国、英国和日本的公司都参与了"萨哈林1号"和"萨哈林2号"项目。埃克森美孚持有萨哈林1号项目30%的股份,日本萨哈林石油和天然气发展公司Sodeco持有30%的股份。英荷壳牌石油公司持有萨哈林2号项目27.5%股份,日本三井公司和日本三菱公司分别持有其12.5%和10%的股份。

印度公司也积极参与远东新碳氢化合物产地的开发。目前,印度国有企业巴拉特石油公司、印度石油公司、印度石油有限公司、印度石油天然气公司与俄罗斯石油公司合作,对 52 个碳氢化合物开采区域进行技术评估。这些印度公司共向俄罗斯项目投入了大约 160 亿美元。印度在远东开发的油气田包括萨哈林州的"萨哈林 1 号"项目(印度公司占20%的股份)和萨哈(雅库特)共和国的塔亚斯-乌里亚项目(印度公司占 29.9%的股份)。①

很多外国投资者还在远东开采金矿、铜矿,如加拿大黄金矿业公司(Kinross Gold)在楚科奇自治区开发金矿。

远东很多行业虽然不发达,市场容量小,但在这些行业投资也能给投资者带来稳定收益,因此很多外国投资者也关注能源之外的行业。

日本马自达公司在符拉迪沃斯托克建设发动机工厂。日本还在哈巴罗夫斯克和雅库茨克建设了温室综合体,为其种植蔬菜。

韩国 STX 公司在滨海边疆区建设克拉斯基诺液化气站。韩国还在堪察加边疆区投资鱼类加工综合体项目。

印度最大的珠宝商 KGK 集团在符拉迪沃斯托克投资了一家钻石加工企业。

中国在远东外资总额中占比一直较小,但最近几年中国加大了对远东的投资,中国对远东地区落实的项目投资总额超过 3000 亿卢布(约合50 亿美元)。②在哈巴罗夫斯克有 47 家中资企业投资兴业,涉及农业、林业、建筑业、商贸和餐饮等行业。在犹太自治州有 80 家中资企业开展业务,其中 55 家是农工综合企业。中国企业在犹太自治州一直在农工和木材工业综合体、矿产开发以及建筑领域保持投资积极性。"春天"农业工业园是中企在该自治州最大的农工综合体项目之一;木材工业综合体是第二大受中国投资者青睐的领域,在自治州木材工业领域有 10 家中资企业。其中部分企业参与实施《俄中森林资源合作开发利用规划》

---

① Дмитрий Шелест. «О возможном увеличении объема прямых иностранных инвестиций на Дальнем Востоке России», https://www.dvfu.ru/expertise/news/far_east/o_vozmozhnom_uvelichenii_obema_pryamykh_inostrannykh_investitsiy_na_dalnem_vostoke_rossii/.

② 《中国对俄远东地区落实项目投资总额已超 3000 亿卢布》,http://www.safe.gov.cn/heilongjiang/2020/0108/1194.html.

框架内木材深加工综合体建设的投资项目。①

截至 2020 年 1 月初，在滨海边疆区约有 300 家中资企业，主要涉及农业、林业、渔业、贸易、商贸物流等领域；在萨哈林州有 50 余家中资企业，其中 2 家规模较大，中资企业主要从事煤炭开采、林木批发、木材加工、农业、建筑业及渔业等。②

中国是阿穆尔州经济的主要投资方之一，在投资额方面位居第二。截至 2021 年 4 月，中国对阿穆尔州的累计直接投资额达 5700 万美元。③

2022—2024 年，在莫斯科注册的中国公司数量最多，排在第二位的是滨海边疆区，有 356 家中国公司注册。中国企业在远东各联邦主体注册公司数量依次是阿穆尔州 302 家、外贝加尔边疆区 141 家、哈巴罗夫斯克边疆区 138 家。④

第二节　远东地区吸引外资的制约因素

远东地区资源丰富，但由于气候寒冷，交通不便，能源矿产的开发需要大量资金。对远东地区来说，吸引外资可以弥补本地区资金的不足；为本地区劳动者提供更多就业岗位；为本地区增加财税收入；引进先进的管理方法和管理经验，提高管理水平；加速技术改造，增强竞争力。总体来说，俄远东吸引的外国投资额还远远不足，没有达到经济快速发展所需的金额。俄政府一直致力于改善远东地区的投资环境，但远东在吸引外资方面还存在一些问题，阻碍了外资的进入。

---

① 《俄犹太自治州州长：中国积极投资当地农工领域》，https://finance. huanqiu. com/article/9CaKrnK6dba.

② 《滨海边疆区》，http://ru. mofcom. gov. cn/elsgk/art/2020/art _ d3e77ff8385b4f2594ae 10f66e34d755. html.

③ 《俄阿穆尔州州长：中国是阿穆尔州经济的第二大投资方》，http://www. chinaru. info/zhongejingmao/lubuhuilv/65844. shtml.

④ 《莫斯科在对中国投资有利环境地区中位居俄罗斯之首》，http://www. chinaru. info/zhongejingmao/lubuhuilv/70781. shtml.

一、基础设施薄弱

俄罗斯地广人稀,基础设施水平一般。远东与全俄相似,基础设施不发达,甚至在某些方面还低于全俄水平。外国投资者对俄罗斯基础设施的评价基本为中等,对基础服务水平的评价还在中等以下(见表2-6),近年来虽然评价有所提高,但离投资者的要求还有很大差距。俄各地区基础设施水平差距较大,远东地区位于俄罗斯东部,距离国家经济中心遥远,属于经济欠发达地区,基础设施水平更是差强人意。InfraOne公司编制的2020年俄罗斯各地区交通运输基础设施发展指数显示,远东联邦区的这一指数为2.94,低于全俄平均水平3.23,与位列第一的莫斯科市(8.54)更是差距甚大。[①] 远东地区铁路、公路网密度在全俄最低,有限的铁路、公路还分布不均衡,地区北部甚至没有铁路,公路也不能保证全年通畅,对当地自然资源的开发造成很大困境,严重影响了外资的进入。

表2-6　外资企业对俄罗斯基础设施和基础服务评分

	2015 年	2016 年	2017 年	2018 年
基础设施				
通信设施	4.6	5.5	6.0	5.8
供暖系统	4.4	4.8	5.7	5.6
机场	4.7	5.4	5.0	4.9
公路	3.8	3.5	4.7	5.2
供水和排水系统	4.4	4.5	4.5	5.3
铁路	4.5	4.5	4.5	5.4
电力网络	4.4	4.9	4.2	5.6
燃气供应	4.5	4.6	4.1	5.6

---

① 《俄罗斯远东地区自由经济区发展简述》,http://www.heihe.gov.cn/hhs/c102651/202409/c11_306024.shtml.

续表

	2015 年	2016 年	2017 年	2018 年
基础服务				
银行	3.5	4.4	5.1	5.4
证券	3.3	4.0	4.8	4.2
保险	3.1	4.0	4.4	4.9
教育机构	4.3	3.4	5.0	5.1
租赁服务	2.8	4.0	4.1	4.7
不动产/土地获得	3.3	3.2	3.4	4.5

注:满分 10 分,5 分为中等,7 分为很好。

资料来源:《企业对外投资国别(地区)营商环境指南—俄罗斯(2020)》。

因此,俄也十分重视基础设施建设。2019 年 2 月,俄罗斯政府出台了《2024 年前俄罗斯重大基础设施改扩建综合计划》,该计划是 12 个国家专项规划之一,交通运输基础设施板块总拨款额为 63481 亿卢布。2022 年 12 月俄总统普京表示,发展基础设施是 2023 年的优先事项。2024 年,全国最大城市群中至少 85% 的道路以及一半以上的区域和市际重要道路将达到标准状态。2024 年 9 月,普京总统在东方经济论坛期间召开了远东联邦区基础设施发展会议。普京指出,公路建设发挥着重要的作用,其状况影响到远东地区的物流、经济提升和生活质量。俄罗斯将对远东地区进行全方位的基础设施建设,包括交通网络、能源开发、教育系统和人才引进等,以实现经济的全面提升。2024 年,俄政府增拨 13 亿余卢布用于堪察加边疆区、布里亚特共和国、萨哈(雅库特)共和国、外贝加尔边疆区、滨海边疆区、犹太自治州、楚科奇自治区和哈巴罗夫斯克边疆区的基建维修工程。自 2018 年以来,俄罗斯政府一直定期支持远东地区实施经济增长中心社会发展计划。远东地区各联邦主体新建和维修了数百个社会、工程、城市和交通等领域的基础设施。

二、营商环境有待改善

根据 2018 年俄罗斯工业企业家联盟对在俄外国企业的问卷调查结

果,2018 年外资企业对俄罗斯的营商环境整体评价与 2017 年基本持平,多数人认为俄罗斯近年来营商环境并没有太大改善。50%受访者认为俄罗斯营商环境有退步,40%认为营商环境无明显变化,10%认为营商环境有改善。与 2017 年相比,俄罗斯营商环境中显著改善的领域主要是基础设施和基础服务水平,像交通基础设施、供暖、电力网络和燃气供应设施,以及银行、保险服务得到了积极评价,同时投资者认为权力机关办事不透明、税务机关效率较低、国家管理水平不高等问题还需要完善。如外资企业认为权力机关腐败的比例从 2015 年的 34%上升到 2018 年的 60%;认为税务机关效率低下的比例从 2015 年的 6%上升到 2018 年的 40%;认为国家管理水平低下的比例从 2015 年的 6%上升到 20%。不过对不正当竞争和劳动法规定严苛、不明确的负面评价在 2018 年消失了。外资企业认为俄专业人才不足的比例 2018 年下降为 40%,最高时该比例为 67%;认为存在行政壁垒的比例也下降了,2018 年为 30%,上年为 48%;认为融资渠道困难、政治环境不稳定、基础设施不发达、司法体系效率低的比例都在逐年下降。认为对所有权和合同权益保护不足的比例 2018 年与 2015 年相比变化不大,均为 30%左右。①

　　2023 年 2 月 22 日至 3 月 3 日,俄罗斯斯托雷平经济增长研究所进行了一项问卷调查,全俄 85 个地区共有大约 1500 家个体户和公司高层参与。86%的受访者是小微企业,9.5%是中小企业,4.5%是大企业。调查发现,表达不满的大部分是小微企业,相比之下,大企业对和政府打交道的经历更加满意,次数也更多,39%非常满意,28%有时候满意,有时候不满意。商人抱怨最多的问题分别是:走形式主义地解释法律条款和要求(33%);挑剔且提出毫无根据的要求(32%);拖延(31%);手续繁杂且收费高(26%);官员敷衍塞责地对待工作(23%);公职人员要收好处费(21%)。②

---

　　①　《企业对外投资国别(地区)营商环境指南——俄罗斯(2020)》。
　　②　《俄营商环境调查:商人最不满这两个地方》,https://new.qq.com/rain/a/20230317A06P9700.

在俄罗斯目前的这种投资环境中,只有企业与地方行政机关之间有良好的关系,投资才能顺利进行。在企业与政府互动方面,78%的受访者指出主要方法是个人直接与联邦政府和地方当局联系,另有73%的外企指出,参加商业协会和行业协会,2018年的比例分别为80%和70%。[①]

调查显示,2019年37%的外企经常遇到的问题还包括行政壁垒高,高于上年的30%。一些地方政府工作效率低是远东发展的阻碍因素之一,如目前符拉迪沃斯托克自由港的工作效率与世界上其他重要港口相比还有差距,包括在通关效率、退税程序和商品流通方面。如何提高通关速度和行政工作效率是自由港发展急需解决的一个问题。

俄联邦副总理兼总统驻远东联邦区全权代表特鲁特涅夫不断呼吁执法机关放松对远东投资的管控,他指出"远东地区应该大力减少对投资者的行政压力"。[②]

2023年的"东方经济论坛"上,俄宣布将在远东地区建立国际超前开发区。国际超前开发区应为外国投资者(当然主要是友好国家的投资者)提供具有全球竞争力的条件。2024年9月的"东方经济论坛"上,普京总统在开幕式讲话中指出,我们一定会不断改善整个俄罗斯和远东地区的商业环境,包括采用新的、更有效的方法与该地区的外国投资者合作。

三、法律条文更新较为频繁

对外经济合作法规的不健全,一直以来都在影响着远东吸引外资。目前,俄罗斯在法律法规的制定上基本按照世界贸易组织规则的要求行事,并且在法律的制定和执行过程当中也更加透明,但这不意味着俄罗斯在其法律法规的实际执行及其程序设置上完全符合世界贸易组织的

---

① 《外企指出行政壁垒高和贷款难是在俄经商的主要问题》,https://sswt.hlj.gov.cn/sswt/c103731/202004/c00_30109850.shtml.

② 《中俄远东合作潜力巨大》,https://m.gmw.cn/baijia/2018-09/12/31121230.html.

要求。对外国投资者来说,俄罗斯法律条文适用的原则存在不可预料性和不透明性,特别是俄地方政府还不能保证所有地方性法律法规的公开性。在国外开展经营活动时,部分企业会面临一定挑战。在税收以及行政处罚的执行方面,存在着标准多元的情况,这在一定程度上给外国投资者的平稳运营带来了一些阻碍。

在俄罗斯,政策调整相对频繁,政策执行过程中灵活性较高,这在一定程度上可能影响联邦法律法规的统一落实效果。《俄罗斯联邦社会经济超前发展区联邦法》和《符拉迪沃斯托克自由港法》等相关法律文件颁布后,俄罗斯仍在对其进行修改,如扩建超前发展区、扩大自由港范围等,这就需要地方及时制定相应的政策,并积极配合政策的实际落实。而当地政府担心,超前发展区和符拉迪沃斯托克自由港的制度可能会"过于优惠",从而影响地方税收。2019 年,俄罗斯远东发展部曾建议修改远东地区自由经济区入驻者的企业所得税税率,从前 5 年 0%、5 年后 12% 的税率模式变更为 7% 的固定税率模式。可见,超前发展区和符拉迪沃斯托克自由港的监管体系还有待完善,而这种情况严重影响了外国投资者的利益。此外,超前发展区和符拉迪沃斯托克自由港入驻者应享有的优惠政策中,有一部分还未完全落实。

四、劳动力资源紧缺

俄罗斯工业家和企业家联盟与 Orta 集团和 FleishmanHillard Vanguard 机构进行的研究表明,2019 年,53% 的受访者指出,外企在俄罗斯最大的问题是缺乏专业人才,而 2018 年指出这一问题的受访者比率为 40%。[①] 远东地区人口较少,2022 年,该地区人口数量为 790 多万人,人口密度极低,平均每平方公里 1.1 人,萨哈(雅库特)共和国每平方公里只有 0.3 人,楚科奇自治区更低;滨海边疆区最高,每平方公里达到

---

① 《外企指出行政壁垒高和贷款难是在俄经商的主要问题》,https://sswt.hlj.gov.cn/sswt/c103731/202004/c00_30109850.shtml.

16.5 人。缺乏劳动力一直是远东开发的另一大难题。

一方面,远东地区气候寒冷,经济发展缓慢,生活水平低于俄欧部分,缺乏吸引高质量人才及劳动力的基础。2019 年俄罗斯对各地区的生活质量进行排名,莫斯科市、圣彼得堡市和莫斯科州位列前三名,远东联邦区的堪察加边疆区排名最高,但仅列第 30 名。① 2023 年俄罗斯大多数地区的生活质量都有所提高。生活水平下降仅发生在四个地区——楚科奇自治区、别尔哥罗德州、马加丹州和普斯科夫州,远东联邦区占了两个。排名最后的三个是犹太自治州、印古什共和国和图瓦共和国,远东联邦区又占了一个。哈巴罗夫斯克边疆区在远东地区 11 个联邦主体中排名最高,但仅仅排在第 31 位。② 另一方面,远东又面临着人才及适龄劳动力流失的现实问题。远东人口不仅大部分时间处于负增长状态,并且还大量流失,尤其缺少熟练工人和技术管理人员。近年来,俄联邦政府为解决一直存在的人口负增长问题,连续出台"母亲基金""家庭多孩补助""父亲基金"等多项措施,远东地区采取了一些鼓励生育、提高待遇、吸引外来人口、减少人口外流的政策。③ 2017 年 6 月出台的《2025 年前远东人口政策构想》中,俄联邦政府确定了远东人口增加 5 万、外来移民增长 25 万的目标。④ 远东地区为实施钻石加工、油气开采、新型船舶制造等项目,采取措施大力吸引高素质人才。2021 年 9 月在"第六届东方经济论坛"上普京总统指出,远东地区生活质量不应低于全国平均水平,为此,俄将在该地区的医疗、邮政、教育和住房等方面加强保障。俄副总理兼总统驻远东联邦区全权代表特鲁特涅夫表示,远东地区廉价住房问题将得到解决,政府正拨付大量资金用于发展住房和

---

① 《普京提出系列新政助力俄远东开发》,http://www.legaldaily.com.cn/international/content/2021-09/13/content_8599848.html.

② 《俄罗斯各地区生活质量排名,罗斯托夫州上升,别尔哥罗德州下跌》,https://zhuanlan.zhihu.com/p/682134067.

③ 《普京提出系列新政助力俄远东开发》,http://www.legaldaily.com.cn/international/content/2021-09/13/content_8599848.html.

④ 《中俄远东合作潜力巨》,https://m.gmw.cn/baijia/2018-09/12/31121230.html.

公共服务,加大房屋建设力度。① 远东人口外流一定程度上减少了,但劳动力短缺的问题暂时不能完全解决。

此外,外国投资者遇到的问题还有难以获得信贷资源(26%)和不正当竞争(24%)。后者以前没有被认为是问题。②

远东希望以其丰富的矿产资源和相对良好的投资环境吸引各国投资者前来投资开发,但是远东地区必须逐渐解决这些问题,才能吸引更多外资。远东地区改善投资环境,重点应该放在交通设施、宾馆酒店、医疗机构、现代服务业等硬件提档升级上,同时在通关效率、简化手续、司法保障、行政效率等软环境的优化上下功夫。③

第三节　地缘政治冲突对远东投资环境影响

自 2022 年 2 月开始的俄乌冲突已经过去两年多,冲突什么时候结束还未知。这场冲突已经从军事领域外溢到外交、能源、金融等多个领域,导致欧美通货膨胀严重,推高了世界食品、电力和燃料的价格。这场冲突对远东吸引外资也产生了很大的影响。

一、欧美国家对俄罗斯的制裁

自 2022 年 2 月 24 日俄乌发生冲突以来,欧美等国家针对俄罗斯的制裁范围之广前所未有,制裁涉及能源、金融、进出口、科技等领域。

(一)能源领域

能源是欧美国家对俄制裁的主要领域。能源作为俄罗斯经济的重要支撑,欧洲暂停进口俄罗斯能源,确实会给俄罗斯经济带来非常大的

---

① 《普京提出系列新政助力俄远东开发》,http://www.legaldaily.com.cn/international/content/2021-09/13/content_8599848.html.

② 《外企指出行政壁垒高及贷款难是在俄经商的主要问题》,https://sswt.hlj.gov.cn/sswt/c103731/202004/c00_30109850.shtml.

③ 刘爽,马友君,钟建平.《中俄沿边地区基础设施建设状况考查及分析》,载于《欧亚经济》2017 年第 1 期.

影响,使俄罗斯经济遭受重创。

2月23日欧盟对俄发起第一轮制裁,德国表示将暂停与俄罗斯合作的天然气输送管道项目"北溪2号"的批准程序,以回应俄罗斯对乌克兰的行动,美国也制裁"北溪2号"项目相关的公司与人员。

2月27日英国石油公司宣布将出售其在俄罗斯石油公司19.75%的股份。该公司还计划退出其与俄罗斯石油公司在俄开设的三家合资企业。挪威最大的能源公司挪威国家石油公司(Equinor ASA)也宣布将退出其在俄罗斯的约12亿美元合资企业。2月28日壳牌宣布将结束与俄罗斯天然气工业股份公司(Gazprom)及相关实体的合资企业的合作,其中包括"萨哈林2号"液化天然气设施,以及结束对"北溪2号"管道项目的参与。这两个项目价值约30亿美元。3月1日埃克森美孚宣布将退出俄罗斯的油气业务,并停止新的投资。

4月8日,欧盟对俄实施第五轮制裁,声明欧盟将对来自俄罗斯的每年价值40亿欧元的煤炭实施进口禁令。公告称,2022年8月起,欧盟将禁止购买、进口或转运产自俄罗斯的煤炭,也不准俄罗斯其他固体化石燃料进入欧盟市场。①

6月3日,对俄第六轮制裁提出部分石油禁运,制裁俄罗斯油轮。欧盟将在6个月内停止购买俄罗斯海运原油,这占欧盟进口俄原油的三分之二,并在8个月内停止购买俄石油产品。即2022年12月起禁运俄所有海上石油,但豁免管道石油。从2023年2月起禁运所有柴油和任何其他石油产品。到2022年底,欧盟从俄罗斯进口的石油将减少90%。②

欧盟不仅对俄罗斯实施石油禁运措施,而且对俄罗斯石油出口实施了限价措施。在第八轮制裁中,欧盟公布为俄罗斯石油设定限价的法律

---

① 《欧盟宣布对俄罗斯实施第五轮制裁》,https://www.chinanews.cn/gj/2022/04-08/9723674.shtml.

② 《欧盟公布第六轮对俄制裁措施 包括部分石油禁运》,https://www.chinanews.com.cn/gj/2022/06-04/9771436.shtml.

基础,并采取措施惩处试图逃避欧盟对俄制裁的行为。12 月,欧盟、七国集团和澳大利亚将俄罗斯原油的价格上限设定为每桶 60 美元,并随价格波动使其每桶价格较竞争对手低 20 到 30 美元,具体价格在未来进行酌情调整。

12 月 15 日,欧盟对俄实施第九轮制裁,宣布对俄罗斯的矿业以及能源部门实施制裁,将俄罗斯 168 家国防、能源公司列入"实体清单"。

2023 年 2 月 4 日,欧盟委员会发布第十轮制裁,声明最新生效的限价禁运机制涵盖俄罗斯出口的所有石油产品,对于汽油、柴油、煤油等较贵产品设定每桶 100 美元的价格上限,对较便宜的石油产品如燃料油、石脑油等设定每桶 45 美元的价格上限。如果俄罗斯向第三方国家出售石油产品的价格高于上限水平,采取限价措施的国家将不再提供贸易、保险、金融和运输等方面服务。①

(二) 金融领域

广泛的金融制裁严重阻碍了俄罗斯的资金往来,限制了俄罗斯支付进口商品的选择。

2 月 22 日,欧美对俄第一轮制裁就禁止俄罗斯银行进入欧洲金融市场,包括俄罗斯两家大型金融机构、俄罗斯主权债务;冻结俄罗斯在欧盟和美国的资产。对俄罗斯的两家主要金融机构实施制裁,这意味着他们不能再从西方筹集资金,也不能在美国或欧洲市场上交易新债务。英国还将制裁 5 家俄罗斯银行。

2 月 23 日,美对俄实施了第二轮制裁,这一轮是一个全面性的制裁,包括金融、科技、贸易。欧盟马上跟进又出台制裁 70%的俄罗斯银行的措施。

2 月 27 日,欧美对俄实施了第三轮制裁,对俄罗斯中央银行实施制裁,欧盟理事会宣布禁止与俄罗斯央行进行交易,并将 7 家俄罗斯银行从环球银行间金融通信协会(SWIFT)系统中剔除,切断俄罗斯银行使用

---

① 《欧盟对俄油品限价禁运成效如何》, http://www.news.cn/2023-02-05/c_1129339532.htm.

SWIFT 的渠道,意味着阻止其进行跨境支付。

3 月 5 日,美国维萨卡(Visa)公司和万事达卡(Mastercard)公司先后宣布,将暂停在俄罗斯的所有业务。

4 月 6 日,美对俄实施了第五轮制裁,这轮制裁瞄准了俄罗斯金融业。美国将对俄罗斯最大的金融机构俄罗斯联邦储蓄银行,及其最大的私人银行阿尔法银行实施全面封锁制裁。

12 月 15 日,欧盟对俄罗斯第九轮制裁又冻结俄两家银行的资产,将俄罗斯地区开发银行列入全面禁止交易名单。

(三)进出口领域

2 月 25 日,欧盟对俄罗斯第二轮制裁禁止向俄罗斯航空公司出售飞机和设备。

2 月 28 日,沃尔沃集团首先宣布暂停向俄罗斯出口所有产品,随后美系、日系、德系的通用、福特、丰田、本田、奔驰、宝马等很多车企停止向俄罗斯出口汽车,并关闭俄罗斯生产线。

3 月 11 日,美对俄实施了第四轮制裁,取消了俄罗斯的贸易最惠国待遇,禁止从俄罗斯进口海产品等。

3 月 15 日,欧盟对俄第四轮制裁也取消俄罗斯的贸易最惠国待遇,禁止向俄罗斯出口奢侈品和高级汽车,禁止进口俄罗斯钢铁等。

7 月 21 日,欧盟正式公布对俄罗斯第七轮制裁措施,禁止直接或间接购买、进口或转卖原产于俄罗斯的黄金。该禁令还包括珠宝。扩大两用物项和技术管制清单,限制有助于俄罗斯的军事和技术增强或国防和安全部门的发展的物项和技术出口。

9 月,欧盟委员会宣布对俄罗斯实施第八轮制裁,包括更严格的贸易限制,全面禁止俄罗斯商品在欧盟市场的销售,这将使俄罗斯减少 70 亿欧元的收入,同时增加禁止对俄出口的商品、技术和服务清单。

2023 年 2 月欧盟对俄第十轮制裁将限制出口包括导弹、无人机和直升机在内的俄罗斯武器中使用的电子部件,并禁止一些稀土矿物、电子电路和热像仪出口。此外,对俄罗斯沥青和合成橡胶等出口商品,欧盟也实施了额外的进口限制。

(四) 科技领域

科技领域是欧美制裁的重要目标之一。美国联合西方多国对俄罗斯展开高科技产品禁运,涉及半导体和诸多关键元器件。美国还考虑实施"次级制裁",即惩罚向俄罗斯出口高科技产品的第三方企业。

在 2 月 25 日实施的第二轮制裁中,欧盟宣布将禁止向俄罗斯出售、供应、转让或出口特定的炼油产品和技术,并对相关服务的提供进行限制,旨在打击俄罗斯的石油行业,使俄罗斯无法对其炼油厂进行设备升级。

2 月 27 日,台积电、英特尔、格罗方德、AMD、英伟达、戴尔等为配合美国宣布的新出口管制规定暂停向俄罗斯上游供应商提供半导体芯片等商品和在俄停售所有的高科技产品。科技巨头苹果、谷歌等停止在俄罗斯的市场运营。

3 月 2 日,波音和空中客车暂停为俄罗斯航空公司提供零部件、维护和技术支持服务。

3 月 4 日,微软公司停止在俄罗斯所有产品和服务新的销售活动。

科技领域制裁使俄国内一些前沿科技产业的发展受阻。人工智能产业受到的冲击尤为明显,俄在该产业上虽具有一定的先发优势,但基础底层技术、算法和开源技术仍对美西方有一些依赖。俄人工智能企业既面临无法继续从美西方科技圈获得后续支持的难题,也面临研发产品和成果无法出口与转让的困境。[①] 另外,严厉的金融和贸易制裁导致外国科技公司大批离开,切断了俄罗斯与全球高科技产品供应链的联系。

二、俄罗斯应对制裁的措施

面对欧美国家不断加码的制裁,俄罗斯采取了多种反制措施,出台

---

① 《外国对俄极限科技制裁让我们看到巨大风险》,http://www.udxd.com/news/show-319258.html.

了一系列有针对性的法律法规及总统令,旨在破解欧美制裁,维护国家经济安全与稳定。

2月28日,为挽救受到冲击的俄罗斯经济,俄总统普京签署第79号关于对美国及其附庸国家和国际组织不友好行为采取特别经济措施的总统令。这项总统令旨在进行外汇管制,阻止资本外流,稳定卢布汇率。根据该文件,居民不得将外币汇入外国账户,不得通过外国支付服务供应商在不开设银行账户的情况下将外币转到国外,并对80%的外汇收入强制结汇。俄实施资本管制有效遏制了卢布的大幅震荡。

3月,普京又签署关于保障金融稳定补充临时措施的总统令,旨在维护俄罗斯金融稳定。总统令规定,自3月2日起,俄居民向"不友好国家和地区"人员提供卢布贷款或与之开展证券和不动产交易时,要获得俄政府外国投资监管委员会许可。之后俄政府公布包含200多种商品在内的《出口禁令清单》,禁止这些商品出口是为了弥补产品短缺并防止断供,保持内部市场稳定。

3月5日,普京签署《关于履行对某些外国债权人义务的临时程序》法令,要求俄联邦政府确定对俄联邦、俄法人实体和个人实施不友好行为的国家和地区名单。随即,俄政府3月7日正式出台"不友好国家和地区"名单,名单中包括美国、欧盟成员国、乌克兰、英国、日本、澳大利亚等国家和地区,共计48个。

3月10日,普京表示,针对撤离俄罗斯的西方企业,将"找出合法手段",接管其留在当地的生产设施等资产,引入"外部管理",并交给"愿意工作的人"。俄立法机构已批准一项草案,对来自"不友好国家和地区"的外资持股比例超过25%的在俄企业,进入收归国有的外部托管程序。外部管理将持续长达3个月,之后俄政府会将这些企业进行拍卖。这些企业如果在法院下令后的5天内重启在俄业务,收归国有程序将暂停。同日,俄政府确定了2022年底前临时禁止出境的商品清单,该清单包括技术、电信、医疗设备、车辆、农业机械、电气设备等共200多项,包括铁路车皮和车头、集装箱、涡轮机、金属和石材加工机床、显示器、投影仪、控制台和控制面板。俄海关决定,禁止向欧亚经济联盟国家出口谷物,其中包括小麦、黑麦、大麦、玉米等。

3月31日,普京签署与"不友好国家和地区"以卢布进行天然气贸易结算的总统令。据此,"不友好国家和地区"若购买俄天然气,需要在俄银行开设卢布账户。如果拒绝以此方式付款,将被俄方视为违约,俄供应商将停止供应天然气。在本国外汇储备被美西方大规模冻结的情况下,卢布结算令对维持卢布汇率稳定具有积极意义。

5月3日,普京签署总统令,对某些外国和国际组织的"不友好行为"采取报复性特别经济措施。根据该文件,禁止各级国家机构、组织和个人与被俄方制裁的"不友好国家和地区"的法人、个人和企业进行交易,包括签订外贸合同;禁止对被俄方制裁对象履行交易义务和金融交易;禁止向被俄方制裁对象出口俄罗斯产品和原料。

6月28日,普京签署法案,规定俄罗斯"平行进口"商品合法化。法案授权俄联邦政府确定不适用于专属权保护规定的商品,即规定对"平行进口"商品中体现的专有知识活动成果及品牌标志的利用不构成侵权。法案将保护未经权利人许可进口商品的俄罗斯公司免于承担可能的民事、行政和刑事责任。俄国家杜马主席沃罗金表示,制定并通过上述法案是为了在西方国家对俄制裁背景下保护俄经济和公民利益,简化"平行进口"清单上商品的贸易活动,有助于稳定其价格。这份清单包括各类物品,从植物到药品,从肥皂到武器等。在技术和电子产品方面,该清单包括西门子、松下、苹果、英特尔、三星、戴森、罗技等众多品牌产品。

10月11日,普京又签署总统令,将食品反制裁措施延长至2023年12月31日。这项反制裁措施规定,禁止进口原产于美国、欧盟、加拿大、澳大利亚、挪威的部分食品,包括牛肉、猪肉、鱼类、禽类、乳制品、水果、蔬菜、坚果等。①

---

① 《俄罗斯的 2022：制裁与反制裁》,https://www. chinanews. com/gj/2022/12－19/9917221. shtml.

2022 年以来,俄罗斯一直采取积极反制措施,如在能源领域,停止向不友好国家和地区出口石油、采取低价折扣方式向没有对其实施制裁的国家出口石油、石油贸易采取非美元和非欧元结算等。目前来看,俄罗斯石油出口市场由西向东加速转移,出口到欧洲的石油量已经很小,而出口到亚洲地区的石油量逐渐提高。

在金融领域,俄谋求与美元脱钩,降低美元在外汇储备、国际结算中的占比;为了维护金融市场稳定,俄罗斯加强了跨境资本流动管理,禁止民众携带超过 1 万美元的等值外币或现金支付工具出境。与此同时,俄罗斯央行通过购买被制裁金融机构新发行的债券,来弥补其不能在美国和欧洲金融市场发债的缺口;针对股市下跌,俄罗斯采取关停股市、恢复部分股票交易、缩短交易时间、禁止卖空、禁止外国人出售所持证券等举措。2023 年 3 月 7 日,俄罗斯央行声明,将外币取现限制措施延长至 9 月 9 日,并继续实施从银行账户提取现金的上限为 1 万美元或等值欧元的措施。

三、欧美国家制裁对远东投资环境的影响

俄罗斯从 2014 年起就被美西方国家制裁,远东吸引外资随之也受到一定影响,2016 年达到顶峰 105 亿美元后就一直下滑,2020 年在疫情影响下仅吸引外国直接投资 12.83 亿美元,2021 年大幅反弹,大约是上年的两倍,达到 25 亿美元。然而,2022 年俄乌冲突给远东吸引欧美资金带来的消极影响十分大。欧美国家对俄的金融制裁,如冻结俄中央银行及商业银行的账户和资产、限制支付和资本市场准入等,导致俄远东资本流入和国际融资断崖式下降。

俄远东获得的投资 90% 集中在能源领域,欧美很多大能源公司是远东萨哈林州的投资者。俄乌发生冲突后,它们相继从远东的投资项目中撤资。埃克森美孚是"萨哈林 1 号"项目的运营商,其持有项目 30% 的股份。"萨哈林 1 号"项目是埃克森美孚在俄罗斯最大的石油项目。

2022 年 3 月份埃克森美孚宣布退出俄罗斯，并转让在"萨哈林 1 号"所持股份，但与俄方未谈拢。1—7 月"萨哈林 1 号"的石油和天然气凝析油产量同比减少近 50%。石油开采量大幅减少严重影响了萨哈林州的预算收入，不仅萨哈林州经济，整个远东经济都受到影响。10 月份俄罗斯终止了埃克森美孚在"萨哈林 1 号"项目中的权益，并将该项目移交给了一家俄罗斯运营商。

3 月份，壳牌宣布分阶段退出已参与的所有俄罗斯油气项目，包括原油、石油产品、天然气和液化天然气，其中就有"萨哈林 2 号"项目。壳牌持有"萨哈林 2 号"项目 27.5% 的股份，俄已于 8 月 5 日另设运营商接管"萨哈林 2 号"油气项目，原运营商壳牌决定撤出。

萨哈（雅库特）共和国的企业也受到制裁的波及，如俄罗斯规模最大的钻石开采和加工企业阿尔罗萨公司。俄罗斯的钻石产量占全球的 30% 左右，是世界上最大的钻石生产国。其中，俄罗斯约 90% 的钻石产量来自矿业巨头阿尔罗萨公司。3 月份，美国已宣布对阿尔罗萨公司及其首席执行官谢尔盖·伊万诺夫实施制裁。

俄罗斯需要外国投资者，但目前俄罗斯商业环境还不安全，首先是战争带来的不安全；其次是制裁带来的不安全；最后，俄反制措施也使投资吸引力受到影响。如 2022 年 3 月 2 日，俄政府起草了一份总统令草案，将对外资退出俄罗斯市场实施临时限制。多名俄商业界人士称，俄政府临时限制外国企业退出俄罗斯市场的措施，实际上是冻结外国企业在俄境内的资产，从而使外国投资者继续在俄罗斯开展业务。此举旨在保护本国资本市场，并在一定程度上抑制通货膨胀。虽然俄罗斯亚洲工业企业家联盟主席维塔利·曼克维奇强调，这项措施是临时性的，在冲突缓和后，相关限制措施可能得到调整或取消，但是投资者的担心不可小觑。

另外，俄政府准备了一份名单，列出了 59 家由于停止在俄经营或撤出俄市场而可能面临国有化的外国公司。进入名单意味着违规公司及其管理层将面临俄方反制措施，包括冻结账户和资产、引入外部管理层和财产国有化等。8月份,普京又签署一项法令,禁止"不友好国家和地区"人员在2022年年底前交易俄战略项目、能源矿产企业和部分银行的股份,以保护国家利益。

这些保护俄罗斯经济的措施使外资进出俄罗斯受到极大限制,营商环境受到影响,打击了外国投资者在俄罗斯投资的积极性,远东地区在这种背景下也不可能置身事外,吸引美西方国家资金受到阻碍。

第三章 俄罗斯远东地区
吸引外资优势分析

2022 年,俄罗斯各联邦主体投资环境排名,莫斯科市、鞑靼斯坦共和国、莫斯科州、图拉市、巴什科尔托斯坦共和国、下诺夫哥罗德州、秋明州、诺夫哥罗德州、萨哈林州、圣彼得堡市、汉特-曼西自治区、卡卢加州、别尔哥罗德州等地区排名靠前。远东联邦区除萨哈林州外整体排名相对落后,但其营商环境正在不断改善:远东地区逐渐完善投资机制和外资服务体系;健全外资项目跟踪服务和投诉机制;简化外资项目规划用地审批程序。

根据世界银行公布的《2020 年营商环境报告》,俄罗斯营商环境便利度在 190 个国家中排名第 28 位,较去年上升 3 位,各小项排名为:获得电力第 7 位、登记财产——12 位、执行合同——21 位、获得信贷——25 位、办理施工许可证——26 位、开办企业——40 位、办理破产——57 位、纳税——58 位、保护少数投资者——72 位、跨境贸易——99 位。[①]

2022 年,国际评级机构穆迪、惠誉国际、标准普尔撤销对俄所有信用评级,因此,没有更新的资料详细分析俄投资环境。

第一节 远东吸引外资的法治基础

法律制度是社会经济活动的基础。构成投资环境的因素有很多方

---

① 《企业对外投资国别(地区)营商环境指南——俄罗斯(2020)》.

面,而投资的法治环境是企业生存与发展的保障,是扩大招商引资的重要条件。一般来说,投资者不缺少资金、技术和管理,他们需要的是能够为其提供优质服务的投资环境。法治环境的好坏直接影响着投资者的收益风险,因此,是投资者选择时重要的考量因素。另外,只有法治环境十分健全,投资者的权利有了保障,他们才会不断增强投资的信心,才会不断自觉地挖掘潜在的投资能量。

一、国家方面相关的投资法

在俄罗斯投资首先要看投资环境,其中俄罗斯法律法规是进行投资决策时应予以充分重视的因素之一。

目前,俄罗斯调节外商投资的基础性法律是《俄罗斯联邦外国投资法》,其他管理外国投资的政策散见于各种法律法规中,如与外国投资有关的法律还有《俄罗斯联邦产品分成协议法》《俄罗斯联邦经济特区法》《俄罗斯联邦工业政策法》《俄罗斯联邦保护和鼓励投资法》《俄罗斯联邦对保护国防和国家安全具有战略意义的经济主体进行外国投资的程序法》《俄罗斯联邦反垄断法》《俄罗斯联邦投资基金法》《俄罗斯联邦保护证券市场投资者权益法》《俄罗斯联邦海关法典》《俄罗斯联邦税法典》《俄罗斯联邦矿产资源法》《俄罗斯联邦劳动法》《俄罗斯联邦建筑法》《俄罗斯联邦证券市场法》《俄罗斯联邦环境保护法》《俄罗斯联邦租赁法》《俄罗斯联邦土地法》等。

《俄罗斯联邦外国投资法》于 1999 年颁布,该法调节外国投资者在俄罗斯联邦境内投资时国家对其权利加以担保的相关关系,是俄调节外国投资的主要法律之一。根据该法,为外国投资者提供的法定待遇不低于俄罗斯本国投资者;在外国投资者对俄罗斯联邦政府确定的优先投资项目(主要涉及生产领域、交通设施建设和基础设施建设项目)进行投资时,将根据《俄罗斯联邦海关法典》和《俄罗斯联邦税法典》的规定对外国投资者给予相应海关、税费优惠。对减免进口关税和增值税的规定是:外国投资者作为法定投入而进口的技术设备及零配件属于生产性固定资产的物资免征进口关税。对减免利润税的规定是:外商投资俄罗斯鼓励的优先发展领域项目,投资额不低于1000万美元且占项目投资总额的30%以上,前2年免缴利润税,第3年缴纳40%的利润税,第4年缴纳50%的利润税;俄联邦主体和地方自治机关有权在各自管辖范围内给予外国投资者各项优惠,有权为外国投资者提供相应保障并可用联邦预算资金和地方预算资金以及预算外资金对外国投资者实施的投资项目进行拨款或给予其他形式的支持。

《俄罗斯联邦外国投资法》确定的优先投资项目是指被俄联邦政府批准列入优先投资项目清单,外国投资总规模不少于10亿卢布(不少于按本联邦法生效之日俄联邦中央银行当日汇率折算的等值外币金额)或者外国投资者在外资商业组织注册资本中的最低投资额不少于1亿卢布(不少于按本联邦法生效之日俄联邦中央银行当日汇率折算的等值外币金额)的投资项目。对参与优先投资项目的外国投资者和外资商业组织实行专门的优惠和法律保障,保证其投资条件的稳定性,在一定时期内不受俄法律法规变化的影响。在优先投资项目开始实施后,如果俄政府颁布关于调整关税、联邦税、上缴国家预算外基金费的新法律法规或对现行有关法律法规做出修改和补充,使外国投资者和有外国投资的商业组织在执行优先投资项目中的税赋总额加大,或对在俄联邦的外国投资的禁令和限制增多,则这些新的法律法规以及相关的修改在投资项目回收期(最长不超过7年)内将不适用于执行优先投资项目的外国投资者和有外国投资的商业组织。对于投资回收期超过7年的优先投资项目,如果其涉及生产领域、交通设施或其他基础设施建设,且外国投资总额不少于10亿卢布,俄联邦政府可延长优惠政策期限。[①] 2011年,俄罗斯对《俄罗斯联邦外国投资法》进行了修改,旨在降低外资进入门槛,目前政府已通过一揽子修改条款,涉及简化外资进入食品、医疗、

---

　　① 《俄罗斯联邦外国投资法》,http://ru.mofcom.gov.cn/detzzn/art/2014/art _ e-48c67dae5914b95acf4d6494c3b5b44.html.

银行及地下资源使用等行业的手续。①

《俄罗斯联邦产品分成协议法》于 1995 年颁布,是调节国内外投资者在俄罗斯境内投资寻找、勘探和开采矿物资源及有关活动的联邦法,该法极大简化了投资者与国家之间的相互关系,特别是在税收方面,征税基本上被按协议条款分配产品所取代。在协议有效期内,投资者免交除企业所得税、资源使用税、俄籍雇员的社会医疗保险费和俄罗斯居民国家就业基金费以外的其他各种税费。1999 年,俄联邦对《俄罗斯联邦产品分成协议法》进行修改和补充,允许按产品分成条件提供的矿物资源不得超过已探明或已登记储量的 30%;投资者聘用的俄籍雇员数量应不少于所聘雇员总数的 80%,只有在按协议进行的工程初期或在俄罗斯国内缺乏具有相应专长的工人和专家的情况下方可聘用外国工人和专家;向俄罗斯本国法人或在俄罗斯境内从事相应业务并已办理纳税人登记的外国法人发出的矿物资源地质研究、开采、初始加工所需技术设备和材料的订单应不少于订单总量的 70%。②

2005 年,俄罗斯颁布了《俄罗斯联邦经济特区法》。截至目前,该法已进行过 20 余次修改。最新版本的《俄罗斯联邦经济特区法》(修改日期为 2017 年 7 月 18 日)对经济特区本身做出了一系列相关规定,包括:一是在工业生产型、技术研发型经济特区的基础上新增港口型和旅游休闲型经济特区;二是将经济特区运营期限由此前的 20 年延长至 49 年;三是扩大经济特区面积,将工业生产型和技术研发型经济特区面积分别从原来的不超过 20 平方公里、2 平方公里增至 40 平方公里和 4 平方公里;四是对经济特区管理进行改革,包括打破特区单一功能限制,允许各联邦主体设立地方级经济特区等;五是增加了对经济特区运作效率的评估。修新版本还对入驻企业做出了新的要求,包括取消关于禁止入驻企

① 《对俄投资指南》,http://ru.mofcom.gov.cn/detzzn/art/2014/art_ebf55b8e2fee407eb954dee9178cf391.html.

② 《俄罗斯投资法》,http://chinawto.mofcom.gov.cn/article/jsbl/dtxx/200607/20060702584483.shtml.

业在经济特区内加工矿产资源、加工黑色和有色金属废料的规定；在得到有关技术委员会的批准之后，入驻企业既可在工业生产型经济特区开展科研实验设计并享受所有优惠，也可在技术研发型经济特区开展工业生产，以进一步促进科技成果的产业化；工业生产型经济特区内入驻企业除从事工业生产协议规定的工业生产活动外，还可从事运输、仓储等物流业务；港口型经济特区入驻企业可从事港口运输和仓储，海洋船舶、内河船及飞机的生产、维修及技术服务，水生生物资源加工，港口基础设施保障等业务。此外，技术研发型和旅游休闲型经济特区的入驻企业可分别在 2018 年和 2023 年前享受免缴利润税的优惠。

2014 年 12 月，俄罗斯通过《俄罗斯联邦工业政策法》，提出特别投资合同。如投资者在俄境内投资大型工业项目（最低投资额不得低于7.5 亿卢布，不含增值税），则与俄罗斯政府签订特别投资合同，以获得土地租赁特殊条件、不恶化税收条件及税收优惠、对于延期本地化的产品可获得"俄罗斯制造"地位、获得政府采购等优惠。2019 年，俄罗斯对《俄罗斯联邦工业政策法》进行修订，提出新版特别投资合同，取消对于最低投资额的要求，强调投资项目的科技属性，即鼓励投资者在俄罗斯境内开发或引进现代技术，并基于该技术生产具有国际竞争力的高技术产品。俄罗斯联邦及投资项目所在地的俄罗斯联邦主体和地方自治机构政府将根据其与投资者签署的新版特别投资合同，保障投资者经营环境的稳定并提供支持措施。

《俄罗斯联邦对保障俄罗斯国防和国家安全具有战略意义的商业公司投资程序法》规定了外国投资者或者有外国投资者参加的集团投资对俄罗斯国防和国家安全具有战略意义的有限责任公司的注册资本额，并对外国投资者或者有外国投资者参加的集团对该公司交易进行控制做出限制性规定，目的在于保证国防和国家安全。

2020 年 4 月，俄总统普京签署了《俄罗斯联邦保护和鼓励投资法》，该法可保障在俄罗斯的投资安全，法案所列措施将有助于降低投资者的风险，有助于投资者制订更长远的商业计划，并将在整体上增强对在俄罗斯投资的兴趣。投资者(含外国投资者)可与俄罗斯联邦政府、俄罗斯联邦主体政府及地方自治机构政府签订"保护和鼓励投资协议"(简称"投保协议"),以获得一定期限内税收条件不变、一系列稳定条款和国家预算资金补偿等优惠,并为项目发起者提供从俄国家发展集团和商业银行吸引融资的机会。具体50亿卢布以内的投资项目,可享受税收政策6年不变,50亿—100亿卢布项目15年不变,100亿卢布以上项目20年不变。"投保协议"适用于投资特定经济活动领域的新项目、俄罗斯联邦或俄罗斯联邦主体计划实施的项目。协议签订门槛为:医疗、教育、文化和体育领域项目的投资额不得少于2.5亿卢布;数字经济、生态和农业领域项目的投资额不得少于5亿卢布;制造业领域项目的投资额不得少于15亿卢布;其他领域项目的投资额不得少于50亿卢布。① 在俄罗斯因新冠疫情经济下滑之后,俄政府希望"投保协议"能够成为促进俄罗斯经济复苏的重要工具。

二、远东地区相关的投资法

良好的法律制度是经济活动正常进行的重要保证,加强法治环境建设,可以有效促进地区经济活动的发展。为吸引本国和外国投资,俄罗斯在各州区设立经济特区、超前发展区、产业园区等实行特殊税制的园区,为入驻企业提供税费优惠、海关优惠、市政基础设施服务和行政监管便利等。俄罗斯根据各州、边疆区、共和国的不同情况,分别制定地方法律和法规,对外国投资实行不同的减免税收的优惠政策,以吸引外国投资者对其进行投资活动。莫斯科市、鞑靼斯坦共和国、秋明州、圣彼得堡市等联邦主体投资环境排名靠前,远东联邦区整体排名相对落后,但其营商环境正在不断改善。近年来,俄联邦政府大力实施远东开发战略,为促进远东地区开发,俄政府采取了若干措施,自2014年起俄政府累计

---

① 《率先与中国签署"一带一路"合作备忘录十国投资优惠政策(36条)》,https://www.gz-gicc.org.cn/news/show.php?itemid=87&catid=9.

出台数十部联邦法律、200多项法令和命令,积极开展招商引资,包括建立为投资者提供部分税收优惠的超前发展区,为初创企业减税,在远东地区建立符拉迪沃斯托克自由港,为那些决定在远东地区投资的企业提供一系列优惠等。远东大力推行超前发展区、符拉迪沃斯托克自由港等政策。它们的各项优惠政策相似,在个别方面存在差别。①

(一)远东地区实施的投资优惠法规

为了给远东和贝加尔地区的投资活动创造有利的税收条件,以及为当地的新兴产业提供支持,2013年9月,俄罗斯国家杜马通过了为远东地区投资项目提供税收优惠政策的法律,成为俄罗斯联邦税法的组成部分,并于2014年1月生效。该法案规定,降低企业地方税率,直至降为零。而在投资项目的后5年,税率应不低于10%,并且降低了企业被列入地方投资项目参与方的注册表所需的投资额度,从1.5亿卢布降低为5000万卢布。

2016年5月又颁布了税法修正案,3年内在俄远东地区投资额达5000万卢布,或5年内达5亿卢布的企业,可享受利润税优惠(2017年1月1日生效)和矿产资源开采税优惠(2016年7月1日生效),投资额自2013年1月1日算起,优惠政策有效期至2028年12月31日。汽车、摩托车等消费品生产企业和油气开采企业除外。

利润税的规定是:投资者自首次获得利润之日起,联邦财政利润税(税率2%)前10年免缴;地方财政利润税前5年税率为0%—10%,后5年不低于10%(正常情况下利润税税率为18%)。

矿产资源开采税规定为:前2年免缴矿产开采税,后8年优惠幅度每两年减少20%。

之后普京总统签署的《俄罗斯联邦税法典修订案》规定,自2018年1月1日起至2022年12月31日,远东地区旅游休闲行业企业和机构(包括外国投资者)免缴利润税5年。到2022年底前,对俄远东地区锡

---

① 《俄投资贸易政策和远东地区相关优惠政策》,https://khabarovsk.mofcom.gov.cn/scdy/art/2018/art_00e39b5aa4634e19bd4579740a971fb2.html.

矿开采企业免征矿产开采税。

(二)《俄罗斯联邦社会经济超前发展区联邦法》

2014年12月俄联邦政府批准了《俄罗斯联邦社会经济超前发展区联邦法》,2015年3月正式生效。该联邦法规定该法律生效的前3年内,只在远东联邦区联邦主体内,经俄政府批准的地区准许建立超前发展区;3年后,可在俄其他联邦主体建立超前发展区。超前发展区是实施特殊企业经营活动法律制度的俄罗斯联邦主体领土的部分区域,制度的有效期限为70年。

该法案规定,入驻企业可享受以下优惠政策:

——实行俄联邦税法中规定的优惠税收政策

1. 增值税退税:实行15日内办理增值税退税的简便快捷办法。

2. 利润税:自获得首笔利润起,前5年免缴联邦财政利润税(针对布里亚特共和国征收5%,针对外贝加尔边疆区个别经营活动类型征收2%),向地方缴纳的利润税税率不高于5%(地区部分税收优惠由俄罗斯联邦主体规定);后5年向国家缴纳利润税12%,地方财政利润税税率不高于10%(正常纳税标准是18%);3年内未获得利润,则自第4年开始享受优惠。

3. 统一社会税:联邦养老基金、联邦社会保障基金、联邦强制医疗保险的保险费前10年执行7.6%费率(正常标准是30%)。

4. 矿产开采税:获得利润之前免征矿产资源开采税;自开始享受利润税优惠税率起10年内,享受矿产开采税优惠:头2年为0,第3—4年为标准税率的20%、第49—82个月为标准税率的40%、第83—96个月为标准税率的60%,第8—10年为标准税率的80%。

5. 土地税和财产税:土地税前3—5年为0%—1.5%(优惠由市政当局确定),财产税前5年为0%—0.3%,后五年0.5%—2.2%(优惠由俄罗斯联邦主体规定),可享受不动产租金优惠。

——劳务政策 入驻企业引进和使用外国员工无须办理许可;为外国务工人员办理入境邀请函和工作许可无配额限制;招收员工时俄罗斯

公民优先。

——自由关税区制度　在设有海关监管区的超前发展区内实行自由关税区制度。

——监管制度　实行特殊的国家和地方监管制度,国家和地方监察机关对超前发展区进行的单项例行检查要共同进行,检查程序由联邦政府确定,每年的例行检查计划要与联邦委派机构协商确定。

——优先接入基础设施管网。

——投资者"一站式窗口"服务模式。

(三)《符拉迪沃斯托克自由港法》

2014 年 7 月 13 日,俄总统普京签署了设立符拉迪沃斯托克自由港的法案。符拉迪沃斯托克自由港是享有特殊海关、税收和行政调控制度的地区。根据这项法案,符拉迪沃斯托克自由港总面积为 3.4 万平方公里,靠近中国和朝鲜边境地区,设立期限为 70 年。俄副总理兼总统驻远东联邦区全权代表特鲁特涅夫表示,俄方希望拿出这个区域,以保证远东地区实现快速发展。自由港将在税收、海关和检疫等方面为入驻企业提供政策支持和优惠。这一期限可以延长,也可以提前停止国家对企业活动的扶持措施。《符拉迪沃斯托克自由港法》2015 年 10 月 12 日开始生效。远东联邦区 5 个联邦主体(滨海边疆区、哈巴罗夫斯克边疆区、萨哈林州、堪察加边疆区、楚科奇自治区)的 22 个市政当局适用符拉迪沃斯托克自由港制度。

自《符拉迪沃斯托克自由港法》出台之日(2015 年 10 月 12 日)起 3 年内,在自由港区域注册的企业,可享受以下优惠政策:

——税收优惠　入驻企业自注册之日起 10 年内享受优惠政策。

1. 增值税退税:实行 15 日内办理增值税退税的简便快捷办法。

2. 利润税:自获得首笔利润起,前 5 年免缴联邦财政利润税,地方财政利润税税率不高于 5%;后 5 年联邦利润税 12%,地方财政利润税税率不低于 10%(地区部分税收优惠由俄罗斯联邦主体规定);3 年内未获得利润,则自第 4 年开始享受优惠。

3. 统一社会税:联邦养老基金、联邦社会保障基金、联邦强制医疗保险的保险费 10 年内执行 7.6% 费率(非入驻企业为 30%),接下来 5 年为 12%(非入驻企业为 20%)。

4. 财产税和土地税:财产税前 5 年为 0,此后 5 年为 0.5%(非入驻企业为 2.2%),优惠由俄罗斯联邦主体规定;土地税前 5 年为零(非入驻企业为 0.3%—1.5%),优惠由市政当局确定。

——行政监管便利化 企业用地不需要通过招标,仅按地籍价格向入驻企业提供租赁地块。压缩例行和非例行行政检查的时间:例行检查和非例行检查时间均不超过 15 天。

——海关优惠 自由港对入驻企业实施自由关税区制度,允许入驻企业免税进口、存放、使用外国商品。例如:入驻企业可向海关提出申请,要求对上述免税进口、存放和使用的外国商品建立海关监管区。在得到主管部门批准后,可实施海关监管区制度。

——简化签证制度 俄法律规定,外国公民可申办电子签证,据此通过自由港口岸进入俄境内,可在自由港所属的联邦主体区域内最多停留 8 天。同时,检查站应当全天工作。自 2017 年 8 月 1 日起,中国、新加坡、日本、文莱等 18 个国家的公民经符拉迪沃斯托克自由港入境俄罗斯时,可免费获得为期 8 日的电子签证。签证申请审批时间为 4 个工作日,自签发之日起 30 日内有效。

简化签证制度首先在符拉迪沃斯托克市海港和"克涅维奇"机场 2 处口岸执行,2018 年 1 月 1 日起增加了滨海边疆区波格拉尼奇内、哈桑和马哈林诺铁路口岸,波尔塔夫卡和图里罗格公路口岸,扎鲁比诺和波谢特海港,堪察加边疆区的彼得罗夫巴甫洛夫斯克海港和萨哈林州的科尔萨科夫海港等 9 处口岸,未来拟推广至实行自由港制度的所有远东州区及国际空港。

——劳务政策 入驻企业外国劳动力比重最高可到 20%,若超过 20%,则需经过自由港监事会批准。入驻企业引进和使用外国员工无须办理许可,为外国务工人员办理入境邀请函和工作许可无配额限制,招收员工时俄公民优先。

——"一站式窗口"服务模式　目前仅在符拉迪沃斯托克自由港相关口岸实行由海关和边检统一监管的"一站式"机制。

2017 年 11 月,普京总统签署了关于延长超前发展区和符拉迪沃斯托克自由港内大型投资项目实施企业利润税优惠期限的法律。该法律规定,投资额超过 5 亿卢布的企业,自入驻之日起 5 年内未获得利润,自第 6 年开始享受优惠税率;投资额超过 10 亿卢布的企业,自入驻之日起 6 年内未获得利润,自第 7 年开始享受优惠税率;投资额超过 1000 亿卢布的企业,自入驻之日起 9 年内未获得利润,自第 10 年开始享受优惠税率。

2022 年,俄政府降低符拉迪沃斯托克自由港企业入驻标准,获得符拉迪沃斯托克自由港入驻企业身份所需的最低投资额从 500 万卢布降低到 50 万卢布。[①] 这一决定将使企业更容易获得入驻身份,并吸引更多的投资。除税收优惠外,作为额外优惠,符拉迪沃斯托克自由港入驻企业还将享受缩短基建项目检查和获得许可证时间,边境检查单一窗口制度及过境点 24 小时开放和简化签证制度。

超前发展区与符拉迪沃斯托克自由港都实施了许多优惠政策,既有相同之处,也有区别(见表 3-1),如在超前发展区基础设施由管理公司提供,而在自由港需自己建设。

表 3-1　远东超前发展区与符拉迪沃斯托克自由港优惠政策区别

优惠政策	超前发展区	符拉迪沃斯托克自由港
税收优惠	√	√
国家为基础设施建设提供融资(贷款利率为 5% 左右,期限可达 10 年)	√	

① 《俄政府降低符拉迪沃斯托克自由港企业入驻标准》,https://zezx.dbw.cn/system/2022/01/14/001454572.shtml.

续表

优惠政策	超前发展区	符拉迪沃斯托克自由港
采用"自由关税区"海关程序	√	√
"一站式"通关服务		√
获批建设许可证时间缩短到40天(包括建设用地规划许可证、建设工程规划许可证)	√	√
缩短国家各监管部门对入驻企业开展的综合性审计流程	√	√
简化入关签证政策		√
优化基础设施	√	

资料来源:《企业对外投资国别(地区)营商环境指南——俄罗斯(2020)》。

俄罗斯出台这一系列法案的目的是为远东吸引外资创造有利条件,以加快远东地区社会经济发展。超前发展区和自由港的入驻者们将会得到与其他在亚太地区运行的类似区域相比最好的开展商业和投资活动的条件。

第二节　远东地区投资环境的改善

俄总统普京指出,远东开发是俄罗斯21世纪最重要的地缘政治任务,是俄罗斯国家优先发展方向,前总理梅德韦杰夫认为,俄现代史上"从未如此重视远东"。[①] 近年来俄联邦领导人,包括总统、总理密集到远东视察。俄联邦政府表示将继续在远东地区营造良好的投资环境,吸引更多投资者开发建设远东。远东吸引外资的目的是希望能够调整本地区产业结构,促进技术革命,加快生产要素重组,优化资源配置,加深国际分工与合作。如何利用外资,如何在国际要素市场配置资源,如何

① 《中俄远东合作潜力巨》,https://m.gmw.cn/baijia/2018-09/12/31121230.html.

开拓国际市场,是摆在俄远东领导人面前的首要任务,已成为远东调控本地区宏观经济的重要内容。

一、设立专门机构,促进远东开发

俄联邦政府高度重视远东经济发展,为建立统一管理机制、提高工作效率、实现国家目标,2012 年 5 月,俄总统普京批准成立远东发展部,组建远东发展公司,俄罗斯对远东的开发进入一个新阶段。远东发展部负责整个远东的开发、建设与管理。远东发展部的职责是协调联邦规划在远东的实施;掌控联邦资产;监督联邦主体权力机关依法行政。该部办公地点设在哈巴罗夫斯克市。2019 年 2 月,远东发展部更名为远东和北极发展部。远东和北极发展部在承担远东发展部原有任务的基础上,还被赋予了制定北极发展政策并进行法律监管的新职能。

远东发展集团归总统直接负责,地方行政机构无权干涉,负责港口、道路、通信设施的建设及资源能源的开发,总部设在符拉迪沃斯托克市。在远东发展集团的努力下,远东已落实 2600 多个项目,投资额达 6.3 万亿卢布。现资金到位约 2 万亿卢布,400 多家企业投入运营,解决 19.65 万就业。① 远东发展集团后更名为远东和北极发展集团。2021 年初,俄远东和北极发展部提议将远东和北极发展集团确立为俄罗斯北极地区、远东社会经济超前发展区,以及符拉迪沃斯托克自由港的管理公司。其主要任务是:参与国际公司注册、决定是否授予特区成员身份、管理特区成员登记簿、管理经济活动并向特区成员提供行政支持、向特区成员提供开展经济活动所需的服务(包括法律服务、会计服务)、监督国际公司的经营活动。总之,远东和北极发展集团在"一站式窗口"的基础上为社会经济超前发展区和符拉迪沃斯托克自由港入驻企业提供综合服务,集团经营活动旨在确保远东地区的社会经济加速发展和创造新的就业

---

① 《俄远东发展部部长切昆科夫成为远东发展集团董事会主席》,http://khabarovsk. mofcom. gov. cn/jmxw/art/2021/art_a44779b9255b46dcbe482aa23106f524. html.

机会,吸引俄罗斯联邦其他地区和外国企业入驻到该区域。

2020年12月,俄政府决定大规模重组开发机构,将对远东和北极人力资本开发署、远东吸引投资和出口支持署、远东发展集团、远东和北极开发基金进行合并,为在远东和北极地区实施项目的俄罗斯和外国投资者提供一站式服务,并且由远东和北极发展部管理。该部认为,此举将提高俄政府与企业间的合作效率,为在俄远东和北极开展业务创造更加便利的条件。[1]

二、制定规划纲要,优化远东营商环境

为吸引外资,俄罗斯首先放宽了市场准入。2013年,俄罗斯总统普京签署《中小企业发展法修正案》,取消外国自然人和法人在俄罗斯中小企业参股比例的限制,此前法律规定不高于25%。同年,俄罗斯政府批准《公私合作伙伴关系联邦法》草案,允许俄国家和地方政府与私营企业家、本国或外国法人合作建设俄罗斯公共基础设施项目,如医院、道路、住房保障和公用事业等政府项目,为外资进入俄罗斯垄断行业、公共服务并参与政府采购奠定了法律基础。同时,俄罗斯允许外国投资者更加灵活地选择合作模式,不再局限于原《俄罗斯联邦特许权协议法》规定的 BTO(建设—移交—运营)和 DBFO(设计—建设—融资—经营)两种方式,对项目所有权也不设强制要求。[2]

其次,简化公司注册程序。俄罗斯经济发展部推出"简化法人和个体工商户注册程序"路线图,主要措施包括:允许中介(律师事务所、公证处、银行)递交企业注册材料、放宽注册资本金缴纳期限、缩短联邦税务局和预算外基金间信息交换时间、取消公司注册前必须持有公章和法人及个人户须向税务部门和非国家基金方面通报开设与关闭银行账户

---

① 《俄政府将对四个远东开发机构进行合并》,https://www.mofcom.gov.cn/tjsj/gbdqmytj/oygjdqmytj/art/2020/art_13c5c596975a4ae2880bb79973dda22f.html.

② 《俄罗斯基建项目投资和承包的风险与实操要点》,https://www.ynitisc.com/home/article/detail/id/6796.html.

信息的规定等。完善投资法律法规及优惠政策。①

在享受这些政策的同时,俄联邦政府为远东出台一系列法律和规划纲要,旨在提高远东吸引外资的竞争力。为改善远东地区的营商环境,俄罗斯出台多项联邦法律,为外国投资者提供投资保障和投资优惠政策。

2015 年 4 月,时任俄罗斯总理梅德韦杰夫在哈巴罗夫斯克主持远东地区社会经济发展会议时强调,政府已推出一系列重大基础设施项目,例如设立超前发展区,在滨海边疆区建立自由港,发展中小企业等,为远东构建良好经济环境。②

2015 年 5 月 19 日,俄总统普京签署总统令,宣布每年在符拉迪沃斯托克举行东方经济论坛,对接中国的"一带一路",以促进远东地区经济发展和国际合作,并成立组委会,责成俄罗斯联邦政府提供必要的财政和组织工作支持。③

2019 年,时任俄罗斯总理梅德韦杰夫表示,为保护和鼓励外国投资,俄罗斯正致力于制定符合企业发展利益的政策规则,投资者可充分利用特定合同优惠规则及特定区域投资政策享受在俄投资的便捷。到2019 年已有约 40 部联邦法律和 190 份政府决议用以保障远东开展商务活动的稳定性和竞争力。为促进远东地区开发,俄联邦政府向投资者提供一系列优惠,包括减免税收、缩短行政审批时间、降低行政审批费用等,与此同时在立法层面提供法律保障。未来,俄罗斯将继续根据实际情况及时修改相关法律,让投资者在远东地区安心投资。

2021 年 9 月,在以"世界变局下的远东新机遇"为主题的"第六届东方经济论坛"上,普京总统提出包括税收优惠在内的一系列新政,再次

---

① 《企业对外投资国别(地区)营商环境指南——俄罗斯(2020)》.

② 《梅德韦杰夫主持远东地区社会经济发展会议》,http://www. xinhuanet. com//world/2015-04/04/c_1114873240. htm.

③ 《中国"一带一路"倡议与俄罗斯开发远东的投资环境分析——以阿穆尔州为例》,http://www. iic21. com/21sczl/index. php? a = showart&areaid = 500&artcid = 11&artid = 300655&c = articles&m = home.

助力远东开发。此次提出的税收优惠政策包括两个方面：一是免税，即在千岛群岛（包括南千岛群岛）注册的企业 10 年内免缴财产、土地和运输等主要税费，同时保险费享受减免优惠；二是关税自由化，即在千岛群岛设立自由关税区，促进货物进出口便利化。①

2023 年，俄政府提出在远东建设国际超前发展区，2024 年通过关于国际超前发展区的法律草案。远东地区国际超前发展区建设工作预计于 2025 年启动。俄罗斯副总理兼总统驻远东联邦区全权代表特鲁特涅夫表示，目前，中俄双方正在探讨如何为中国投资者在该区域提供良好的发展环境问题。

2024 年，在东方经济论坛上普京总统指出，自 2013 年起，远东地区全面发展的全新战略计划和管理体系已经启动，其有效性已经被证实。过去十年间，该地区已启动或准备启动的工业、基础设施、技术和教育项目超过 3500 个。在过去十年中，远东地区的固定资本投资增长率不断提高，是俄罗斯平均水平的三倍。这些投资的成果也是显而易见的。约有一千家新企业投入运营，创造了超过 14 万个工作岗位。自 2013 年以来，该地区的工业生产活力已超过全国平均水平 25%。②

三、提高远东基础设施水平

远东正大力发展基础设施建设，2021 年 6 月普京总统就贝阿铁路和西伯利亚大铁路基础设施建设问题做出指示：一是责成俄政府及西伯利亚和远东联邦区有关部门解决"为具有经济增长潜力地区建立稳定物流通道"相关问题，保障两大铁路沿线地区能源供应，通过对远东主要海港码头和口岸现代化改造，消除本国企业进入亚太市场的物流限制。二是责成俄政府评估现有战略规划文件，以及俄铁公司、俄电网公

---

① 《普京提出系列新政助力俄远东开发》，http://www.legaldaily.com.cn/international/content/2021-09/13/content_8599848.html.

② 《普京：远东开发将在很大程度上决定俄罗斯的未来》，https://news.qq.com/rain/a/20240906A0441000?suid=&media_id=.

司、俄水电集团长期投资规划中发展两大铁路措施、指标、财政资源和落实时间节点上的一致性和平衡性。必要时,应及时修改相关内容。三是在《2024 年前远东社会经济发展国家规划和 2035 年前远景目标》框架内,研究实施两大铁路沿线地区基础设施(包含交通和公共设施等)建设和改造优先项目。

《2024 年前远东社会经济发展国家规划和 2035 年前远景目标》在第三部分对重点基础设施建设提出了具体规划目标。

(一)铁路。贝阿铁路和跨西伯利亚大铁路是远东交通骨干,到 2021 年其运力将达到 1.44 亿吨,到 2025 年其运力将增至 1.82 亿吨;修建萨哈林跨海铁路桥。

(二)北极航道。发展北极航道,实现全年通航,建立由"领袖"级核动力破冰船组成的船队,确定合理破冰船护航费用;打造俄北极航道集装箱运营商;在堪察加和摩尔曼斯克地区建设交通枢纽。

(三)港口。增加远东港口吞吐能力,包括在哈巴罗夫斯克边疆区穆奇卡湾(瓦尼诺)建设专业煤炭码头,发展"东方港—纳霍德卡港"运输枢纽。

(四)航空。升级改造远东 40 个机场。

(五)公路。增加楚科奇交通基础设施密度,计划修建多条高速公路;将在堪察加地区完成堪察加彼得巴甫洛夫斯克—米尔科沃高速公路的改造,该高速公路横穿堪察加半岛南部;在马加丹州计划改造帕拉特卡—库鲁—内克西坎高速公路,该高速公路连接亚诺—科利马金矿;推动修建符拉迪沃斯托克环城公路。

(六)通信网络。将 6767 个国家和地方机构连接到统一数据传输网络;通过光纤连接 71 个电视和无线电广播设施;安装 4484 部投币公用电话,新增 783 个数据接入点提供数据传输服务,并提供对互联网、固网以及移动网络的访问。

(七)电力。远东电价拉平制将延长至 2028 年;建立电力市场投资项目遴选机制,裁汰低效热电设施;将在哈巴罗夫斯克、阿尔乔姆和符市建造现代化热电站;为确保楚科奇能源供应以及巴依姆铜矿项目,计划在比利比诺建造一个能源中心和 2 条 110 千瓦佩韦克—比利比诺输电线,在佩韦克建造 1 座热电站。

(八)天然气。2022 年,萨哈林—哈巴罗夫斯克—符拉迪沃斯托克天然气输气管道将达到其设计能力,管网长度将增加 352.9 公里;到 2023 年将建成 32 兆瓦的泵站,管道输气能力将在 2021 年增加 40 亿立方米/年。

2025 年,"西伯利亚力量"天然气管道东线的科维克金—恰扬达段管道长度将增加 803.4 公里,到 2024 年将建成 48 兆瓦泵站,天然气管道输气能力达到设计水平——240 亿立方米/年。

(九)升级改造边境口岸。到 2024 年完成升级改造以下口岸设施:瓦尼诺等 7 个海港、波格拉尼奇内等 4 个铁路口岸、克拉斯基诺等 10 个公路口岸、叶利佐沃机场空港,计划将其通货能力翻一番。随着投资项目实施,若确定资金来源,将研究升级改造以下口岸设施:符拉迪沃斯托克等 5 个海港、马哈林诺铁路口岸、布拉戈维申斯克步行口岸、哈巴罗夫斯克等 4 个机场空港。从 2025 年,将研究升级改造以下口岸设施:阿纳德尔等 3 个海港、南萨哈林斯克等 2 个空港、黑瞎子岛(大乌苏里岛)等 4 个公路口岸、阿穆尔杰特等 3 个混合口岸。[①]

2019 年 5 月,俄联邦预算中追加拨款 225 亿卢布用于远东基础设施建设,划转给滨海边疆区、布里亚特共和国和外贝加尔边疆区,用于落实布里亚特共和国的 74 个工程、外贝加尔边疆区的 70 个工程和滨海边疆区的 10 个工程。[②] 7 月,由于俄联邦对实施项目所必需的基建工程进行补贴支持,投资者已经实施了 17 个基础设施建设项目,包括 11 个电力项目,5 条公路项目,1 个铁路基础设施项目。2019 年,两个最大的电力

---

① 《俄罗斯〈2024 年前远东发展国家纲要及 2035 年远景目标〉基本情况》,https://www.ccpithlj.org.cn/news.php? id=4339.

② 《220 多亿卢布基础设施专项资金划拨给远东》,http://khabarovsk.mofcom.gov.cn/jmxw/art/2019/art_1397362706fd4c7db166b6f23a667a03.html.

设施项目投入运营,一个是在阿穆尔州谢列姆金斯基地区,为金矿开采项目修建了一条从费夫拉利斯卡亚到鲁德纳亚的 220 千瓦输电线路(174 公里);另一个是在马加丹州纳塔尔金矿,为建立采选矿联合公司修建的一条乌斯季—奥姆丘格—新奥姆恰克 220 千瓦输电线路(120 公里)。① 同时远东 40 个机场已列入干线配套计划,到 2024 年雅库特将新建、改建 16 个机场,楚科奇自治区 7 个,堪察加边疆区 6 个,哈巴罗夫斯克边疆区 4 个,马加丹州 3 个,阿穆尔州和外贝加尔边疆区各 2 个。②

2020 年,俄铁路公司为远东铁路基础设施建设投入资金超过 1110 亿卢布,同比增长逾 80%。2019 年投入资金为 600 亿卢布。资金用于沃洛恰耶夫卡二号站和斯莫利亚尼诺沃站现代化改造,开展贝阿铁路相关基础设施工程,以及对铁路车辆进行大量更新换代。③ 2021 年 8 月,俄重建贝阿铁路阿穆尔州乌拉克—费夫拉利斯克(Улак—Февральск)段,全长 340 公里。上述重建路段预计 3 年半完成 19 个项目,2022 年完工 2 个,2023 年——12 个,2024 年——5 个。11 月,施工一年的斯沃博德内的新铁路线开通使用。通往新布列亚、谢雷舍沃、扎维京斯克、别洛戈尔斯克和沃扎耶夫卡站的西伯利亚大铁路支线的建设计划已经完成。④

远东基础设施需求巨大,预计远东和北极地区工业和基础设施项目所需的国家及私人投资总额将超过 2.4 万亿卢布(约合 333 亿美元),仅靠政府投资远远不够,俄政府拟施行"远东特许运营机制",吸引私人资本参与远东基础设施建设。⑤

---

① 《12 个远东投资项目希望得到国家对基础设施建设的支持》,http://m. mofcom. gov. cn/article/i/jyjl/e/201907/20190702882380. shtml.

② 《远东 2025 规划:民生项目基础设施建设》,https://www. sohu. com/a/329282486_120207306.

③ 《俄铁路公司对远东铁路基础设施建设投入同比增长 80%》,http://khabarovsk. mofcom. gov. cn/jmxw/art/2021/art_7d575e830b334424993c080ae11b72da. html.

④ 《俄罗斯贝阿铁路到 2025 年将建设 19 个新项目》,https://www. seetao. com/details/129116. html.

⑤ 《普京提出系列新政助力俄远东开发》,http://www. legaldaily. com. cn/international/content/2021-09/13/content_8599848. html.

2022年,《联邦定向投资规划》给萨哈(雅库特)共和国、堪察加边疆区、滨海边疆区、阿穆尔州不同额度的财政投资。萨哈(雅库特)共和国的财政投资主要用于天然气干线基础设施、航空运输、道路基础设施、医疗等项目;堪察加边疆区的财政投资主要用于海洋运输、航空运输、公路基础设施、医疗等项目;滨海边疆区的财政投资主要用于海洋运输、公路基础设施、医疗等项目;阿穆尔州的财政投资主要用于航空运输、公路基础设施、农工综合体等项目。

四、在远东设立经济园区

俄罗斯经济园区主要分为经济特区和经济超前发展区两类,其在地域范围、管理方式、产业优势、优惠政策方面各具特色和优势。经济超前发展区发展将在下节详细阐述。

为吸引外资进入,2005年俄罗斯颁布《俄罗斯联邦经济特区法》。截至2023年7月底,俄罗斯境内共有50个经济特区,包括工业生产型31个,技术研发型7个,旅游休闲型10个和港口型2个。主要分布在俄西部和南部地区。工业生产型经济特区位于俄经济最发达的地区,特点是工业企业占主导地位,拥有完善的交通基础设施、丰富的自然资源和熟练的劳动力;技术研发型经济特区位于俄罗斯科学教育发达地区,一般周边有实力较强的研究型院校;旅游休闲型经济特区主要位于高加索地区,以及阿尔泰边疆区、伊尔库茨克州、布里亚特共和国等西伯利亚和远东地区,上述地区旅游资源丰富,急需大力开发;港口型经济特区位于乌里扬诺夫斯克州和阿斯特拉罕州。俄罗斯各经济特区共入驻1019家企业,其中130多家含外资成分。协议投资额超过1.78万亿卢布,实际投资额超过8220亿卢布,创造5.7万多个工作岗位,缴纳税费约3080亿卢布。主要外资来源国为中国、美国、土耳其、日本、奥地利、德国、法国和越南。[①]

① 《对外投资合作国别(地区)指南——俄罗斯(2023)》.

经济特区享有国家赋予的特殊法律地位,政府在工程建设、交通运输和商业基础设施等方面提供税收优惠和海关便利化措施。例如,利润税由标准税率20%降至2%—15.5%,10年内免征财产税、土地税和交通工具税;统一社会保险费率2019年1月1日之前由全俄的30%降至21%,2020年1月1日之前降至28%,针对IT企业2024年1月1日之前降至14%;对港口型经济特区入驻企业完成的工作或提供的服务免缴增值税;经济特区实行自由关税区海关制度,即在进口本企业生产所需的设备、零配件和材料时,可免缴俄罗斯联邦进口关税和增值税;区内生产的商品可免税出口,产品在区内流通无须缴纳消费税等。各特区根据自身特点,为入驻企业提供低于市场平均水平的土地租赁费率,入驻企业也可以地籍价格的1%—30%购买土地。一般来说,投资者在经济特区的项目成本比在俄罗斯平均成本低30%。

特殊行政制度方面,降低行政门槛,提供海关、税收、移民注册等"一站式"服务。各个特区都设立商务中心、办事处、展览和会议中心,税务局、移民局、海关署、房地产局、国家建筑监管机构等实行联合办公。①

早在1999年俄联邦政府就在远东设立经济特区。当年5月俄总统签发了《俄罗斯联邦马加丹特别经济区法》,批准建立马加丹经济特区,主要从事废黑色金属、有色金属的采购、存储、加工和销售。2007年在布里亚特共和国设立了"贝加尔湖港湾"旅游度假型特区,2014年在滨海边疆区设立了"弗拉基斯"工业生产型经济特区。然而这些经济特区并没有取得预期的效果。

五、远东各联邦主体重视引资

由于历史原因,远东地区经济发展落后于俄西部。近年来,俄政府针对远东大开发,制定了一系列政策措施,提高了远东发展经济的积极

---

① 《俄罗斯经济特区》,https://www.huanenet.com/russia/1510.html.

性,远东地区对外合作的愿望进一步强烈。远东各联邦主体日益重视吸引外资开发当地经济,招商的力度也逐渐加大,合作态度也由被动变主动,纷纷制定吸引外资的法规,举办论坛会议,到各地进行招商推介,介绍各自地区的引资项目,为吸引外资制定税收、行政审批等领域的优惠政策,引资意愿强烈。

萨哈(雅库特)共和国在 2024 年俄罗斯国家投资环境评级中排名第 14 位,该共和国在"监管环境"方面连续两年排名第 5,显示出其在改善商业环境方面的努力。萨哈(雅库特)共和国行政长官艾森·尼古拉耶夫决定,要确保共和国在 2025 年俄罗斯国家投资环境评级排名升至第 10 位。共和国第一副主席德鲁斯坦·鲍里索夫强调:萨哈(雅库特)共和国制定了一系列商业扶持措施。为了改善企业环境,必须落实所有的扶持措施。这些措施将有助于最大限度地简化企业注册、管理和运营流程。[①]

外贝加尔边疆区南部和东南部与中国和蒙古国接壤,有 8 个边境口岸(5 个与中国,3 个与蒙古国),首府是赤塔市。边疆区吸引投资的优势是:1. 具备丰富的矿产原料基地;2. 优越的地理和地缘政治条件;3. 发达的交通运输基础设施。外资对外贝加尔边疆区感兴趣的主要为矿产开采、农工综合体、林业和交通物流项目。外贝加尔边疆区政府非常重视吸引外资,先后制定了许多法律法规,如《对投资活动进行国家扶持的外贝加尔边疆区法》《外贝加尔边疆区工业园区法》《关于提供地方税收投资税收贷款依据和条件的外贝加尔边疆区法》等,以便为投资者提供更多的优惠。我国企业近年来也与该边疆区有着较多合作,边疆区政府也表示区内大部分经济领域需要中国投资。

滨海边疆区西南与朝鲜隔江相望,西与我国黑龙江省和吉林省接壤,首府是符拉迪沃斯托克市。滨海边疆区是远东经济较为发达的地区

---

① 《Итоги нацрейтинга инвестиционного климата обсудили у первого вице-премьера Якутии》, https://ysia.ru/itogi-natsrejtinga-investitsionnogo-klimata-obsudili-u-pervogo-vitse-premera-yakutii/.

之一,有发达的运输物流系统和现代化的商务基础设施(国际机场、酒店、商务中心、会场),工业基础雄厚,所有这些都是滨海边疆区吸引经商和投资的有利条件。《俄罗斯联邦社会经济超前发展区联邦法》及《符拉迪沃斯托克自由港法》颁布后,对促进当地吸引外资起到积极作用,2019年俄地区投资环境排行榜中滨海边疆区位列第23位。目前,边疆区为促进投资贸易,从2015年开始每年举办东方经济论坛;每年召开2—3次远东投资者日(中国投资者日)活动;还在华举办"滨海边疆区日"等推介活动。2018年,在哈尔滨举办的中俄博览会上,滨海边疆区在能源、矿产、农业、教育和环保等方面提供了20多个项目对外引资,提出的口号就是:只要有投资,一切都可以谈,无论是税收减免问题,抑或劳务许可等问题。可看出他们迫切发展地区经济的愿望。

阿穆尔州南部、西南部与中国相邻,首府是布拉戈维申斯克市。阿穆尔州不仅为超前发展区的入驻企业提供一系列的税收优惠,还简化了州政府和市政府的监管程序。

萨哈林州主要由萨哈林岛及千岛群岛组成,首府是南萨哈林斯克市。目前州内有3个超前发展区和2个符拉迪沃斯托克自由港制度适用区。2019年俄地区投资环境排行榜中萨哈林州位列第43位。为引进外资萨哈林州采取了一系列措施,如提供优惠政策,派代表团举行推介会,吸引企业扩大在该州油气资源、煤炭、林业、海洋渔业、教育和旅游等各领域的投资与合作。

马加丹州首府是马加丹市。马加丹州适用经济特区制度,适用范围为马加丹行政市区内。该州的竞争优势包括矿物和原料综合体,并有一个渔业开发综合体。马加丹州为吸引更多投资,促使远东吸引投资和出口促进署将为其5个优先领域(矿产开采、电力、旅游、运输和物流、渔业)的17个项目提供帮助,这些项目预计投资额为1732亿卢布。① 马加丹州希望与中国开展更加紧密的经贸合作。

---

① 《俄罗斯远东吸引投资和出口促进署将支持马加丹州的投资项目》,https://zezx. dbw. cn/system/2019/09/27/001343557. shtml.

为了在远东投资更加便利化,俄还改革了远东海关,增加电子签证入境口岸,方便国外人员来往。2020 年 5 月 15 日,远东电子海关在滨海边疆区正式注册,新成立的海关从 2020 年 9 月初开始接受陆路和空运货物的电子报关单。因此,到 2020 年底远东地区将有两个电子报关中心:一是隶属于符拉迪沃斯托克海关的符拉迪沃斯托克海关站(电子报关中心)。目前,远东地区 93% 的海上运输货物报关集中在该电子报关中心。二是隶属于远东电子海关的远东海关站(电子报关中心)。该电子报关中心将负责远东地区除海运外其他运输方式的货物海关申报。①

远东投资环境正在不断完善,为其更加具有投资吸引力,促进投资便利化,建议做到以下几点:

1. 提高与投资相关的法律法规政策的透明度。及时公布法律法规及其修订情况,建立咨询机构,为企业提供法律法规政策咨询,保障相关政策的制定和落实。

2. 提高行政机关效率。审批结果应及时通知投资者,通过一站式服务简化投资审批程序,尽可能降低投资相关的行政成本,减轻企业负担。

3. 加强行政监管力度,打击腐败,保护外国投资者的合法权益。

4. 完善知识产权保护工作机制,保障外国供应商依法平等参与政府采购。

5. 加强远东地区人文教育,培养高级管理和技术专业人才。

6. 制定更具吸引力的人口和移民政策,鼓励人口迁入。

第三节　远东超前发展区与自由港政策的实施

开发远东地区是俄罗斯在整个 21 世纪的重点事项。在远东开发中

---

① 《俄远东地区新设远东电子海关》,https://zezx.dbw.cn/system/2020/05/18/001370337.shtml.

吸引外资参与是必要手段,提高外资吸引力由三个关键因素决定,第一是税收减免,第二是基础设施的存在,第三是一个特殊的区域管理系统。目前,远东正在积极创造这些条件,以启动新的产业和吸引外国投资者。俄副总理兼远东联邦区总统全权代表特鲁特涅夫指出:现今,针对远东的投资者的优惠制度在全俄来说是最好的。截至 2020 年 5 月,超前发展区和符拉迪沃斯托克自由港共有 2336 家入驻企业,其中有外资参与的 100 多家,58 家有中国投资。① 在国家支持措施的帮助下,包括超前发展区、自由港、支持基础设施发展和其他政策,2022 年在远东地区各超前发展区和符拉迪沃斯托克自由港正在实施超过 2600 个投资项目,协议投资总额可观,实施的项目翻了一番,实际投资超 2.2 万亿卢布,75%以上投资集中在深加工、机械制造、造船、物流、运输、农业和旅游以及休闲等领域,450 多家企业已投产,创造了 8.7 万余个新工作岗位。② 有必要采取一切措施,使投资者获得能与亚太地区国家竞争的便利优惠制度。俄远东和北极发展部将为超前发展区和符拉迪沃斯托克自由港入驻企业开通电子商务平台,相关企业可通过平台进行交流合作,并且无须通过中介可相互直接进行产品买卖。同时,入驻企业产品和服务电子商务平台也将启动,方便企业进行交流与合作。可以说,自超前发展区和符拉迪沃斯托克自由港运行以来,远东地区的投资规模和企业规模不断扩大,就业机会越来越多,呈现积极发展态势。

一、超前发展区建设状况

2022 年,远东联邦区共有 22 个超前经济发展区,分布在 10 个联邦主体内,其中滨海边疆区有 4 个;哈巴罗夫斯克边疆区、阿穆尔州和萨哈林州各有 3 个,布里亚特共和国、萨哈(雅库特)共和国和外贝加尔边疆

---

① 《俄远东发展部将开通企业电子商务平台》,https://www.sohu.com/a/396935023_120058819.

② 《俄远东地区人口流入呈增长态势》,https://www.sohu.com/a/527837347_121123902.

区各有 2 个,其余 3 个联邦主体各有 1 个(见表 3-2),马加丹州没有设立超前发展区。

表 3-2 2022 年远东联邦区超前发展区统计

序号	名称	入驻企业数量/个	投资金额/亿卢布	提供就业岗位/个	专业化方向
布里亚特共和国					
1	布里亚特超前发展区	13	126	1723	农业、木材加工、旅游业
2	谢列金斯克超前发展区				
萨哈(雅库特)共和国					
1	雅库特超前发展区	30	129.6	1800	农业、物流、制造业
2	南雅库特超前发展区	18	1111.3	8861	采矿、采矿冶金业
外贝加尔边疆区					
1	外贝加尔超前发展区	37	2018.0	9946	采矿、木材加工、食品工业
2	克拉斯诺卡缅斯克超前发展区	4	111.6	1250	
堪察加边疆区					
1	堪察加超前发展区	117	1773	11648	旅游业、娱乐、物流、渔业、鱼产品加工
滨海边疆区					
1	大卡缅超前发展区	24	3938.6	17182	造船、物流
2	米哈伊洛夫斯基超前发展区	19	832.2	4313	农业
3	纳杰日金斯基超前发展区	78	618.3	8157	物流、工业

续表

序号	名称	入驻企业数量/个	投资金额/亿卢布	提供就业岗位/个	专业化方向
4	纳霍德卡超前发展区	2	8614.0	5925	化工与石油化工
哈巴罗夫斯克边疆区					
1	共青城超前发展区	23	389.2	4019	机械制造、木材加工、金属加工、食品工业
2	尼古拉耶夫斯克超前发展区	8	27.6	1251	船舶修理、鱼产品加工、采矿
3	哈巴罗夫斯克超前发展区	47	349.4	3104	工业、物流、农业
阿穆尔州					
1	别洛戈尔斯克超前发展区	6	54.4	924	农业、食品工业
2	阿穆尔河沿岸超前发展区	20	107.1	1323	物流、工业
3	斯沃博德内超前发展区	10	17890	4631	天然气加工、工业
萨哈林州					
1	山间空气超前发展区	28	221.4	1619	旅游业、娱乐
2	千岛群岛超前发展区	7	109.6	1903	旅游业、鱼产品加工
3	南部超前发展区	10	160	1171	农业
犹太自治州					
1	阿穆尔－兴安超前发展区	4	76.4	1163	农业、食品工业、物流
楚科奇自治区					

续表

序号	名称	入驻企业数量/个	投资金额/亿卢布	提供就业岗位/个	专业化方向
1	楚科奇超前发展区	59	6065.7	5813	采矿、公众服务

资料来源:社会经济超前发展区,https://erdc.ru/cn/about-tor/。

阿穆尔州的斯沃博德内超前发展区(建于 2015 年)获得投资最多。阿穆尔天然气加工厂位于该超前发展区,中国葛洲坝集团机电建设有限公司参建该项目,对中俄能源合作来说是一个非常重要的战略项目。阿穆尔天然气加工厂建成后将成为俄罗斯最大的天然气处理厂,每年将处理 420 亿立方米的原料天然气,年产氦气 6000 万立方米,每年可向中国输送天然气 380 亿立方米。2021 年 11 月 17 日完成第二阶段管道安装工作,2022 年 4 月第二阶段施工任务顺利完成。① 州内的阿穆尔河沿岸超前发展区的建立是为发展该地区的出口和运输物流潜力,发展前景与布拉戈维申斯克—黑河跨黑龙江大桥有关。别洛戈尔斯克超前发展区的发展方向是农业综合体和制造业,因为阿穆尔州南部地区 70% 的农产品产于此地。

获得投资第二多的是滨海边疆区的超前发展区。东方石油化工综合体建在滨海边疆区的纳霍德卡超前发展区(建于 2017 年),是俄罗斯石油公司最大项目之一,要在远东建设一个生产汽油、柴油和石化产品的大型石油化工综合体,每年可加工 1200 万吨石油和生产 340 万吨石化产品。此外,在该项目框架内,还将建设一座可转运石油和石化产品的港口,以及支线铁路和发电站。滨海边疆区的大卡缅超前发展区(建于 2016 年)获得投资也较多,提供就业岗位 17182 个,是所有超前发展区中最多的。截至 2021 年 7 月 7 日,该超前发展区与入驻企业签订了

---

① 《阿穆尔天然气加工厂项目第二阶段施工任务顺利完成》,https://m.chinanews.com/wap/detail/zw/cj/2022/04-12/9726628.shtml.

19 项投资协议,正在建造的大吨位"红星"造船厂位于区内。① "红星"造船厂由俄罗斯石油公司、俄罗斯石油天然气公司和俄罗斯天然气工业银行共同组建的财团依托位于大卡缅市的远东船舶修造中心成立,在原本的大型修船企业基础上新建,中国交建集团有限公司是"红星"造船厂建筑项目的承包商。2019 年 6 月,红星造船厂又与中国交建签署合同,计划投入 27.88 亿卢布扩大预船坞场地范围。②

楚科奇自治区的超前发展区(建于 2015 年)主要发展采矿业,获得了 6068 亿卢布投资,提供了 5900 多个就业岗位。③ "白令戈夫斯基煤炭"公司(澳大利亚 Tigers Realm Coal 公司子公司)入驻楚科奇超前发展区,2016 年 12 月底该企业已开始在"凡久什金斯基"矿场开采焦煤。

俄政府和联邦区政府通过超前发展区近十年的发展,不断总结经验,对超前发展区的管理制度、规模、运行效率也在逐渐完善。

2023 年 1 月,俄罗斯总理米舒斯京签署命令,将阿穆尔州"别洛戈尔斯克"、"阿穆尔河沿岸"和"斯沃博德内"三个超前发展区合并为"阿穆尔"统一超前发展区。政府认为该决定有助于改善超前发展区的管理制度,并提高阿穆尔州创造有利投资环境的工作效率。④ 2024 年 5 月,俄政府拟把阿穆尔州布列亚区、伊万诺夫区和滕达区划归阿穆尔超前发展区地域范围,在新增地块内将建钢筋混凝土产品仓库。

2023 年 6 月,俄政府决定将"共青城"、"尼古拉耶夫斯克"和"哈巴罗夫斯克"3 个超前发展区予以合并,并扩大其范围。统一的"哈巴罗夫斯克"超前发展区将包括哈巴罗夫斯克、共青城、阿穆尔斯克、尼古拉耶夫斯克以及哈巴罗夫斯克边疆区其他地区和居民点。俄政府认为,这有

---

① 《"大卡缅"超前发展区冶金厂》,https://www.sohu.com/a/478840809_121123733.

② 《中国建筑有望获红星造船厂 48 亿元建设合同》,https://www.zgsyb.com/news.html? aid=512879.

③ «На Чукотке резиденты префрежимов планируют вложить в проекты более 780 млрд руб.», https://arctic-russia.com/en/article/na-chukotke-rezidenty-prefrezhimov-planiruyut-vlozhit-bolee-780-mlrd-rubley-v-proekty-po-nedropolzov/.

④ 《俄阿穆尔州建立超前发展区统一管理体系》,https://sputniknews.cn/20230111/1047045194.html.

助于打造一个统一的超前发展区管理体系以及提高投资管理效率。[①]

2024 年 5 月,俄政府将为"大卡缅"超前发展区增加新的地块,旨在扩建滨海边疆区冶金厂。新地块包括位于日本海的谢尔佳娜亚湾部分地区,在新地块上计划修建厂房、交通基础设施、供电线路、员工住房等。此外,还将修建码头用来运送建工厂所需要的设备。该项目总投资约 1600 亿卢布,计划于 2025 年投入生产,届时项目雇员将超过 1500 人。[②]

2024 年 6 月 6 日,俄联邦政府第 768 号政府令批准萨哈林州"山间空气"和"南部"超前发展区合并为"萨哈林"超前发展区,其边界扩大,覆盖南萨哈林斯克,以及亚历山德罗夫斯克-萨哈林斯基、阿尼夫斯基、科尔萨科夫斯基、马卡罗夫斯基、波罗尼亚、斯米尔内霍夫斯基、托马林斯基和季莫夫斯基等市。[③]

2024 年 7 月,俄罗斯总理米舒斯京签署了一项政府令,批准扩大布里亚特地区的超前发展区边界;8 月,又宣布将扩大外贝加尔超前发展区的边界,以启动新的和开发正在落实的投资项目。

由于对联邦主体内部的一些超前发展区进行了合并,截至 2024 年 9 月,远东地区有 16 个超前发展区(见表 3-3)。

表 3-3 远东联邦区超前发展区统计

序号	名称	入驻企业数量/个	投资金额/亿卢布	提供就业岗位/个	专业化方向
布里亚特共和国					
1	布里亚特超前发展区	15	212	1375	农业、木材加工、旅游业

---

① 《俄罗斯政府合并哈巴罗夫斯克边疆区三个超前发展区》,http://www.chinaru.info/zhongejmyw/jingmaoyaowen/69029.shtml.

② 《俄罗斯扩大远东和北极地区超前发展区的地域范围》,https://www.sohu.com/a/779164436_121123902.

③ 《俄政府批准扩大萨哈林州超前发展区》,https://www.sohu.com/a/785579224_121123902.

续表

序号	名称	入驻企业数量/个	投资金额/亿卢布	提供就业岗位/个	专业化方向
	萨哈(雅库特)共和国				
1	雅库特超前发展区	52	855.7	2262	农业、物流、制造业
2	南雅库特超前发展区	19	1210.6	9956	采矿、采矿冶金业
	外贝加尔边疆区				
1	外贝加尔超前发展区	66	4777.3	27775	采矿、木材加工、食品工业
2	克拉斯诺卡缅斯克超前发展区	6	147.4	1292	
	堪察加边疆区				
1	堪察加超前发展区	147	1668.3	13757	旅游业、娱乐、物流、渔业、鱼产品加工
	滨海边疆区				
1	大卡缅超前发展区	38	5542.7	25611	造船、物流
2	米哈伊洛夫斯基超前发展区	25	1222.6	7101	农业
3	纳杰日金斯基超前发展区	119	2172.3	17268	物流、工业
4	纳霍德卡超前发展区	5	8615.6	6060	化工与石油化工
	哈巴罗夫斯克边疆区				
1	哈巴罗夫斯克超前发展区	107	3402.2	13948	工业、物流、农业
	阿穆尔州				
1	阿穆尔超前发展区	45	21250.8	10419	物流、工业
	萨哈林州				

续表

序号	名称	入驻企业数量/个	投资金额/亿卢布	提供就业岗位/个	专业化方向
1	萨哈林超前发展区	60	1817.7	6270	旅游业、娱乐、农业
2	千岛群岛超前发展区	8	144.2	2417	旅游业、鱼产品加工
犹太自治州					
1	阿穆尔-兴安超前发展区	8	391.4	2617	农业、食品工业、物流
楚科奇自治区					
1	楚科奇超前发展区	57	6965.5	9843	采矿、公众服务

资料来源：社会经济超前发展区，https://erdc.ru/cn/about-tor/。

二、超前发展区和符拉迪沃斯托克自由港的运行

超前发展区和符拉迪沃斯托克自由港实施越来越多的项目，2021年4月时共有2.7万家企业入驻远东的超前发展区。① 到2030年，远东联邦区社会经济超前发展区和符拉迪沃斯托克自由港入驻企业将创造约23万个就业岗位。根据远东和北极开发集团的数据，目前特惠制度下的入驻企业已创造了约13万个就业岗位。②

入驻超前发展区的企业必须是在发展区注册并位于发展区区域内，且不得在发展区外有分支机构；投资额不少于50万卢布（约合8500美元）；商业项目必须符合规定的经营活动种类。

---

① 《俄远东和北极发展部长谈远东发展情况》，http://ru.mofcom.gov.cn/jmxw/art/2021/art_377017b47132413d9558504b650d0577.html.

② 《К 230 тыс. приблизится число рабочих мест в префрежимах ДФО к 2030 году》，https://www.eastrussia.ru/news/k-230-tys-priblizitsya-chislo-rabochikh-mest-v-prefrezhimakh-dfo-k-2030-godu-/.

入驻自由港的企业必须是在自由港区域内注册经营的企业；三年内投资额不少于500万卢布(约合8.5万美元)；必须是新投资项目、新业务种类或新经营主体(不允许将原有公司简单注销,再到自由港重新注册)；从事油气开采、金融保险、商品批发零售等的企业禁入自由港注册。

中资企业对超前发展区和符拉迪沃斯托克自由港充满兴趣。在2018年11月7日获批的《中俄在俄罗斯远东地区合作发展规划(2018—2024年)》中明确提出：如中国投资者计划在远东地区尚未设立超前发展区的地点新建项目,俄方将研究扩大某一现行超前发展区边界或新设超前发展区的可行性。再如：中国投资者在俄远东地区的超前发展区实施项目需要修建专门的交通、工程或其他基础设施,在不违反俄联邦法律的情况下,俄方将研究国家出资建设相应基础设施的可能性,国家出资额不超过项目投资金额的10%。由此可见,中国不仅是俄罗斯远东地区最大的投资国,同时也是超前发展区模式的最大参与国。中资企业的对俄投资合作项目,覆盖能源和矿产开采、农业、森林采伐加工、制造业、工程建筑和服务业等多个领域。

中国经安钢铁公司计划在萨哈(雅库特)共和国建立一家年产能为400万吨冶金焦的企业。该项目预计投资额将达50亿元。除冶金焦外,该企业还将生产萘、苯和硫酸铵。经安公司还承担在萨哈(雅库特)共和国发展教育系统的义务,以满足企业对高水平人才的需求。[1]

中国航空工业集团有限公司(AVIC)将参与萨哈(雅库特)共和国超前发展区选矿厂建设项目。2018年12月底,俄科尔马尔煤炭集团、伊纳格林采矿选矿联合工厂股份公司和中航工业就联合建设"伊纳格林2号"选矿厂签署了价值约35亿卢布的合同,根据合同内容,中方将

---

[1] 《中国企业拟在雅库特建设焦化企业》,https://cn.dailyeconomic.com/business/2021/03/05/37225.html.

进行工厂主要生产线的设计、供货、安装和技术设备启动的工作。①

北方能源凤凰能源有限公司(中国能源最大的煤炭公司的子公司)与俄罗斯煤炭行业最大的公司之一东西伯利亚煤矿有限责任公司成立中俄合资企业——露天采煤有限责任公司,入驻外贝加尔超前发展区。②

中鼎牧业是中国最早入驻滨海边疆区米哈伊洛夫斯基超前发展区的奶业企业,目前在俄拥有土地3万公顷,并购运营6个现代化农场,种植饲料面积近20万亩,3000头奶牛示范牧场一座,日加工500吨乳品加工厂一座。③

Legendagro Primorye 项目由中国北大荒农业控股有限公司发起,计划在滨海边疆区的米哈伊洛夫斯基超前发展区实施大米和大豆的种植、加工、包装和仓储项目。④ 滨海边疆区将在 2023 年至 2029 年实施创建一个有中国投资者参与的农业园,Legendagro Primorye 公司的项目可能是该园区的核心。⑤ 申通公司在滨海边疆区纳杰日金斯基超前发展区物流园建设海外仓库,将其打造成中俄跨境电商的物流基地。

犹太自治州政府将继续吸引中国投资者前来阿穆尔-兴安斯克超前发展区。2018 年该超前发展区 4 家入驻企业中有 3 家是中资企业,如其中的比罗比詹钢结构厂。中国企业"比罗比詹钢结构厂"有限责任公司于 2012 年在俄注册成立,于 2013 年在俄犹太自治州投资 11 亿卢

---

① 《中企将参与俄雅库特选矿厂建设项目》, https://www.bhi.com.cn/News/ShowDetails.aspx? id = 19745933&columns = 27&label = 9748&keywords = %25E4%25B8%25AD%25E4%25BC%2581%25E5%25B0%2586%25E5%258F%2582%25E4%25B8%258E%25E4%25BF%2584%25E9%259B%2585%25E5%25BA%2593%25E7%2589%25B9%25E9%2580%2589%25E7%259F%25BF%25E5%258E%2582%25E5%25BB%25BA%25E8%25AE%25BE%25E9%25A1%25B9%25E7%259B%25AE.

② 《外贝加尔斯克边疆区资讯》, https://cn.investinrussia.com/.

③ 《中鼎牧业俄罗斯牧场奶来了,蒙牛旗下工厂加工》, https://www.sohu.com/a/339105555_751468.

④ 《滨海边区"米哈伊洛夫斯基"超前发展区范围或为中国投资者的农场予以扩大》, https://zezx.dbw.cn/system/2019/12/17/001351494.shtml.

⑤ 《俄将实施有中国投资者参与的农业园联合项目 或使用中国支付系统》, http://www.chinaru.info/zhongejingmao/lubuhuilv/69460.shtml.

布建成比罗比詹钢结构园区,可年产钢结构 6000 吨、复合板 20 万平方米。为响应"一带一路"倡议和龙江丝路带经济发展战略,也为满足俄罗斯远东建筑市场需求,2015 年公司投资 2500 万美元建设了比罗比詹钢结构新厂,建成后年产钢结构 2 万吨、复合板 30 万平方米,预计实现年产值 2 亿人民币,解决俄罗斯当地 200 人就业。①

符拉迪沃斯托克自由港已运营的大型项目之一是印度 KGK 集团投资的钻石加工厂。KGK 集团承诺的投资总额约为 5000 亿卢布,计划日采购量为 9000 克拉,并创造 500 个工作岗位。② 符拉迪沃斯托克自由港入驻的中资企业有几十家。

绥芬河侨兴远东现代农业发展有限公司于 2017 年 7 月入驻符拉迪沃斯托克自由港,建设侨兴远东现代农业园区,在俄罗斯打造玉米、大豆种植基地,建立大豆油、面粉、蒸汽压片玉米生产基地。

曲美木业发展有限公司投资建设的曲美中俄远东跨境经贸合作区于 2017 年 9 月取得了符拉迪沃斯托克自由港入区资质。公司计划将此项目打造成为集生产、商贸、仓储和物流为一体的现代化国际商贸园区。

截至 2022 年初,在所有投资国中,中国在俄罗斯远东的投资额和项目数量都大幅领先。中国投资占超前发展区和符拉迪沃斯托克自由港外国投资总额的 70% 以上,中国投资者申请实施的超前发展区和符拉迪沃斯托克自由港投资项目超过 50 个(见表 3-4)。同时,中国投资绝大部分属于私人投资,主要集中于制造业、物流和交通运输业、农业、旅游业及其他领域。

---

① 《中企在俄犹太自治州跨越式发展区投资建设钢结构厂》,https://www.yidaiyilu.gov.cn/p/32252.html.

② 《俄罗斯远东地区自由经济区发展简述》,https://www.heihe.gov.cn/hhs/c102651/202409/c11_306024.shtml.

表3-4　远东超前发展区和符拉迪沃斯托克自由港主要的外国投资额和项目数量

国家	投资规模/亿卢布			项目数量/个		
	截至2020年初	截至2021年初	截至2022年初	截至2020年初	截至2021年初	截至2022年初
超前发展区						
合计	2664.90	1553.71	1554.43	34	30	32
中国	2279.97	1058.21	1171.42	11	10	12
日本	118.44	105.81	75.29	6	6	6
韩国	26.65	36.32	53.84	5	3	3
澳大利亚	26.65	32.92	36.88	3	3	3
新加坡	26.65	19.55	29.71	1	1	1
越南	148.05	136.43	136.44	1	1	1
符拉迪沃斯托克自由港						
合计	1042.02	1045.15	867.06	64	75	61
中国	736.03	752.96	585.63	41	50	38
韩国	41.35	24.32	50.14	6	7	8
日本	33.08	30.83	38.34	4	4	5
新加坡	5.43	2.40	1.67	2	2	1
越南	82.70	10.63		1	1	
印度	82.70	13.19	13.19	3	3	3

资料来源：О. М. 普罗卡帕洛、А. Б. 巴尔达利、М. Г. 马济托娃、Д. В. 苏斯洛夫，钟建平，译.《2021年俄远东联邦区经济形势》，载《西伯利亚研究》2022年第6期。

从2021年开始，将根据《符拉迪沃斯托克自由港法》的有关要求，逐步将远东地区所有重点口岸转至自由港工作模式。

鉴于新的地缘政治现实和来自不友好国家的制裁压力，一些公司正在从远东地区的大中型项目中撤出，吸引外资方面出现了负面趋势。尽管存在这些风险，根据远东发展公司2022年的数据，外国投资者在超前发展区的项目中仍保持了积极的投资趋势，而自由港相关项目进展明显受阻。

第四章 对俄罗斯投资状况和前景

第一节 对俄罗斯投资状况

2020 年中国对外直接投资流量 1537.1 亿美元,在疫情影响下继续保持增长,同比增长 12.3%。在世界上外国直接投资影响力不断扩大,对外直接投资流量首次位居全球第一;截至 2020 年末,中国对外直接投资存量达 2.58 万亿美元,位居世界第三。2021 年,中国对外直接投资流量 1788.2 亿美元,比上年增长 16.3%,连续十年位列全球前三。2021 年末,中国对外直接投资存量 2.79 万亿美元,连续五年排名全球前三(见表 4-1)。① 2022 年,中国对外直接投资流量和存量都出现下滑,这与国际经济和地缘政治形势变化有关。联合国贸发会议(UNCTAD)《2023 世界投资报告》显示,2022 年全球对外直接投资流量 1.5 万亿美元,比上年下降 14%,其中发达经济体对外直接投资 1.03 万亿美元,比上年下降 17.2%,发展中经济体对外直接投资 4589 亿美元,比上年下降 5.4%。②

---

① 《我国对外直接投资流量连续十年位列全球前三》,https://www.gov.cn/xinwen/202211/07/content_5725198. htm.

② 《2022 年度中国对外直接投资统计公报》,http://hzs.mofcom.gov.cn/cms_files/oldfile//hzs/202310/20231027112320497.pdf.

表 4-1 中国历年对外直接投资流量、存量

年份	流量			存量	
	金额/亿美元	全球位次	同比(%)	金额/亿美元	全球位次
2011	746.5	6	8.5	4247.8	13
2012	878.0	3	17.6	5319.4	13
2013	1078.4	3	22.8	6604.8	11
2014	1231.2	3	14.2	8826.4	8
2015	1456.7	2	18.3	10978.6	8
2016	1961.5	2	34.7	13573.9	6
2017	1582.9	3	−19.3	18090.4	2
2018	1430.4	2	−9.6	19822.7	3
2019	1369.1	2	−4.3	21988.8	3
2020	1537.1	1	12.3	25806.6	3
2021	1788.2	2	16.3	27851.5	3
2022	1631.2	2	−8.8	27548.1	3

资料来源:《2022 年度中国对外直接投资统计公报》, http://hzs.mofcom.gov.cn/cms_files/oldfile//hzs/202310/20231027112320497.pdf。

近年来,俄罗斯积极面向中国寻求合作,对华经贸关系出现积极态势,中俄关系处于历史上最好的时期。中资企业经营环境有所改善,投资受限情况也随之减少。同时,中国的"一带一路"倡议与俄罗斯正在实施的远东开发战略为中国企业向远东投资提供了机遇。

一、中国对俄罗斯投资规模

目前,中国已经从资本净流入国成为对外投资大国,俄罗斯还处在大力吸引外资阶段,两国在许多领域具有互补性,这是中国开展对俄投资合作的基础。

近十年,中国对俄罗斯直接投资总体呈上升趋势,投资行业丰富化,

领域多样化。2011—2013 年,中国对俄罗斯的直接投资逐年增长。2014 年乌克兰危机后,由于欧美制裁俄罗斯经济开始下滑,导致中国对俄罗斯直接投资大幅缩减。2015 年,在两国努力下,中国对俄投资大幅回升,达到 29.61 亿美元,至今没有超过这个数额。2016 年以来,中国对俄投资没有保持住增长,大部分年份出现缩减,除了 2017 年俄罗斯国内经济局势稳定发展,中国对俄直接投资流量略有增长,达 15.48 亿美元。2018 年,中国在俄投资 19 个项目,对俄直接投资流量减少 53%,但中国对俄投资存量达到历史最高。2019 年,中国对俄直接投资存量减少。2020 年,由于新冠疫情世界各国纷纷封锁边境,限制人员流动,经济衰退,中国对俄直接投资下滑,仅 5.7 亿美元,对俄直接投资存量也减少到 120.7 亿美元。同上年一样俄罗斯没有进入中国对外直接投资流量前 20 国家之列,在中国对外直接投资存量排名中仍位列第 13。2021 年底,中国对俄直接投资存量继续减少,为 106.44 亿美元,同比减少约 12%。据中国商务部统计,2022 年中国对俄罗斯直接投资流量 2.3 亿美元,截至 2022 年底,中国对俄罗斯直接投资存量 99 亿美元(见表 4-2)。

表 4-2　2011—2022 年中国对俄罗斯直接投资统计

年份	对俄直接投资流量/亿美元	占中国对外直接投资流量比重/%	对俄直接投资存量/亿美元	占中国对外直接投资存量比重/%
2011	7.16	0.96	37.64	0.89
2012	7.85	0.89	48.88	0.92
2013	10.22	0.95	75.82	1.15
2014	6.34	0.51	86.95	0.99
2015	29.61	2.03	140.20	1.28
2016	12.93	0.66	129.80	0.96
2017	15.48	0.98	138.72	0.77
2018	7.25	0.51	142.08	0.72

续表

年份	对俄直接 投资流量/ 亿美元	占中国对外 直接投资 流量比重/%	对俄直接 投资存量/ 亿美元	占中国对外 直接投资 存量比重/%
2019 *	-3.79		128.04	0.58
2020	5.70	0.37	120.71	0.47
2021	-10.72		106.44	0.38
2022	2.30	0.14	99.00	0.36

注: * 表示 2019 年末存量数据中包含对以往历史数据进行调整。

资料来源:根据 2012—2022 年《中国统计年鉴》和《2022 年度中国对外直接投资统计公报》整理。

安永国际咨询公司发布的《2020 年欧洲国家投资吸引力》报告显示,2020 年,中国在对俄罗斯投资国家排名中列第 2 位,与上年排名相同。2020 年中国在俄罗斯投资了 15 个项目,比上年减少 7 个项目,主要投资高科技行业,对电子行业项目的投资最多,在制造业的项目数量排名第二,而 2019 年中国投资主要流向软件和 IT 服务行业。俄罗斯亚洲工业企业家联盟主席维塔利·曼克维奇表示:"即使考虑到一些项目未能实施的情况,目前在俄罗斯实施的吸引中国投资的项目数量超过60 个。"2020 年 12 月,中俄政府间投资合作委员会批准了由 70 个重大项目组成的清单,非能源领域的投资总额为 1120 亿美元,据该委员会称,俄罗斯正在实施的项目有 65 个,金额为 1062 亿美元,在中国实施的项目有 5 个,金额为 58 亿美元。[①]

2024 年 7 月,俄罗斯副总理兼总统驻远东联邦区全权代表尤里·特鲁特涅夫表示,中国是俄罗斯在远东地区的主要经济合作伙伴。在中国资本的参与下,远东地区正在实施 51 个投资项目,总投资额达 8170

---

① 《中国在对俄投资项目数量方面排名第二》,https://sputniknews.cn/russia_china_rela-tions/20210605/1033834952/.

亿卢布。其中包括投资超过 7000 亿卢布的阿穆尔天然气化工综合体的建设和其他一些项目。①

二、中国对俄罗斯投资行业、地域分布

2020 年,中国对外直接投资主要流向租赁和商务服务业、制造业、批发和零售业、金融业。租赁和商务服务业排第一位,制造业位列第二,其主要分布在汽车制造、计算机通信及其他电子设备制造、化学原料及化学制品制造等领域。中国在俄罗斯的投资流向与此不太一样。从行业分布情况看,2020 年投资主要集中在采矿业,投 2.16 亿美元,占对俄直接投资总额的 37.9%;投向科学研究和技术服务业 1.64 亿美元,占 28.8%;建筑业投资 0.65 亿美元,占 11.4%;农林牧渔业 0.5 亿美元,占 8.8%;租赁和商务服务业 0.48 亿美元,占 8.4%。2020 年末在俄罗斯设立近 1000 家境外企业(在欧洲共有 4655 家境外企业),在中国设立境外企业数量排名中位于第六,雇用外方员工超 2.2 万人。

从存量的主要行业分布情况看,投向采矿业 49.95 亿美元,占 41.4%;农林牧渔业 27.72 亿美元,占 23%;制造业 15.69 亿美元,占 13%;租赁和商务服务业 6.43 亿美元,占 5.3%;科学研究和技术服务业 5.23 亿美元,占 4.3%;金融业 4.97 亿美元,占 4.1%;批发和零售业 3.32 亿美元,占 2.8%;房地产业 3.11 亿美元,占 2.6%(见图 4-1)。②从流量和存量行业分布不同可看出,采矿业一直是投资重点。而近几年,科研和技术服务行业逐渐成为中国企业对俄投资的热点领域。

---

① 《俄罗斯远东想学习中国经验 | 中俄合作投资的 51 个项目正在远东落地》,https://mp. weixin. qq. com/s? __biz = Mzg2MTU3NDQ5MA = = &mid = 2247516327&idx = 2&sn = 62ff53a 9438492407d880b00a36f886d&chksm = cfc071edc08e8ff4784a46fc270bdae6bd38786c468933e35cfba 1b3f5318f4c8df0cff5d50a&scene = 27.
② 《2020 年度中国对外直接投资统计公报》,http://www. gov. cn/xinwen/2021-09/29/ 5639984/files/a3015be4dc1f45458513ab39691d37dd. pdf.

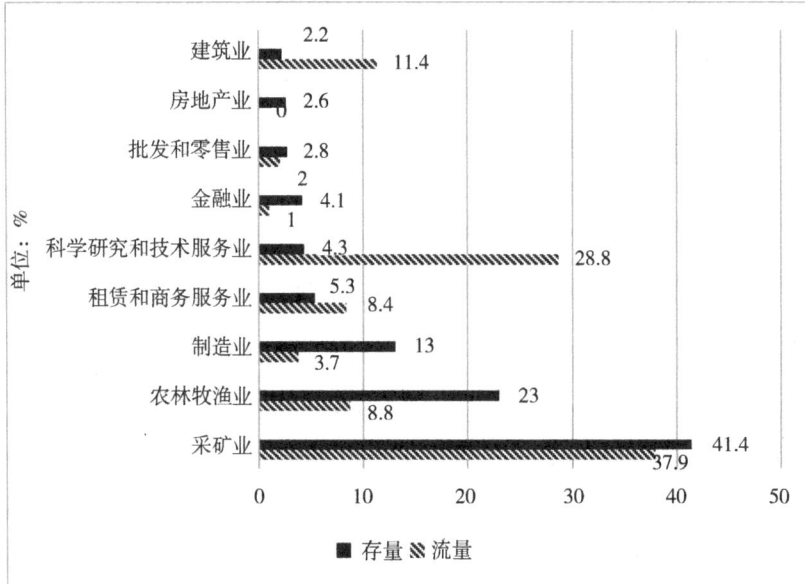

图 4-1 中国对俄直接投资存量和流量主要行业分布(截至 2020 年末)

资料来源:《2020 年度中国对外直接投资统计公报》,http://www. gov. cn/xin-wen/2021-09/29/5639984/files/a3015be4dc1f45458513ab39691d37dd. pdf。

2022 年末,中国对外直接投资存量前 20 位的国家(地区)中,俄罗斯排名第 20 位(2021 年第 16 位),中国设立境外企业数量前 20 位的国家(地区)中,俄罗斯排名第 9 位,与上年相同。[1]

中国对俄罗斯投资主要集中在远东地区和莫斯科、圣彼得堡等发达城市。在远东重点投向石油天然气和矿产开发、农业、森林采伐和木材加工、物流、建筑业、宾馆和餐饮服务业、进出口贸易等;在俄欧部分主要投向信息技术服务业、宾馆和餐饮业、科技行业和制造业。

以前,中国在俄投资占据主导地位的一直都是国有企业,而近年来,私营企业逐渐开始取代国企的地位,逐步走上了主导的位置。如在汽车制造领域,2015 年 7 月,力帆汽车在俄罗斯利佩茨克州举行了隆重的新

---

[1] 《2022 年度中国对外直接投资统计公报》,http://images. mofcom. gov. cn/hzs/202310/20231007152406593. pdf。

工厂奠基仪式,这标志着力帆汽车在俄罗斯的全资工厂全面启动。力帆汽车新建工厂位于俄罗斯利佩茨克联邦经济特区,占地60万平方米,投资达3亿美金,将建设现代化的焊接、涂装和总装车间。计划于2017年竣工,初期将采取全套散件组装,投产后计划年产能达6万台,之后将逐步实现本地化,最终形成年产20万辆汽车的能力。① 2019年6月,长城汽车位于图拉州工业园的工厂竣工投产。2020年,长城汽车又投资了37亿元人民币升级图拉工厂,提高了核心零部件的本地化生产水平,获得了俄罗斯政府的税收优惠和政策支持。② 在家电制造领域,海尔俄罗斯冰箱生产厂于2016年4月投产运营,项目总投资额为5500万美元。③ 2019年8月,海尔在俄鞑靼斯坦共和国投资建设的海尔俄罗斯洗衣机工厂开业。海尔俄罗斯电视机工厂项目于2019年8月投产,为当地解决了380多个就业岗位,同时也达到了当年投产、当年达产、当年盈利的目标。海尔俄罗斯冰冷工厂项目于2020年8月份完成立项,新工厂总建筑面积3.5平方米,设计1条冰箱生产线、2条冷柜生产线,主要生产冰箱、冷柜产品,2022年10月已正式投入运营。④

　　随着俄政府一系列远东开发政策的实施,远东地区在吸引中国投资方面的潜力巨大。俄 iMARS 公司的专家对与中国合作准备程度最高的俄罗斯地区进行排名,前五名依次是滨海边疆区、诺夫哥罗德州、布里亚特共和国、莫斯科和罗斯托夫州,远东有两个联邦主体在内。

　　中国黑龙江省与俄远东毗邻。在中俄投资合作中,黑龙江省具有重要地位。黑龙江省对俄投资合作开展很早,投资主要分布在远东地区。近年来,其对俄罗斯的投资规模也在逐渐增加,2019年,对俄投资2.6

---

① 《中国汽车在俄领先销量品牌开厂奠基 力帆全面开启本土化新进程》,http://ru. people. com. cn/n/2015/0717/c355954-27322306. html.

② 《扎根更深,长城汽车俄罗斯发动机工厂正式奠基!》,https://chejiahao. autohome. com. cn/info/7422575? from=m.

③ 《记者手记:中国"春燕"落户俄罗斯》,http://www. xinhuanet. com/world/2016-04/28/c_128942232. htm.

④ 《海尔俄罗斯工业园境外经贸合作区》,http://commerce. shandong. gov. cn/art/2023/6/5/art_92318_10324655. html.

亿美元,同比增长 3.4%;截至 2019 年末,在俄罗斯投资设立境外企业 297 家,投资存量 22.2 亿美元①,占同期中国对俄直接投资存量的 17.3%。黑龙江对俄投资行业包括能源开采和加工、农业、林业、矿产开采、建筑业、港口、商贸物流等。

2020 年以来,黑龙江省对俄罗斯的投资并不多,2020—2022 年,黑龙江对俄实际投资年度流量分别为 0.3 亿美元、1.2 亿美元和 0.18 亿美元。②

在俄罗斯远东,中资企业参与的大项目有中国黄金集团参与的金矿项目,该公司购买了外贝加尔边疆区的西克鲁奇金矿 70% 的股权,现已钻探施工;中国成达工程有限公司与俄罗斯纳霍德卡矿业化肥股份有限公司签署了项目规模为年产 180 万吨天然气制甲醇项目工程总承包合同,合同额为 26.7 亿元,计划竣工日期 2026 年 12 月③;中国能源参与的煤炭项目等。今后,随着《中俄在俄罗斯远东地区合作发展规划(2018—2024 年)》的进一步实施,在政府的推动下,会有更多的中国企业到俄罗斯远东进行投资。

第二节　对俄罗斯投资挑战与前景

俄罗斯希望通过吸引外资,实现经济转型,改变过度依赖能源出口的经济模式,但从实际引资状况来看,没有彻底改变旧有经济增长模式。

从我国对俄罗斯投资的整体状况分析,目前我国对俄直接投资在规模拓展与产业结构优化层面,仍存在一定的调整需求;而俄罗斯在法律制度、行政流程、基础设施建设和金融支持等方面也仍有提升空间。

---

① 《中国对外投资合作发展报告 2020》,http://www.gov.cn/xinwen/2021-02/03/5584540/files/924b9a95d0a048daaa8465d56051aca4.pdf
② 陈宪良,高语晗.《黑龙江省与俄罗斯经贸合作现状、问题及对策》,载《西伯利亚研究》2024 年第 6 期.
③ 《俄罗斯纳霍德卡年产 180 万吨天然气制甲醇项目有新进展》,https://www.chem-news.com.cn/c/2024-05-20/737596.shtml.

一、中国对俄罗斯投资面临的挑战

(一)投资规模较小

2020年,中国对俄直接投资5.7亿美元,占中国直接投资流量总额的0.37%,占对欧洲直接投资流量的4.49%;截至2020年末,对俄直接投资存量120.7亿美元,占中国对外直接投资存量总额的0.47%,占中国对欧洲直接投资存量(1224.3亿美元)的9.86%,与上年相比比例均有所下降;对俄直接投资存量在所有国家中排第13位(见表4-3),名次与上年相同。

表4-3 2020年末中国对外直接投资存量前15位的国家(地区)

序号	国家(地区)	存量/亿美元	比重/%
1	中国香港	14385.3	55.7
2	开曼群岛	4570.3	17.7
3	英属维尔京群岛	1556.4	6.0
4	美国	800.5	3.1
5	新加坡	598.6	2.3
6	澳大利亚	344.4	1.3
7	荷兰	260.4	1.0
8	印度尼西亚	179.4	0.7
9	英国	176.5	0.7
10	卢森堡	160.0	0.6
11	德国	145.5	0.6
12	加拿大	124.9	0.5
13	俄罗斯联邦	120.7	0.5
14	瑞典	106.0	0.4
15	中国澳门	105.3	0.4

资料来源:《2020年度中国对外直接投资统计公报》,http://www.gov.cn/xin-wen/2021-09/29/5639984/files/a3015be4dc1f45458513ab39691d37dd.pdf。

2022 年,中国对俄直接投资流量缩减到 2.3 亿美元,俄罗斯已不在中国对外直接投资流量前 20 国家(地区)之列。截至年底,对俄直接投资存量也减少到 99 亿美元,排名也下滑(见表 4-4)。

表 4-4　2022 年末中国对外直接投资存量前 20 位的国家(地区)

序号	国家(地区)	存量/亿美元	比重/%
1	中国香港	15886.7	57.7
2	英属维尔京群岛	3672.8	13.3
3	开曼群岛	2115.1	7.7
4	美国	791.7	2.9
5	新加坡	734.5	2.7
6	澳大利亚	357.9	1.3
7	荷兰	283.0	1.0
8	印度尼西亚	247.2	0.9
9	卢森堡	205.5	0.7
10	英国	193.5	0.7
11	瑞典	186.7	0.7
12	德国	185.5	0.7
13	加拿大	133.1	0.5
14	中国澳门	126.9	0.5
15	马来西亚	120.5	0.4
16	阿拉伯联合酋长国	118.8	0.4
17	越南	116.6	0.4
18	百慕大群岛	110.1	0.4
19	泰国	105.7	0.4
20	俄罗斯联邦	99.0	0.3

资料来源:《2022 年度中国对外直接投资统计公报》,http://images.mofcom.gov.cn/hzs/202310/20231007152406593.pdf。

(二)俄罗斯基础设施落后制约对俄投资

俄罗斯地域辽阔,但交通基础设施较薄弱。尤其是远东很多地方不仅不通铁路,甚至没有永久性的公路。投资者到俄罗斯进行项目建设时,往往要自己修建道路,建设水、电、气等配套设施,这不仅增加了投资的成本,而且建设这些配套设施要面临俄罗斯冗长烦琐的审批手续,从而导致工期无限期拖延。而且很多中国企业在俄罗斯进行的是林业或矿产资源开发,项目所在地往往远离村镇,配套的基础设施建设任务更为繁重。

远东基础设施建设一直比较落后,特别是交通基础设施薄弱困扰着远东经济发展,影响远东的引资活动。远东地区硬质路面公路密度为12公里/1000平方公里,仅为全俄的18.5%,而且远东地区硬质路面公路占全部公路的67%。远东公路密度为31公里/1000平方公里,仅相当于俄罗斯平均水平的15%。远东地区的铁路主要有两条,即西伯利亚大铁路和贝阿铁路。这两条铁路也需要改造维修,提高运力。在《2025年前远东和贝加尔地区经济社会发展战略》中也曾提出要投资改善远东基础设施,但该战略中的项目在实施中受到很多阻碍。特别是2014年乌克兰危机后俄罗斯经济下滑,导致该战略部分搁浅。由于基础设施建设滞后,导致投资只能集中在有限区域,特别是远东偏远地区的矿产资源开采项目,由于没有公路和铁路等交通设施而无法实施。

(三)各种收费税收较多

俄罗斯实行联邦税、联邦主体税和地方税三级税收体制。

联邦税包括:增值税、某些商品和资源的消费税、企业和组织的所得税、自然人所得税、国家预算外社会基金缴纳、国家规费、地下资源开采税、动物和水生资源使用权税、水资源税、联邦许可证签发手续费等。

联邦主体税包括:企业和组织财产税、交通运输税、博彩税、地区许可证签发手续费等。

地方税包括:土地税、自然人财产税、广告税、继承或赠与税、地方许可证签发手续费等。

近年来,俄罗斯针对外资颁布了很多税收优惠政策,根据规定,任何在俄罗斯投资的企业都可以获得这些税收优惠,但是事实上,俄罗斯减免的只是联邦的利润税,地方的利润税只是提高了征收折扣。

(四)中国企业对俄罗斯缺乏全面了解

许多中国企业或是不太了解俄罗斯的市场需求和消费者的习惯、心理,或是不清楚俄罗斯的投资环境和政策法规等,导致对俄投资在开始阶段遇到很大困难,甚至投资失败。另外,俄罗斯的商品检验检疫标准与中国的检验检疫标准存在差别,中资企业必须按照俄罗斯行业标准生产,才能成功拓展更多的市场份额。其他诸如市场准入、劳务配额、签证审批、办事效率低等问题也阻碍着中国对俄罗斯投资的发展。

(五)边境地区对俄投资结构单一,资金受限

黑龙江作为对俄投资大省,在对俄投资领域成绩斐然。然而,目前投资结构仍存在优化空间,能够有力带动产业发展的大型合作项目数量相对较少。究其根源,企业在获取资金方面面临一定阻碍,融资渠道有待进一步拓宽与完善。黑龙江对俄投资主体大部分是中小型私营企业,这类企业由于企业性质在国内获得资金的渠道非常有限,投资大部分都是依靠自有资金。目前,两国也努力在金融领域加强合作。黑龙江积极推动金融领域合作,成功建立了中俄金融合作联盟,这一举措彰显了在区域金融合作方面的前瞻性与行动力。目前,该联盟对实体经济的支持成效已初步显现,但仍有较大的提升空间。由于尚未完全实现机制化与制度化,实体经济与金融部门的合作紧密度还有待加强。[①]

目前,中资企业在俄罗斯开展投资合作还面临以下困难和问题:

俄罗斯居民购买力下降,企业产品销量下滑;

投资环境有待改善;

劳动力资源缺乏;

基础产业产能不足,建筑材料价格居高不下,且供货不足;

俄罗斯国家标准及行业标准自成体系,与国际标准融合度低;

俄罗斯政府对引进外国劳务采取较严格的配额制度,中国企业用工

---

① 陈鸿鹏.《黑龙江省与广东省合力推进对俄远东地区投资合作对策研究》,载《商业经济》2020 年第 4 期.

不能满足正常生产需求;

俄罗斯商业银行的贷款利率较高;

中资企业对俄罗斯的商业经营法律、劳工劳保法律和财税政策等了解不够,在合法避税、本地劳工管理、应对行政处罚方面经验不足,导致企业运营成本高、效率低,一旦陷入法律纠纷特别是劳务纠纷时,难以有效应对。

二、中国对俄罗斯投资前景

2020年以来,国际政治、经济、社会安全领域的各种不稳定、不确定因素凸显,全球价值链、供应链屡遭破坏,全球直接投资受各国监管政策影响频频受阻。在国际投资大环境不乐观的背景下,一方面,中国国内经济下行压力增大以及经济结构调整过程中的不利影响等因素,为中国对俄投资合作带来新的挑战。另一方面,俄罗斯自2014年受到美国及欧盟等多个国家的经济制裁之后,经济发展活跃度降低,加之新冠疫情的严重冲击,恢复到疫情前水平需要一段时间,这也将阻碍中国对俄投资合作。

虽然面临很多困难,但中国积极维护世界多边贸易体制,支持经济全球化,重视对俄直接投资活动。自2018年9月中俄投资合作委员会第五次会议以来,中俄投资的合作又取得了新的进展,重大项目的合作在积极地推进,双方共同确定的70个重点项目,至2019年11月已经有12个项目顺利投产,21个项目正在实施,17个项目正在进行商务谈判。[1] 2021年,中俄双方共同纪念《中俄睦邻友好合作条约》签署20周年,将新时代中俄全面战略协作伙伴关系不断推向前进。2022年,由于俄乌冲突,欧美对俄罗斯经济制裁的力度前所未有,要在国际上孤立俄罗斯,阻碍俄罗斯公司与西方伙伴发展关系。在西方投资者放弃俄罗斯

---

① 《韩正:中俄投资合作始终保持积极的良好发展态势》,http://chinaru.info/zhongejing-mao/lubuhuilv/59018.shtml.

的背景下,俄罗斯必将加快"向东转",俄罗斯副外长亚历山大·潘金表示,虽然我们不放弃与西方合作,但重点将转向欧亚合作,中俄公司合作将快速发展,所以未来中国对俄罗斯的投资合作前景广阔。

(一)中国高度重视对外投资

中国为企业"走出去"提供了良好的国内外政策环境。2018 年以来,中国通过稳步实施"对外投资创新行动计划",完善"走出去"企业的管理服务方式,制定企业境外合规经营管理指引等举措,不断提升对外投资质量效益。并且,中国历来坚持与投资东道国合作共赢,中国企业"走出去"获得相关国家的普遍支持和欢迎。为给中国对外投资合作创造良好的国际环境,中国将同更多国家加强海关、税收、审计监管等领域合作。

(二)俄经济仍具增长潜力

近几年,俄罗斯国内生产总值微弱增长,宏观经济增速有所放缓。俄罗斯经济增速放缓会对中国企业对俄投资带来一定的负面影响,不过俄罗斯自然资源丰富,经济社会稳定,具有增长潜力。2019 年初,俄联邦政府启动了医疗、教育、生态、人口、文化和交通基础设施升级改造等13 个国家项目,并推出了多项经济激励措施,要加快农业和服务业发展,积极实施出口多元化和进口替代等,这些举措有助于俄罗斯尽快摆脱对能源过度依赖的现状,推动经济结构转型升级。① 2020 年,俄罗斯经济第二、三季度受居家隔离政策、消费萎缩等因素影响,出现剧烈下滑,第四季度开始恢复稳定。经济跌幅变小,主要产业保持稳定,这得益于俄政府的反危机扶持措施。俄政府批准约 153 项决议,自储备基金拨款约 2.86 万亿卢布(约合 387.5 亿美元),用于推动新冠疫情下的经济扶持措施和消除疫情影响。与此同时,俄宏观经济政策趋向务实。在新冠疫情对经济出现严重影响后,俄政府马上调整了国家项目的实施规划,出台了《关于实现 2030 年前国家发展目标的统一规划》,该规划

---

① 《俄罗斯经济"低开高走"前景可期》,https://baijiahao.baidu.com/s?id=1651341720690122750&wfr=spider&for=pc.

2021 年 1 月 1 日开始实施。俄总理米舒斯京表示,未来三年内俄将拨款 39 万亿卢布用于该规划,短期任务是恢复经济增长,确保实现国家经济发展目标,长期任务是适应后疫情时代宏观环境变化,解决人口增长、创新发展等战略问题。① 2021 年,俄罗斯经济扭转 2020 年危机局面,实现恢复性增长。2022 年,欧美国家加大对俄经济制裁,俄专家认为,这将导致俄罗斯居民生活水平下降,但并不能摧毁俄罗斯的经济。长期看,俄罗斯经济能够适应新的环境,这是毋庸置疑的,所以中国企业对未来在俄罗斯的投资前景仍保持信心。

(三) 俄投资环境不断改善

在世界银行 2019 年发布的《2020 年全球营商环境报告》中,俄罗斯国家营商环境排名从 2018 年的第 31 位提高到 2019 年的第 28 位,2017 年排名是第 35 位,可见排名逐年提升。这说明俄国内的投资环境与立法监管环境得到了改善。改善投资环境是俄联邦政府的工作重点。为了吸引外国投资者,俄联邦不断从法律、税收、提高办事效率、简化程序、基础设施建设、惩治腐败等方面完善投资环境。如 2021 年 3 月,俄简化了部分行业外资审批手续。

(四) 中俄签署协定保护双边贸易投资

为促进投资合作,早在 2006 年,中俄两国就签署了《中俄政府关于鼓励和相互保护投资的协定》,该协定主要是规范两国投资行为,保护投资者利益,降低投资风险。协定保证避免投资被强行没收即划归国有、没收或造成类似后果的其他状况出现,在战争和国家出现混乱给资带来损失的情况下投资人有权获得相应的赔偿。②

2015 年两国批准了《中华人民共和国政府和俄罗斯联邦政府对所得避免双重征税和防止偷漏税的协定》的修正案。此前协议规定中方

---

① 《俄罗斯经济挺过严冬待春来》,《http://www.ce.cn/xwzx/gnsz/2008/202101/13/t20210113_36216303.shtml.

② 《中俄〈鼓励和相互保护投资协定〉在俄生效》,http://www.p5w.net/news/gjcj/200904/t2288334.htm.

贷款在俄产生的利息收入需向俄方缴纳最多 5% 的利息税,俄方在中国亦然。修正后,中方贷款在俄产生的利息收入仅需在中国缴税,在俄免征,融资成本降低。俄罗斯政府称,在欧美制裁的背景下,此举可促进俄罗斯债务人积极转向亚洲市场,降低融资成本。

2018 年两国签订《中华人民共和国与欧亚经济联盟经贸合作协定》,主要涵盖海关合作和贸易便利化、知识产权、部门合作以及政府采购等内容。

同年双方为加快区域合作签署了《中俄在俄罗斯远东地区合作发展规划(2018—2024 年)》,主要涉及俄远东地区支持外国投资者的国家政策,以及为中国投资者提供的机遇,其中涉及七个优先合作领域,包括油气能源、采矿业、运输物流业、农业、渔业、林业、旅游业。为加强农业合作两国签署了《中国东北地区和俄罗斯远东及贝加尔地区农业发展规划》,制定农业发展规划,促进两国之间的农业务实交流与合作。

2019 年发表《关于编制〈至 2024 年中俄货物贸易和服务贸易高质量发展的路线图〉的联合声明》,2022 年发布《关于完成制定〈中俄货物贸易和服务贸易高质量发展的路线图〉的联合声明》,主要是为推动落实两国战略大项目合作,加快商谈经贸制度安排,提升双边贸易规模,优化贸易结构。

2022 年中俄发布《关于推动可持续(绿色)发展领域投资合作的谅解备忘录》,双方鼓励两国企业开展低碳能源、绿色基础设施的投资合作,积极推进绿色技术创新,合力打造两国绿色低碳合作新增长点。

2023 年两国签署了《关于 2030 年前中俄经济合作重点方向发展规划的联合声明》《中华人民共和国商务部与俄罗斯联邦经济发展部关于深化中俄地方间大豆领域投资合作的谅解备忘录》《中华人民共和国商务部与俄罗斯联邦远东和北极发展部关于加强俄远东地区优惠制度框架内产业和基础设施领域合作的谅解备忘录》《中华人民共和国商务部和俄罗斯联邦工业和贸易部关于深化森林资源开发和利用领域投资合作的谅解备忘录》《中国国家市场监督管理总局与俄罗斯联邦消费者保

护和公益监督署消费者权益保护合作谅解备忘录》《中华人民共和国商务部与俄罗斯联邦经济发展部关于服务贸易领域合作的谅解备忘录》等文件。

三、俄乌冲突对中国在俄投资影响

中国连续多年是俄罗斯第一大贸易伙伴国,俄罗斯则是中国最大的能源进口来源国,双方经贸合作对各自国内的经济稳定发展都至关重要。

(一) 贸易方面

联合国贸易和发展会议的数据显示,2019—2021 年中国在全球货物出口总额中的占比有所上升,从 2019 年的 13%升至 2021 年的 15%;在全球纺织品出口中的份额,从 2019 年的 32%上升到 2021 年的 34%;在世界电子产品出口中的份额从 38%上升到 42%。[1] 2022 年,中国出口继续保持增长,出口额同比增长 7%。[2] 近年来,中国将出口业务扩展到芯片和智能手机等高端产品以及电动汽车和绿色能源等新技术,在汽车、发动机和重型机械等精密程度更高、价值更高的工业产品方面,中国的市场份额一直在稳步增加。

新冠疫情发生以来,俄罗斯外贸额先降后升。2020 年俄罗斯对外贸易额同比下降约 15%,为 5730 亿美元;但 2021 年国际能源市场价格上涨,俄对外贸易额达 7894 亿美元,同比增长 37.9%。[3] 2022 年,俄罗斯外贸总额达 8505 亿美元,比上年增长 8.1%,出口额 5914.6 亿美元,同比增长 19.9%,进口额为 2590.83 亿美元,同比下降 11.7%,贸易顺差

---

① 《外媒:疫情后的中国"世界工厂"地位更加稳固》,https://m.163.com/dy/article/HFKCV6110514R9L4.html? spss＝adap_pc.

② 中国海关总署,《2022 年 12 月进出口商品主要国别(地区)总值表》,http://www.customs.gov.cn/customs/302249/zfxxgk/2799825/302274/302275/4794352/index.html.

③ 《1973 亿美元! 2021 年,俄罗斯外贸顺差大增 90%?》,https://www.163.com/dy/article/GVKUPJ6I0531EI67.html.

达到创纪录的 3323.77 亿美元。①

2020 年,中国继续保持俄第一大贸易伙伴地位,中俄两国贸易额 1081.89 亿美元,同比仅下降 3% 左右。其中,中国对俄罗斯出口为 505.04 亿美元,同比增长 1.7%;自俄罗斯进口为 576.85 亿美元,同比 下降 6.6%②,进口额减少主要是由于国际油价的下跌,俄罗斯 2020 年 向中国出口原油约 8357 万吨。2021 年,中俄贸易额创历史新高,达 1468.87 亿美元,同比增长 35.8%。其中,中国对俄出口 675.65 亿美 元,增长 33.8%;中国自俄进口 793.22 亿美元,增长 37.5%。③ 在疫情 背景下,2021 年双边贸易额扭转上年下滑约 3% 的局面,超过疫情前水 平(2019 年两国进出口贸易额 1107.57 亿美元)。两国贸易额增加一方 面是国际能源价格上涨,另一方面俄增加对中国煤炭、农产品及食品等 的出口也是主要影响因素。石油、天然气、煤炭在中俄贸易中发挥着重 要作用,占俄对中国出口的 65%。

2022 年,俄乌爆发冲突,俄罗斯遭到欧美国家大规模制裁,与欧洲 传统贸易伙伴国的进出口被限制。在这个特殊时期,中俄两国政治互 信,双方都致力于促进经贸合作的发展,努力排除影响经贸合作的各种 障碍,中俄贸易没有受到波及。并且俄罗斯与其他国家的贸易随着禁令 和限制的实施而下滑,中俄贸易规模就有增长的可能性,如中国加大自 俄罗斯的大宗商品进口,同时俄罗斯加大自中国的工业制成品进口。

2022 年以来,中俄贸易保持增长势头,贸易额高达 1902.71 亿美 元,同比增长 29.3%,再创历史新高;中国对俄罗斯出口额为 761.22 亿 美元,同比增长了 12.8%;从俄罗斯进口同比增长了 43.4%,达到 1141.49 亿美元(见表 4-4)。中方将继续与俄方一起促进两国正常经

---

① 《俄海关局:俄罗斯 2022 年贸易顺差达到创纪录的 3323.77 亿美元》,https://
sputniknews.cn/20230313/1048662862.html.

② 《中国 2021 年统计年鉴》,国家统计局,http://www.stats.gov.cn/tjsj/ndsj/2021/
indexch.htm.

③ 中国海关总署,《2021 年 12 月进出口商品主要国别(地区)总值表》,http://
www.customs.gov.cn/customs/302249/zfxxgk/2799825/302274/302275/4122070/index.html.

贸往来,维护产业链、供应链稳定,推动中俄经贸合作规模和质量"双提升"。从表 4-4 可以看出,俄乌冲突发生后,中国自俄进口同比大增,全年 43.4% 的增长幅度在中国主要贸易伙伴中居于首位;对俄出口一度减缓,但全年也保持两位数增长。这一年中国加大了自俄罗斯大宗商品的进口,同时俄罗斯加大自中国的工业制成品进口。

表 4-4　2022 年 1—12 月中国对俄进出口贸易统计

月份	进出口		对俄出口		自俄进口	
	总额/亿美元	与上年同比/%	总额/亿美元	与上年同比/%	总额/亿美元	与上年同比/%
1—2 月	264.31	38.5	126.18	41.5	138.13	35.8
1—3 月	381.73	28.7	164.41	25.9	217.32	31.0
1—4 月	510.93	25.9	202.41	11.3	308.52	37.8
1—5 月	658.13	28.9	245.59	7.2	412.54	46.5
1—6 月	806.75	27.2	295.50	2.1	511.25	48.2
1—7 月	977.14	29.0	362.67	5.2	614.48	48.8
1—8 月	1172.06	31.4	442.57	8.5	729.49	50.7
1—9 月	1360.89	32.5	522.44	10.3	838.45	51.6
1—10 月	1539.39	33.0	595.97	12.8	943.42	49.9
1—11 月	1724.06	32.0	673.34	13.4	1050.72	47.5
1—12 月	1902.71	29.3	761.22	12.8	1141.49	43.4

资料来源:中国海关总署,http://www.customs.gov.cn/customs/302249/zfxxgk/2799825/302274/302275/9f806879-1.html。

2023 年全年,中俄贸易额为 2401.11 亿美元,同比增长 26.3%。其中,中国对俄出口 1109.72 亿美元,增长 46.9%;中国自俄进口 1291.4 亿美元,增长 12.7%。[1] 中俄贸易额增长主要是由于俄罗斯市场商品短

---

[1] 《海关总署统计数据:2023 年中俄贸易额超 2400 亿美元 对俄出口大增 46.9%》,https://ccpithlj.org.cn/news.php?id=6764。

缺以及向东方市场的出口转移。此外,两国间的经贸合作日益深化,双方贸易结构的持续优化与互补性的增强也是推动贸易额增长的重要因素。

(二)投资方面

2020 年全球经济处于新冠疫情大流行引起的严重危机之中,对外国直接投资的影响巨大。2020 年中国对外非金融类直接投资 1101.5 亿美元,同比下降 0.4%[①],俄罗斯获得的外国直接投资从 2019 年的 289 亿美元下降至 14 亿美元,是俄罗斯独立以来最低值之一。近年来,在两国各级政府的共同努力下,中国对俄投资呈现逐渐增加态势,但 2020 年受疫情影响,中国对俄直接投资额仅 5.7 亿美元,下降 40%,截至年底对俄直接投资存量为 120.7 亿美元;2021 年在全球跨境投资仍旧低迷的背景下,截至 2021 年底对俄直接投资存量减少到 106 亿美元。目前,两国间约有 65 个优先项目,总投资额超 1200 亿美元。两国经贸主管部门正在研究升级中俄投资协定的可行性,努力为双边投资合作提供更好的制度性安排。双方在核能、航空、航天等领域的战略性大项目合作积极推进。

在俄乌冲突致使俄罗斯投资环境复杂的背景下,中国投资者仍保持对俄投资意愿,投资规模持续增长。俄罗斯为应对西方制裁,颁布"不友好国家和地区"清单,这一举措为中国企业带来了独特机遇。

从市场层面来看,西方制裁使欧美大企业纷纷撤离俄罗斯市场,涉及金融、能源、汽车、医疗、日用消费品、物流等多个行业。美国、德国、日本的车企因政治原因暂停对俄出口或停止在俄生产销售,韩国三星、LG 等企业产品也面临退出,这为中国企业腾出大量市场空间。中国汽车品牌在俄罗斯市场的占有率显著上升,到 2023 年俄罗斯成为中国第一大

---

① 《2020 年中国对外投资合作情况》,http://www.mofcom.gov.cn/article/i/jyjl/l/202102/20210203038250.shtml.

汽车出口目的地,对俄出口汽车贸易额达到 116. 55 亿美元。[①] 截至 2024 年底,中国汽车品牌已经占据俄罗斯新车市场 68% 的份额。[②]

从商品角度而言,中低端制造产品方面,中国在世界上占据重要地位,美国都从中国进口。高端制造产品领域,俄罗斯以往多从欧美进口,但美国和欧盟将俄罗斯从 SWIFT 系统排除,禁止向俄出口升级炼油厂设备与技术、飞机零部件,限制俄获取半导体等尖端科学技术,英特尔、AMD 等企业也停售高科技产品,这极大影响了俄罗斯的高端制造产品进口。尽管目前中国高端制造与欧美存在差距,不过俄罗斯在当前形势下也开始寻求从中国进口。

然而,业内人士指出,中国品牌进军俄罗斯市场需谨慎。当下俄罗斯虽然存在市场机遇,但也伴随着风险,企业需要全面评估,审慎决策,以更好地把握在俄发展机会。

---

① 《俄罗斯机电产品细分领域,四大行业哪家强?》, https://www.gladcc.com/article/1816704640995262466.

② 《俄罗斯对中国进口汽车设置障碍,目的是什么?》, https://baijiahao.baidu.com/s? id=1820174175144689923&wfr=spider&for=pc.

第五章　对俄罗斯投资风险
防范、对策建议及方向

第一节　对俄罗斯投资存在的风险与建议

一、在俄罗斯投资存在的风险

俄罗斯对外资整体持开放态度,鼓励外资对其传统行业,如石油天然气等领域进行投资,禁止向赌博业和人寿保险业投资,个别行业需进行行政审批。总体看,中国企业在俄罗斯投资有以下几方面的风险因素:

(一)法律风险

对于外资,俄罗斯的法律条文有不少限制,近年来,俄罗斯虽然修订完善了很多经济、贸易及外资方面的法律法规,投资环境得到改善,但是依然存在法律法规变动修订频繁;制度、规则的制定、修改不透明;不少地方政府制定了具有地方特色的政策、法律;在司法过程中,执法者随意性比较大,经常出现随意执法等现象。在 2018 年的全球清廉指数排名中,俄罗斯在 180 个国家中排在第 138 位。而且俄罗斯法院的判决执行也比较困难,根据俄罗斯媒体的报道,俄罗斯每年都有 20% 左右的民事案件判决生效后执行存在一定难度。

(二)营商环境风险

俄罗斯一些部门办事效率较低、程序较烦琐、周期较长。外国企业一些投资项目从立项到项目开始实施,要提交众多的材料,整个过程十分复杂。此外,外资企业在办理入境签证、劳动许可、进口报关等事宜时,都要填写大量的文件,经过烦琐的手续,有时还要缴纳大笔的费用。根据中国在俄罗斯投资企业的反馈,在俄罗斯办理劳动许可需要3—4个月的时间,人均需要花费五千多人民币。而且由于俄罗斯没有参加个别有关的国际组织,在涉及相关领域投资要求的人员及机构资质许可认证时,不认可国际资质认证。当中国企业在俄罗斯的投资涉及此类资质认证时,要么给设计和施工人员或单位在俄罗斯重新办理繁杂冗长的资质认证手续,要么选用俄罗斯的设计施工人员或单位,并支付通常高出3—5倍的费用。

俄罗斯一些基础设施建设滞后,生产保障具有较高的不确定性。在社会保障设施方面,俄罗斯一些地区城镇供水、供暖、供电及排水设施等陈旧,难以很好地满足生产和生活需要。

(三)汇率风险

2014年欧美制裁俄罗斯时卢布汇率大幅波动,暴跌50%。2022年卢布汇率又出现大幅波动,2月23日欧元和美元对卢布汇率分别为89.244卢布和78.745卢布,在24日俄罗斯在顿巴斯地区发起特别军事行动后,卢布汇率暴跌。3月10日,卢布跌势加剧,欧元和美元对卢布汇率刷新历史最高值,分别升至140.979卢布和128.000卢布。到4月份卢布汇率开始稳定上升,5月5日分别为76.068卢布和68.250卢布。卢布汇率波动对资本输出入必然产生影响,主要从流量和流向两个方面影响资本流动,还会对企业利润产生影响。2022年卢布汇率下跌后,为防止资本大幅流出,3月1日,俄总理米舒斯京表示,俄政府已经草拟了一份暂时限制外资退出俄罗斯市场的总统令。这对俄罗斯吸引外资进入其基础设施建设和产业转型领域产生重大影响。

(四)俄罗斯与欧美国家关系恶化的风险

在目前的国际环境下,外资企业投资不仅要考虑经济因素,还要考虑政治因素,对俄罗斯投资尤其如此。从2014年至今,欧美国家一直对俄罗斯实行经济制裁,特别是2022年2月末俄乌冲突后,对俄制裁的广度和深度前所未有,对俄罗斯在金融领域的制裁使外资企业的结算方式和账期都产生变化,也使外资企业原材料成本和出口增加了变数。欧美制裁的延续和扩大使俄罗斯外部环境持续受困,地缘政治风险难以改善,在国际社会越来越被孤立。中企在俄罗斯也要随时关注欧美对俄的制裁,美国就曾向中方企业发出警告,如果在美国制裁俄罗斯时,中企仍与俄罗斯保持密切往来以及为俄罗斯提供帮助,那么中企也将成为美国的制裁目标。因此,在俄罗斯的外资企业和投资者需密切关注俄罗斯与欧美国家关系的走向、相关政策的变动等。

二、加强对俄投资对策建议

在俄乌冲突、欧美对俄罗斯制裁期限不确定的背景下,中国企业在俄拓展业务时必须注意有效控制风险,特别是拟对俄开展中长期投资项目时。一方面,中国企业要熟悉被西方制裁下的国际金融新规则与支付新手段;另一方面,也要尽可能地了解俄罗斯市场的新需求,研究国内外商业变化的规律,减少项目运营的诸多不确定性。比如制裁限制问题,这个限制主要是从原材料产品方面,还有西方的芯片或者机电设备,这些产品一律不允许卖到俄罗斯,不管是卖给谁。这是目前影响最大的一个问题,也是俄罗斯现在想通过中国来解决的问题。中国的很多企业也希望能够绕开制裁,不影响与俄罗斯的合作,但是美国频繁实施二级制裁措施,加大了中国企业对俄罗斯的投资风险。同时结合美国以往对中国金融机构和科技企业等施加二级制裁的案例,不排除美国会将对俄罗斯的制裁范围蔓延至与俄罗斯存在经济来往的中国企业的可能性。未来中国企业扩大对俄罗斯投资是必然方向,那么就要把控好各种风险,把投资风险降到最低。

（一）适应俄罗斯行政和法律环境的复杂性

俄罗斯的制度环境、法律法规与吸引外资比较成熟的国家相比有较大差异，尽管法律法规基本健全，但还未形成严格公正的司法环境和执法环境，在执法过程中有时存在有法不依、执法不严的问题。企业在投资前需要做好充分调研和咨询，以避免产生纠纷后无法保证合法权益的情况发生。企业可聘请当地的专业律师，或向其认真咨询相关法律法规及项目的可行性和注意事项等问题，投资项目必须符合俄罗斯当地政府招商引资的要求和当地的投资法规，不做违背俄罗斯法律的事情。

目前，俄罗斯对吸引外资比较重视，大部分领域都对外资开放，俄罗斯法律规定，除特殊情况外，外资均享受国民待遇。但出于维护国防和国家安全的考虑，俄罗斯对战略行业的外国投资监管趋严，通过采取投资比例限制、事前审查等手段对部分行业准入实施限制。如 2008 年 5 月，俄罗斯颁布了《关于外资进入对保障国防和国家安全具有战略意义的商业组织程序法》，规定在关系国家安全的 46 个战略领域，对于外商的投资比例严格设限。俄对外资参与当地农业和林业投资合作也有规定，如根据俄罗斯《土地法》，边境地区及特定地区不允许外国人和外资企业获得土地所有权，禁止外国公民和公司以及外资股份超过50%的俄罗斯公司拥有俄罗斯农业用地；租赁农用土地的上限不能超过 49 年；禁止外国公民和公司拥有俄罗斯林业用地，通过竞拍方式可获得林地使用权。2014 年 6 月，俄罗斯联邦政府发布关于完善林业投资重点项目监督机制的政府令，新林区租赁期限从 49 年延长至 99 年。

投资者不仅要了解俄罗斯的相关法律法规，还要了解中俄双方签订的相互保护投资协定，以便出现问题时有效保护自身利益。

（二）适应项目投资地的政治、营商环境

中国企业在俄罗斯投资要及时了解具体项目条件及政策，因为随着俄罗斯形势的变化，有些政策也会出现相应变化。在项目初期，要对俄罗斯国内营商环境进行了解，对项目投资环境开展风险分析，充分研究当地财税、外汇和商务政策,加强风险管控。

(三) 充分了解俄罗斯受到制裁的相关行业情况

自 2014 年起俄罗斯一直受到欧美国家的制裁,俄很多公司被列入制裁名单,中企投资前应仔细研究欧美国家对俄罗斯相关制裁的规定及其适用范围,充分考虑所有可能的相关风险,并在交易方式和协议文件条款中落实对相应风险的有效防控。

1. 持续关注欧美对俄制裁动态,积极制定应对方案,对新的限制措施做出快速反应,避免受到制裁措施的波及。

2. 对于已开展的涉俄罗斯项目开展风险排查,采取避免或降低风险的应对措施。

3. 对于拟开展的涉俄罗斯项目进行风险预判,审慎开展业务。比如,排查合作方自身或其母公司是否被列入欧美等国的制裁黑名单,仔细评估名单的具体限制条件以及是否存在次级制裁风险。一旦发现合作方被列入西方国家制裁黑名单实体,应尽快与合作方沟通,确认相关情况,及时核实对既有项目或交易的影响程度。

4. 对于拟在俄罗斯开展的可能涉及美国关注的业务或活动,从产品、供应链、资金支付和合作金融机构等方面进行筛查,优化商业安排。以金融支付为例,在开展业务之前,应对可能使用的结算路径和结算币种以及合作金融机构情况多方考察,以判断在支付上是否存在资金冻结或者中途遇到其他障碍的风险。

(四) 重视环境保护和安全问题,维护公司形象

在俄罗斯的中企应高度重视企业的环保和安全问题。如果环保和安全出现问题,不但会影响企业形象,也会给企业带来不可估量的损失,更会让企业的发展道路举步维艰。所以,必须要提高环保和安全意识,从源头上规避风险,从而保证企业的健康发展。同时要维护各方良好关系,取得当地政府的认同与支持。如 2018 年 5 月 11 日,在布里亚特共和国扎卡缅斯克区举行的公开听证会上,当地公民决定不允许中国投资者租用 8.6 万公顷的原始落叶松林。他们成立了森林管制公民委员会

来确保公众对林业部门的监督和对森林的保护。① 因此,在投资的同时,要积极融入当地,融入社区,开展一系列的文化交流活动。

(五)适当加强本地化经营和管理

本土化经营思路能够使企业整合海外各项资源的能力迅速提高,资源配置能力急速显现,降低海外运营成本,使海外风险防控能力得到极大提高。

俄罗斯一方面对外国投资者有一定的防范意识,一方面契约精神和产权意识还比较缺乏。为此中资企业在俄罗斯应大力开展本地化经营和生产,以规避外国劳动力配额、产业保护政策等问题,使中资企业真正融入俄罗斯社会中去,从而保证企业长期、健康和稳定的发展。

在雇佣和培养当地劳动力方面,俄罗斯通常以配额方式限制外国劳务人员数量。俄政府根据各地区劳动市场情况每年对其引进外国劳动力的数量做出规定。俄政府每年 9—12 月出台相关法令,对下一年特定行业外国劳动力的雇佣比例做出规定。2022 年 10 月 3 日,俄罗斯政府发布第 1751 号法令,规定了 2023 年在俄罗斯联邦从事若干类型经济活动的企业允许雇佣外国员工的比例(见表 5-1)。企业要严格按照俄罗斯的用工规定,重视对员工特别是俄罗斯本土员工的培养和培训,注重人力资源管理,充分尊重当地的风俗和习惯,为中国员工和俄罗斯员工创造良好的工作氛围和环境,确保项目稳定高效运行。

表 5-1　2023 年俄罗斯部分行业外籍员工雇佣比例规定

经济活动类型	比例
建筑业	80%
蔬菜种植、森林采伐、木材加工业及批发	50%
陆路客运	24%
公路货运	24%
酒精饮品零售	15%

---

① 《俄罗斯造纸项目考验绿色"一带一路"》,https://www.sohu.com/a/234887515_195205.

续表

经济活动类型	比例
烟草类产品零售	15%
药品零售	0%
非固定场所和市场零售贸易	0%
商店、摊位、市场外零售贸易	0%

资料来源:《对外投资合作国别(地区)指南——俄罗斯(2023)》。

当然我们也看到,现今俄罗斯整体投资环境正在逐渐改善,企业权益的保障正在不断提高。未来随着中俄关系的进一步紧密,中国企业对到俄罗斯投资的顾虑会越来越少,将有更多的企业到俄罗斯去进行投资。

第二节　中国企业对俄罗斯投资方向

目前,俄很多地区的经济特区和工业园区实行优惠税制,为中国企业在俄建立独资或合资企业创造了有利条件。未来中国企业对俄罗斯的投资机会很多,投资方向主要有:

一、推进能源和矿业领域合作

俄罗斯是能源生产大国,石油和天然气产量在世界上都位居前列。2021 年,俄罗斯石油及凝析气产量达 5.24 亿吨,同比增长 2.2%;天然气产量达 7623 亿立方米,同比增长 10%,石油天然气产业对俄国内生产总值的贡献超过 25%。[①] 能源产业长期以来一直是中俄重要合作领域,俄罗斯连续多年是中国原油主要进口来源国,目前已建成中俄输油管道和输气管道。2022 年 2 月 24 日俄乌发生冲突后,欧洲国家纷纷对俄进

---

① 《俄能源部长:俄能源行业上半年表现良好》,https://www.xinhuanet.com/world/2022-07/21/c_1128852547.htm.

行制裁,减少从俄罗斯进口石油天然气,俄罗斯将能源出口的重心转向亚洲国家。中国是世界上的能源进口大国,俄罗斯为了保证能源出口安全,必然要加大和中国的合作。同时,与俄罗斯扩大能源领域的合作,中国也可获得更安全的能源保障,两国能源领域加强合作互惠互利,有利于新时代中俄全面战略协作伙伴关系的发展。2023 年中国进口俄罗斯原油 1.07 亿吨,同比增长 24%。[①] 2023 年俄罗斯通过西伯利亚力量天然气管道向中国输送的管道天然气量明显增加,达到 227 亿立方米,2025 年将达到年输送量 380 亿立方米。[②]

从俄罗斯进口的煤炭也在增加,俄罗斯成为中国最大无烟煤来源国。2023 年,俄罗斯对中国的煤炭供应量为 1 亿吨左右,约占中国总进口量的 22%。[③] 2022 年,俄罗斯对中国电力供应量同比增长 21%,全年对中国供电总量为 46 亿千瓦时(2021 年供电量为 38 亿千瓦时)。[④] 2023 年俄罗斯对中国供电减少,对中国的电力出口量为 31 亿千瓦时[⑤],这是由于俄远东地区电力需求增长,没有足够的电力出口。

欧洲减少自俄能源进口和对俄能源产业投资使中国企业竞争压力减小,有利于自俄进口更多的能源。中企可增加在俄能源领域投资,在现有基础上进一步推动上下游全产业链合作。俄罗斯石油和天然气加工产业的规模很大,政府积极鼓励向石油和天然气深加工领域投资,会提供减税和政策支持。不仅中石化和中石油等这样的大型企业可以投资该领域,中型企业也有同等的投资机会。中资企业可以在俄罗斯投资生产化肥、甲醇、乙醇和衍生物的项目,这些领域中型企业也都可以

① 《中俄探讨扩大能源合作,2023 年进口俄原油 1.07 亿吨增 24%》,https://futures. hexun. com/2024-04-01/212397806. html.

② 《俄副总理:应中国等市场需求,俄罗斯今明两年将增加天然气开采》,https://sputniknews. cn/20241206/1063024973. html.

③ 《2023 年,我国进口 1.02 亿吨俄罗斯煤炭,花费 1002.5 亿》,https://baijiahao. baidu. com/s? id=1791503236303666667&wfr=spider&for=pc.

④ 《俄 Inter RAO 公司 2023 年对中国的电力出口为 31 亿千瓦时》,https://www. safe. gov. cn/heilongjiang/2024/0229/2296. html.

⑤ 《2023 年俄罗斯对中国电力出口量为 31 亿千瓦时》,http://www. heihe. gov. cn/hhs/c102652/202401/c11_277004. shtml.

参与。

俄罗斯是矿业大国,采矿业在经济中发挥着重要作用。2023 年,俄罗斯采矿业生产指数同比增长 6.7%。中国企业投资俄罗斯矿业开发是互惠互利,俄罗斯缺少开发资金,中国投资可获得回报,有利于双方共同发展。近几年,中国黄金、紫金矿业、中国有色、复星国际等大企业均在俄罗斯投资采矿业,涵盖了金矿、铁矿、铜矿、铅锌矿等矿产的勘探和开采。① 未来,中资企业可参与开发俄新的矿产资源开采项目或购买矿业企业股份,俄远东地区的矿产企业正在寻找可投入大量资金的股权合作伙伴。

二、深化农业领域合作

中国是人口大国,需要稳定的粮食进口渠道来缓解国内农业生产的资源和环境承载压力。2023 年,中国进口小麦 1210 万吨,同比增长 21.5%。澳大利亚和加拿大是我国进口小麦的两大主要来源国。其中,澳大利亚进口量为 694 万吨,占比 57.4%;加拿大进口量为 255 万吨,占比 21.1%。美国和法国也是我国重要的小麦进口国,占比分别为 7.7% 和 6.8%。而从俄罗斯进口的小麦为 29 万吨,占比为 2.4%。②

近年来,俄罗斯农业生产屡创历史新高,正在积极扩大农产品出口,稳固经济社会发展。2021 年,俄罗斯出口小麦 3500 万吨,占全球小麦总出口量的 17%,位居世界第一。2023 年,俄罗斯出口小麦 5100 万吨,仍保持世界第一。③ 俄罗斯现在每年向中国出口的粮食仅占其一小部分,中国增加从俄罗斯进口小麦,用俄粮代替美粮,可以实现粮食进口多元化,提高粮食安全水平。2022 年 2 月,中国允许俄罗斯全境的小麦进

---

① 《收购俄罗斯矿业,紫金、中国黄金纷纷布局,全球矿业格局将变?》,https://finance.sina.com.cn/money/future/indu/2019-03-27/doc-ihtxyzsm0899594.shtml.

② 《2023 年我国小麦进口国排名:俄罗斯单价最低》,https://www.163.com/dy/article/IQ10A77A055641S7.html.

③ 《2023 年俄农产品出口额 435 亿美元》,http://ru.mofcom.gov.cn/jmxw/art/2024/art_582dd5f5496e450182023ab06e51208d.html.

口。此前,中国仅允许俄罗斯七个联邦主体(阿尔泰边疆区、克拉斯诺亚尔斯克边疆区、车里雅宾斯克州、鄂木斯克州、新西伯利亚州、阿穆尔州和库尔干州)的小麦进口。除小麦之外,俄罗斯还成为中国非转基因大豆的第二大供应商,占中国总进口量的26%。可以看出,在俄罗斯有关部门、生产商和出口商的共同努力下,更多俄罗斯农产品和食品进入中国市场。所以,两国农业合作很有发展潜力,未来农业应该是两国合作重点。

农业目前是俄罗斯经济增长最快的行业之一,俄政府承诺在2019—2025年间拨款510亿美元支持国内农业产业。现阶段,外国对俄罗斯农业部门投资仍处于较低水平。近年来,中国企业不断加大在俄农业投资力度,2020年12月,第25次中俄政府总理定期会晤上双方特别强调了要重点发展农业领域。

俄罗斯希望深化与中国投资者在农业领域的合作,俄通过为中国投资者提供土地,共同发展农业项目,包括大豆种植、豆谷加工、奶牛养殖、乳品加工等,并且在中俄双方的共同努力下,农产品和食品相互准入种类不断扩大。俄罗斯为鼓励农产品对中国出口,不仅为符合条件的农产品出口提供俄境内的铁路运输补贴,而且俄铁路企业也在改造部分线路场站设施,建设适合农产品尤其是肉类运输的铁路冷链。2020年俄计划于2024年前投入300亿卢布(约合27.5亿元人民币)发展农业物流及交通线。① 2019年6月,中俄两国签署《关于深化中俄大豆合作的发展规划》,支持两国企业开展大豆等农作物的全产业链合作。根据俄农业部与俄出口中心制定的《2017—2024年农产品出口发展战略》,俄罗斯计划到2024年将对华农产品出口额提升至95亿美元。《中俄在俄罗斯远东地区合作发展规划(2018—2024年)》中也提及承诺为中国投资者参与项目提供土地和优惠融资。

中俄边境地区对在农业领域开展互惠互利合作都抱有浓厚兴趣。

---

① 《上半年俄罗斯农产品对华出口额同比增长35% "中国市场对我们有巨大吸引力"》,https://www.sohu.com/a/415356112_99962390.

黑龙江省对俄农业合作具有地缘、资源和产业优势,目前已成为全国对俄农业合作发展最快、规模最大、成效最显著的省份。截至 2020 年底,黑龙江省企业共在俄设立农业子企业 187 家,在俄建设了 7 家农业合作园区,累计获得耕地面积 1400 多万亩。①

黑龙江省与俄罗斯在绿色有机农产品生产合作方面前景广阔。推进黑龙江省对俄农业合作,对带动国内农业机械出口和劳务输出,增加农产品回运具有重要意义。2023 年,黑龙江省进口俄粮 142.5 万吨,同比增长 124.6%,其中,大豆 114.4 万吨,同比增长 100.7%,均创历史新高。②

首先,黑龙江省可重点发展大豆产业开发合作。中俄双方正在落实深化大豆合作的发展规划,推动两国省州结对子,初步确定四对大豆重点省州开展"结对子"合作,其中三对都与黑龙江省有关:黑龙江—犹太自治州、黑龙江—广东—滨海边疆区、黑龙江—阿穆尔州。黑龙江省与俄罗斯相关州区签订大豆合作协议,支持企业扩大对俄大豆产业的投资,提高在俄大豆种植产量以及在俄的大豆深加工水平,开展大豆全产业链合作。③

其次,扩大农产品贸易。黑龙江省可在海关、边检、物流、仓储等方面对农产品贸易提供支持,如简化农产品检验检疫程序,提高海关通关效率,鼓励大豆等农产品回运等,不断扩大中俄农产品贸易规模。

俄罗斯有丰富的农业资源,而中国有广阔的市场,两国农业合作具有很强的互补性,完全可以实现互利共赢。尤其是俄罗斯农业市场刚刚形成,仍然高度分散,并非所有领域都有占据市场主导地位的企业,这也是中国在俄罗斯投资的机会。

---

① 《黑龙江对俄农业贸易投资合作规模和水平不断提升 扮演主力军地位》,http://www.chinaru.info/zhongejmyw/jingmaojujiao/62391.shtml.

② 《向北开放新高地 | 农业"走出去"硕果满枝头》,http://nynct.hlj.gov.cn/nynct/c115379/202406/c00_31746429.shtml.

③ 《中俄农业合作,黑龙江一马当先》,http://www.cinic.org.cn/xy/hlj/962883.html.

三、加强基础设施领域合作

基础设施是中国企业对俄罗斯投资的热点。俄罗斯幅员辽阔,部分地区基础设施落后,限制了其经济发展和投资潜力的开发。俄罗斯政府对基础设施投资需求大,尤其是对远东地区的港口、桥梁、电力等基础设施的建设,以及其他地区的高速铁路、地铁、公路项目的建设。俄罗斯政府计划到 2030 年铺设长达 11000 公里的新铁轨,连接莫斯科、圣彼得堡、萨马拉、克拉斯诺达尔和新西伯利亚等城市。中国建筑承包商可寻找合适的投资机会,但是基础设施是典型的公共物品,建设过程需要大量的资金投入,无法完全依靠两国企业依据需求进行建设,因此仍须依靠以两国政府为主的政策性战略合作投资来实施建设。

在俄乌冲突爆发前,俄远东地区的基础设施尚能勉强满足运输需求,但在冲突爆发后,中俄贸易量飞速增长,远东地区薄弱的基础设施就难以满足货运量快速增长的需求了。为扩大俄远东运输走廊的运力,中俄之间多个基础设施项目加速推进。2022 年 6 月,黑河—布拉戈维申斯克界河公路大桥开通,2023 年 1 月 3 日开始 24 小时通关,此前每天开放 16 个小时;11 月,同江—下列宁斯科耶跨境铁路大桥也正式通车。2022 年 12 月底,俄罗斯集装箱运输公司(TransContainer)完成了位于中俄边境车站外贝加尔斯克的自有终端改造工作。该终端目前处理中俄陆地集装箱流量的约 30%,从 2023 年 1 月 1 日起,来自中国的集装箱列车处理能力将从每天 4—4.5 组增加到每天 8—9 组。[①]

为满足中俄贸易量日益增长的运输需求,俄方正在采取措施提高中俄边界口岸的工作效率。俄罗斯铁路公司计划在与中国的边界上建立四个新的铁路口岸,包括外贝加尔边疆区的旧粗鲁海图—黑山头,阿穆尔州的布拉戈维申斯克—黑河和贾林达—漠河,滨海边疆区的列索扎沃

---

① 《俄集装箱运输公司完成俄中边境车站外贝加尔斯克的终端改造》,https://baijiahao. baidu. com/s? id=1753270245689358304&wfr=spider&for=pc.

茨克—虎林的铁路口岸。同时升级中俄边境现有的铁路口岸,目前俄13 个口岸正在升级。[①]

四、扩大林业领域合作

目前,中国是全球纸浆进口规模最大的国家,且呈逐年上升趋势。中国禁止森林砍伐,随着国内环保力度的不断加大,国内纸浆产量将进一步减少。面对日益增长的木材需求和国内供应短缺,中国正在扩大从俄罗斯的木材及制品进口。

俄罗斯森林资源丰富,拥有发展造纸业的基础和条件,但俄每年从国外进口大量高质量的纸制品,包括纸板。2030 年,俄罗斯对卫生纸的需求将超过 140 万吨,而俄国内产能预计将为 99 万吨/年,这意味着俄罗斯的纸张缺口最少达到 41 万吨/年。[②] 中企投资俄罗斯纸浆和造纸产业,产品可在俄罗斯国内销售,也可出口到中国。已有一些中国企业在俄远东投资纸浆造纸业。

木材制造业已经是中国在俄罗斯的主要投资方向之一。俄远东吸引投资和出口支持署投资经理丹尼尔·波罗维卡表示,从生产本地化角度看,木材制造业是中国投资者在俄远东最有利可图的领域之一。2009年,中国企业在外贝加尔边疆区投资建设了俄罗斯北极星林业经贸合作区,该项目被俄联邦政府和外贝加尔边疆区政府列入"优先发展项目"。俄政府给予三大支持优惠政策:一是享受企业所得税优惠,即自投产开始至第四年分别按应纳税额的 90%、80%、70%、50% 减免,第五年及以后年份按 30% 减免;二是给工业园区的林地租金减半;三是财产税减半。合作区以林浆一体化产业为主导,建设包括森林采伐、储运和综合加工利用的跨国产业集群。阿马扎尔林浆一体化项目是合作区的主体工程,

① 《俄铁计划在与中国边界上建立四个新的铁路口岸》,https://baijiahao.baidu.com/s?id=1750912836995365737&wfr=spider&for=pc.

② 《造纸行业的盛会——俄罗斯造纸展 PAP - FOR》,https://www.sohu.com/a/403487920_410067.

一期建成后年可采伐原木 160 万立方米、加工锯材 38 万立方米、生产纸浆 30 万吨。整个项目建成后年采伐原木 240 万立方米、加工锯材 80 万立方米、生产纸浆 40 万吨,预计实现净利润近 26 亿元。截止到 2019 年 6 月底,项目累计投资额已达 34 亿元人民币,最大主体工程"阿马扎尔林浆一体化项目"已完成投资的 70%,有 6 家企业已入区在建和运营。①

五、加强机电产品领域合作

家电、电子产业也是中俄经贸合作的重点领域。中国对俄罗斯出口的产品中,机电产品,如家用电器、智能手机、电脑、汽车等大约占 60%。

中国家电、电子产业凭借雄厚的制造能力和齐全的配套产业链,为全世界消费者提供安全、可靠、创新和智能化的各类产品。中国的家电、电子产品与其他国家的产品相比价格低、质量好,有着较高的竞争力。中国已经连续十多年成为全球最大的家电及电子制造大国。近年来通过不断的研发投入,中国家电、电子产业涌现出包括海尔、海信、美的、格力、格兰仕、创维、科沃斯、华为、中兴、小米等几十家国际知名的自主品牌企业。凭借着技术创新和品牌塑造,越来越多的中国自主品牌企业走进了俄罗斯民众的视野,俄罗斯市场对于中国产品的需求也越来越高。中国家电、电子企业也希望为俄罗斯市场提供丰富、优质的产品。

2021 年,中国向俄罗斯出口白色家电金额约 33.3 亿美元,占行业整体出口额的 2.81%。② 中国一些家电企业也在俄罗斯拥有自己的工厂,例如,海尔已在俄罗斯建设了冰箱、洗衣机、电视、冰冷互联 4 个工厂。可以看出,中国家电在俄罗斯市场广受欢迎。2022 年最受俄罗斯人欢迎的智能手机品牌,按销售量计算,第一名是中国小米及其子品牌 Poco,占市场份额的 33%;韩国三星以 19% 的市场份额位居第二;中国的 Realme 以 14% 的市场份额位居第三;苹果以 10% 的市场份额位居第

---

① 《俄罗斯北极星林业经贸合作园区》,https://laqyhz.cnfin.com/laqyhz-xh08/a/20191028/1895053.shtml.

② 《俄乌战争不停 家电涨价涨不停》,https://www.sohu.com/a/530454836_115489.

四;Tecno 以 7% 的市场份额位居第五。① 2023 年,中国品牌智能手机占据俄罗斯手机市场的 79%。中国智能手机份额增长与它们正在取代离开俄罗斯市场的外国品牌有关。可以很明显地看到,不仅是智能手机,俄罗斯已经在逐渐加大对中国消费类电子产品的进口。2022 年 5 月份中国品牌电视销量同比增长 95%。2023 年在俄罗斯销量最大的电视机品牌为中国的海尔,占俄全国总销量的 11.5%。韩国三星的市场份额为 5.1%,远低于 2022 年同期的 25.3%。销量紧随海尔之后的两个品牌是中国的小米和海信,市场份额分别为 8.3% 和 6.6%。②

俄乌冲突后,美国、德国、日本的车企因为政治原因已经暂停向俄罗斯出口汽车,或者停止在俄罗斯的汽车生产和销售,这给中国车企带来新机遇。中国汽车品牌在俄罗斯市场的占有率正逐渐上升,2022 年前 10 个月,中国汽车的在俄销量超过了 1.2 万辆,占俄罗斯汽车销售总量的 29.5%。而 2022 年初,中国汽车的销量占比还不到 10%。③ 2023 年,中国汽车品牌在俄罗斯市场的占有率已经升至 51%,俄罗斯第一次成为中国最大的汽车出口目的地。中国品牌汽车在俄罗斯的销量达到创纪录的 55.3 万辆,是 2022 年销量的 4.4 倍。2024 年 6 月份,俄罗斯新增注册的乘用车大约有 12.4 万辆,其中约 7.6 万辆是中国品牌,市场份额高达 61.3%。④

六、拓展服务业领域合作

中俄投资合作若仅局限于石油天然气、矿产等资源开发和农业、林

---

① 《俄智能手机销量前 11 月减 2 成,小米第一,中国手机占三分之二》,https://www.163.com/dy/article/J4JVKQCE05567IQM.html.

② 《俄媒:中国品牌称雄俄电视机市场:海尔、小米、海信》,http://column.cankaoxiaoxi.com/#/detailsPage/%20/57b56a6e347b4c68a4f036d5707cf68c/1/2023 - 10 - 16%2009:35? childrenAlias=undefined.

③ 《俄媒:中国汽车品牌占据俄罗斯市场销量三分之一》. https://baijiahao.baidu.com/s? id=1750904079555114902&wfr=spider&for=pc.

④ 《中国汽车在俄罗斯占据超六成的市场》, https://finance.sina.com.cn/tech/digi/2024-07-14/doc-inceanha5764761.shtml.

业等劳动密集型产业,并不符合两国长远利益,拓展新的合作领域,如服务业合作,将成为一个可行的尝试。旅游服务、养老医疗、教育产业、文化产业等领域都是有相当发展潜力的待加强合作领域。①

近年来,中俄之间的旅游业发展势头很好,中国是俄罗斯游客的第二大旅游目的地,俄罗斯是中国游客的第三大旅游目的地。根据中方统计数据,2018 年俄罗斯游客赴华人数 197.75 万人次,同比增长 1.4%;中国游客赴俄人数 184.74 万人次,同比增长 21.1%。② 2023 年,中俄互免团体旅游签证业务全面恢复后,两国间跨境旅游越来越火热。前往中俄边境黑龙江省黑河、绥芬河等地逛步行街、购物、品尝美食、体验特色中医诊疗服务等,已成为不少俄罗斯民众跨境游的热门选择。据中方发布的数据,2023 年,入境黑龙江省的外国公民中,俄罗斯游客占比超九成,达 31.7 万人次。2023 年,赴华俄罗斯游客达 99.79 万人次。

不少中国游客也选择去俄罗斯旅游。2023 年,中国赴俄游客为47.7 万人次。据俄罗斯滨海边疆区旅游局发布的数据显示,2024 年一季度到访俄罗斯滨海边疆区的中国游客数超 4.9 万人次,已接近 2019年同期水平。2023 年全年,到访该地区的中国游客数量为 12.95 万人次。③ 为迎接更多中国游客到来,俄罗斯正努力丰富旅游产品、完善旅游环境和体验。中俄两国旅客流量的增长将为相关服务行业带来很多投资机会。此外,在其他服务业领域,中国对俄投资同样有十分大的增长潜力。

---

① 《政策利好,俄远东商机加速浮现》,https://world.huanqiu.com/article/9CaKrnKdsrz.
② 《中国驻俄大使:2018 年中国游客首站出境赴俄人数同比增长超两成》,https://www.toutiao.com/article/6664917149066199556/? upstream_biz = doubao&source = m_redirect&wid = 1742899766769.
③ 《中俄深化旅游交流合作》,http://cpc.people.com.cn/n1/2024/0708/c64387-40273223.html.

参考文献

[1]陆南泉. 转型中的俄罗斯[M]. 北京:社会科学文献出版社,2014.

[2]郭连成. 俄罗斯东部开发新战略与东北亚经济合作研究[M]. 北京:人民出版社,2014.

[3]徐博. 冷战后俄罗斯亚太地缘战略[M]. 北京:社会科学文献出版社,2014.

[4]李建民. 曲折的历程:俄罗斯经济卷[M]. 北京:东方出版社,2015.

[5]姜振军. 俄罗斯东部地区经济发展研究[M]. 北京:社会科学文献出版社,2016.

[6]徐昱东. 俄罗斯地区营商环境与中资进入的区位选择研究[M]. 北京:中国社会科学出版社,2019.

[7]富景筠. 俄罗斯能源政治[M]. 北京:中国社会科学出版社,2019.

[8]冯玉军,赵华胜. 俄罗斯欧亚研究(第三辑)[M]. 北京:时事出版社,2021.

[9]周珂,龙长海. 当代俄罗斯法律制度概述[M]. 北京:当代世界出版社,2021.

[10]闫修成. 中俄经济合作蓝皮书:中国-俄罗斯经济合作发展报告(2019—2020)[M]. 北京:社会科学文献出版社,2021.

[11]B. M. 科特利亚科夫,A. A. 季什科夫,等. 俄罗斯联邦和各地区可持续发展的战略性资源与条件[M]. 李泽红,译. 北京:科学出版社,2021.

[12]E. Ю. 巴什库耶娃,H. И. 阿塔诺夫. 俄罗斯外贝加尔边疆区与中

国相邻地区合作潜力——以额尔古纳河滨镇区和外贝加尔斯克区
为例[J].林琳,译.西伯利亚研究,2016(3).

[13]Н.Н.特洛申.俄罗斯与中国投资合作潜力[J].王志远,译.俄罗斯学刊,2018(4).

[14]田刚,杨静,吴天博.影响中国林业企业对俄直接投资的经济、资源和制度因素[J].林业经济问题,2019(1).

[15]范婧昭.俄罗斯投资法律制度和投资风险防范研究[J].上海政法学院学报,2019(2).

[16]高际香.中俄在俄罗斯远东地区合作发展规划(2018—2024年)述评[J].俄罗斯学刊,2019(1).

[17]刘锋.超前发展区模式下俄罗斯远东地区投资吸引力分析[J].东北亚学刊,2019(2).

[18]谢颖.俄罗斯远东农业的开发前景[J].现代交际,2019(16).

[19]陈鸿鹏.黑龙江省与广东省合力推进对俄远东地区投资合作对策研究[J].商业经济,2020(4).

[20]П.А.米纳基尔.俄罗斯经济:从危机到危机[J].刘涧南,译.西伯利亚研究,2020(3).

[21]邹秀婷.俄罗斯远东联邦区交通基础设施现状及未来发展[J].西伯利亚研究,2020(4).

[22]Ю.И.佩热娃,Е.В.拉波,Е.А.瑟尔措娃,А.И.佩热夫.俄远东各地区发展的可持续性——基于真实储蓄的评估[J].邹秀婷,译.西伯利亚研究,2021(3).

[23]黄森,孙爱君."一带一路"背景下中国对俄投资现状分析——基于行业视角[J].时代经济,2021(10).

[24]M.E.克里维列维奇.俄远东的行政和税收制度:投资者与国家间的互动[J].杨欣玥,译.西伯利亚研究,2022(1).

[25]姜振军.西方制裁与疫情叠加冲击下俄罗斯经济发展态势分析[J].西伯利亚研究,2022(4).

[26]张春萍. 俄乌冲突下俄罗斯投资环境研究[J]. 商业经济,2022
   (4).

[27]陆南泉. 美欧制裁对俄罗斯经济与中俄经贸关系的影响[J]. 黑河
   学院学报,2022(12).

[28]徐坡岭. 综合国力视角下的国家经济实力与美欧制裁对俄经济实
   力影响评估[J]. 欧亚经济,2023(1).

[29]《俄罗斯符拉迪沃斯托克自由港相关优惠措施及申请办法》[EB/
   OL]. (2017-07-25)[2024-06-05]. http://vladivostok. china-con-
   sulate. gov. cn/chn/jmwl/zcfg/201707/t20170725_4078115. htm.

[30]《俄罗斯跨越式发展区优惠政策及申请办法》[EB/OL]. (2017-
   07-28)[2023-12-24]. http://vladivostok. china-consulate. gov. cn/
   chn/jmwl/zcfg/201707/t20170728_4078119. htm.

[31]《俄投资贸易政策和远东地区相关优惠政策》[EB/OL]. (2018-
   02-06)[2023-08-13]. http://chinawto. mofcom. gov. cn/article/ap/
   p/201802/20180202710431. shtml.

[32]《俄罗斯及俄远东地区部分州区投资指南》[EB/OL]. (2014-11-
   14)[2023-10-13]. http://us. cccfna. org. cn/article/misc/66. html.

[33]《远东各州概要》[EB/OL]. (2020-11-11)[2021-10-15]. http://
   ru. mofcom. gov. cn/article/rugk/202011/20201103014996. shtml.

[34]《对俄投资指南》[EB/OL]. (2014-12-05)[2023-03-04]. http://
   ru. mofcom. gov. cn/detzzn/index. html.

[35]《俄罗斯远东林业投资建议:巨大资源潜力、需求增长、国家扶持》
   [EB/OL]. (2018-04-12)[2024-05-28]. https://www. imsilk-
   road. com/news/p/91638. html.

[36]《投资俄罗斯矿业是互利共赢》[EB/OL]. (2019-11-25)[2024-
   08-17]. http://www. gold. org. cn/ky1227/hw20171227/201911/
   t20191125_186194_wap. html.

[37]《中国企业在俄罗斯远东地区的投资与风险》[EB/OL]. (2020-

07-20）［2023 - 09 - 19］. https：//baijiahao. baidu. com/s？id =
1672705011917037685.

［38］《中国"一带一路"倡议与俄罗斯开发远东的投资环境分析》［EB/
OL］.（2019-04-16）［2024-05-05］. https：//dy. 163. com/article/
ECSGU85G05385KJD. html.

［39］亚历山大·库列绍夫——俄罗斯远东地区的投资政策与法律需求
［EB/OL］.（2017-10-13）［2023-09-27］. https：//www. sohu. com/
a/197951183_806018.

［40］А Л Кудрина, В А Мау, А Д Радыгина, С Г Синельникова-
Мурылева. Российская экономика в 2020 году：Тенденции и
перспективы［M］. М.：Институт Гайдара, 2021.

［41］Н Зубаревич. Стратегия пространственного развития после
кризиса：от больших проектов к институциональной
модернизации［J］. НЭА, 2015（2）.

［42］С Иванов. Программа сотрудничества восточных регионов
России и северо-восточных регионов Китая：политическая
значимость и экономическая эффективность［J］. Таможенная
политика России на Дальнем Востоке, 2018（1）.

［43］Н Ю Ахапки. Промышленное производство в условиях пандемии
коронавируса：динамика и структура［J］. Вестник Института
экономики РАН, 2021（6）.

［44］М Ю Малкина. Устойчивость экономик российских регионов к
пандемии 2020［J］. Пространственная экономика, 2022（1）.

［45］Р Н Салиева. Правовое регулирование инвестиционной
деятельности в России：состояние и перспективы развития［J］.
Состояние и перспективы развития, 2009, 1（18）.

［46］С В Шманев, Н В Лисичкина. Основные тенденции развития
инвестиционных процессов в экономике России ［J］.

Транспортное дело России, 2008(2).

[47] Стандарт деятельности органов исполнительной власти субъекта Российской Федерации по обеспечению благоприятного инвестиционного климата в регионе, Агентство стратегических инициатив»[EB/OL]. [2024-09-10]. https://invest. nso. ru/ru/system/temporary/filefield_paths/standart_asi. pdf.

[48] Регионы России. Социально-экономические показатели [EB/OL]. [2024 - 06 - 07]. http:/rosstat. gov. ru 〉 folder/210/document/13204.

[49] Регионы России. Основные характеристики субъектов Российской Федерации[EB/OL]. [2024-06-07]. http://rosstat. gov. ru 〉 folder/210/document/13205.

[50] Постановление Правительства РФ от 30 марта 2018 г. № 362 О внесении изменений в государственную программу Российской Федерации «Социально-экономическое развитие Дальнего Востока и Байкальского региона» [EB/OL]. [2024 - 12 - 30]. https://www. garant. ru/products/ipo/prime/doc/71814484/.

[51] Г Музлова. Новые возможности для лесного экспорта заложены государством[EB/OL]. Морские вести России, (2022-02-15) [2023-12-20]. http://www. morvesti. ru/themes/1694/94061/.